DEL ABANDONO A LA SANACIÓN

Susan Anderson

DEL ABANDONO
A LA SANACIÓN

Comienza una nueva vida
después de terminar una relación

Traducción del inglés:
Lorena Peralta Rosales

Título original: *The Journey from Abandonment to Healing*

© 2000, 2014, Susan Anderson, CSW

Traducción: Lorena Peralta Rosales

Diseño de portada: Planeta Arte & Diseño / Christophe Prehu
Fotografía de portada: © iStock
Ilustraciones de interiores: Iván Castillo
Diseño de interiores: Francisco Miguel Miguel

Derechos reservados

© 2021, Ediciones Culturales Paidós, S.A. de C.V.
Bajo el sello editorial PAIDÓS M.R.
Avenida Presidente Masarik núm. 111,
Piso 2, Polanco V Sección, Miguel Hidalgo
C.P. 11560, Ciudad de México
www.planetadelibros.com.mx
www.paidos.com.mx

Primera edición en formato epub: febrero de 2021
ISBN: 978-607-569-045-2

Primera edición impresa en México: febrero de 2021
ISBN: 978-607-569-054-4

BERKLEY® es una marca registrada de Penguin Group (USA) LLC.

El diseño "B" es una marca comercial de Penguin Group (USA) LLC.

Al explicar las cinco fases del abandono, este libro se basa en ejemplos extraídos de la vida. Algunas de las anécdotas son compuestas, algunas se extraen de las experiencias de mis clientes y otras son basadas en entrevistas realizadas para este libro. En todos los casos, los nombres son ficticios y los detalles identificativos se han modificado para proteger la privacidad de las personas involucradas.

Impreso en los talleres de Impresora Tauro, S.A. de C.V.
Av. Año de Juárez 343, Col. Granjas San Antonio,
Iztapalapa, C.P. 09070, Ciudad de México
Impreso y hecho en México / *Printed in Mexico*

Para mis padres, Barbara Ruth y Dexter William Griffith.

Y para mis hijos, Adam y Erika Anderson.

Akeru

Un día, al hojear un diccionario japonés, me topé con una palabra que me maravilló porque tenía muchos significados diferentes, y TODOS se relacionaban con el abandono. La palabra es *Akeru*. Significa «perforar, abrir, terminar, hacer un agujero en, comenzar, expirar, desenvolver, voltear». Cuando alguien se va, *Akeru* se refiere al espacio vacío que queda, en el que puede tener lugar un nuevo comienzo. Me sorprendió el poder que tenía una sola palabra, que podía sugerir que *comenzar* y *terminar* son lo mismo, parte de un ciclo interminable de renovación y sanación. Me entusiasmó descubrir este concepto y comencé a usarlo de inmediato en mi trabajo de recuperación por abandono, encantada de ver con qué facilidad las personas respondían a su sabiduría.

No estoy tratando de sacar provecho de la filosofía oriental ni de establecer un nuevo arte marcial. Estoy agradecida de poder tomar prestado el significado maravillosamente fluido y multifacético de una sola palabra sacada del contexto de una tradición ilustrada.

Contenido

Prefacio: ¿Qué es el abandono? 11

1. Las cinco etapas del abandono 19

2. Etapa uno: Rompimiento 33

3. Etapa dos: Abstinencia. 103

4. Etapa tres: Internalización del rechazo 167

5. Etapa cuatro: Ira. 223

6. Etapa cinco: Levantamiento 285

7. Hacer una nueva conexión: Un plan
    de acción de cinco puntos. 345

    Coda: Teatro del absurdo 361

Agradecimientos 365

Bibliografía. 369

Prefacio:
¿Qué es el abandono?

«¿Qué es el abandono?», pregunta la gente. «¿Se trata de personas en busca de su madre? ¿O de personas a las que dejaron en la puerta de una casa cuando eran bebés?».

Mi respuesta: Todos los días hay quienes sienten que la vida misma las ha dejado en una puerta o las ha tirado por la borda. El abandono se trata de la pérdida del amor en sí, esa pérdida fundamental de conexión. A menudo implica ruptura, traición y soledad, algo que las personas pueden sentir al mismo tiempo, o una tras otra durante un período de meses, o incluso años más tarde, como una consecuencia de un evento desagradable.

Abandono significa algo diferente para todos. Es una experiencia sumamente personal e individual. A veces es un dolor persistente provocado por viejas pérdidas. Otras veces es miedo. Y otras puede ser una barrera invisible que nos impide establecer relaciones y alcanzar nuestro verdadero potencial. Puede tomar la forma de autosabotaje. Nos atrapan los patrones del abandono.

Este libro proporciona ayuda real a aquellos que han buscado pero no han encontrado nada que alivie el dolor del abandono o apresure la recuperación. Es una guía por las cinco etapas universales del abandono que he observado en años de práctica. A medida que avances en este viaje, quizá te sorprendas al descubrir que el dolor que sientes cuando un ser querido se va no es un final sino el principio de un período de crecimiento personal.

Puedo referirme a un rompimiento, pero los efectos del abandono se aplican a todos los tipos de pérdida y separación, ya sea la pérdida de un trabajo, de un sueño o la de un amigo. Puede ser la pérdida de una casa, de la salud o del sentido de propósito. El abandono es un proceso psicobiológico. Te mostraré los últimos descubrimientos del campo de la ciencia del cerebro que arrojan nueva luz sobre los procesos biológicos y químicos que subyacen a nuestra respuesta emocional a la pérdida, y te enseñaré el camino más eficaz para restablecer tu equilibrio emocional.

Las personas que pasan por la angustia de la pérdida de un amor a menudo sienten que su vida ha sido alterada de manera permanente, que nunca volverán a ser las mismas, que nunca volverán a amar. Escribo esto para asegurarte que, por más desgarrado que estés en este momento, tus sentimientos de desesperación y desesperanza son, de hecho, *temporales*, y son una parte normal del duelo por la pérdida de una relación. En realidad, solo lidiando con el sentimiento de que nuestra vida ha terminado podemos purificar las heridas más profundas ocasionadas por pérdidas pasadas y presentes, y volver a comenzar.

Si a ti te han abandonado y has tenido que quedarte a resolver la sacudida, podrías estar pensando en tu pareja perdida, quien ya te ha reemplazado con una nueva vida y una nueva relación. No tienes otra alternativa que hacer una introspección. Formas parte del grupo elegido capaz de emprender este viaje. A medida que sigas leyendo este libro, descubrirás que el dolor que sientes es real, es parte de la vida y es necesario.

Cualquiera que sienta este dolor está en una crisis emocional legítima. Muchos se sienten como si los hubieran apuñalado en el corazón tantas veces que no saben cuál agujero tapar primero. Pero estos sentimientos abrumadores de ninguna manera implican que eres débil, dependiente o indigno. A pesar de la intensidad de tus sentimientos, sigues siendo la persona competente y responsable que pensabas que eras. Tu separación, con todo su exceso emocional, no te ha devaluado. De hecho, ser capaz de sentir de manera tan profunda habla de tu fuerza y tu tenacidad. Allí donde te has roto es donde eres más fuerte.[1] Solo cuando uno se entrega a sus sentimientos puede encontrar cómo salir de ellos.

Este es un momento de evaluación personal, pero esta introspección también puede llevar a dudar en extremo de nosotros mismos y a una autorrecriminación cruel. Cuando alguien a quien amamos nos rechaza, solemos volcar la ira que sentimos hacia esa persona contra nosotros mismos y nos culpamos por la pérdida. De esta manera, el abandono actúa como arenas movedizas, que nos embrollan en sentimientos de inutilidad y desesperación. No importa cuán dolorosas o desmoralizantes hayan sido las circunstancias, no eres una víctima ni una persona que no merece amor. El hecho de que tu ex haya elegido no estar contigo dice tanto de él o de ella como de ti y de lo bien que funcionaron en la relación. Es posible que te humillen en el momento, pero no te han vencido.

Enfrentar estos problemas y poner en perspectiva lo que se ha experimentado impide volver la ira hacia uno mismo. A medida que se aprende a resistir la fuerza de atracción que afecta la autoestima, se adquiere fortaleza y resistencia emocional. En lugar de sentirse derrotado por la experiencia, se emerge de ella con más sabiduría, más autosuficiencia y más capacidad de amar.

Sin orientación, muchas personas no se recuperan completamente de la pérdida de un amor. Sus temores y dudas quedan sin resolver. La verdadera recuperación significa enfrentar sentimientos incómodos, comprender lo que son y, lo más importante, aprender a lidiar con ellos.

Hay algunos sentimientos de los que nadie quiere hablar porque involucran miedo, desesperación y una inseguridad tan intensos que uno se siente humillado y avergonzado por ellos. Esta vergüenza no es solo la vergüenza que puedes sentir por haber sido rechazado; se trata de sentimientos que te desconciertan con su potencia, te inducen al pánico y te hacen creer que eres débil, dependiente, desagradable y hasta repulsivo.

Antes de abordar estos intensos sentimientos, las personas tienden a sufrirlos en silencio o tratan de negarlos. Con el tiempo, estos sentimientos olvidados y profundamente enterrados se transforman en un dolor escurridizo. Muchos buscan terapia para resolver este dolor, pero parece que no pueden superar ese vacío indiferenciado que suele diagnosticarse erróneamente y tratarse como depresión. (Para algunas personas, este dolor persistente puede involucrar desequilibrios químicos que, en algunos casos, responden a la medicación).

El abandono es un problema complejo y su herida puede estar profundamente arraigada. Es importante darse cuenta de que los sentimientos, no importa lo intensos que sean, no significan falta de voluntad ni fragilidad de carácter. Son normales y forman parte de un proceso que lleva a la renovación y al cambio.

El proceso de sanación que describiré no se limita a la pérdida actual de tu pareja. Llega al corazón de la herida acumulativa, la que contiene todas las decepciones y desilusiones que han estado burbujeando bajo la superficie de tu vida, quizá desde la infancia.

El abandono no resuelto puede ser el problema subyacente responsable de la mayoría de los males con los que has estado lidiando todo este tiempo: la inseguridad que afecta tus relaciones, la depresión y la ansiedad, las conductas obsesivas y compulsivas, los bajos niveles de energía y la pérdida de autoestima que te han estado refrenando. Sin embargo, las personas que han sido abandonadas con frecuencia no pueden darle un nombre a lo que están viviendo. Es posible que hayan crecido con un padre alcohólico o se hayan sentido excluidas de su grupo de compañeros en momentos cruciales, justo cuando su sentido del yo comenzaba a desarrollarse. Sin importar cuán alejadas estén del origen de su angustia, gastan su energía vital en negociar con el miedo y luchar contra la inseguridad.

Al haber perdido el contacto con el origen de sus heridas, muchos recurren a soluciones rápidas y se satisfacen con comida, alcohol, compras u otras personas. O se vuelven adictos a las conferencias, los libros y las cintas de autoayuda. Pero ni toda la automedicación ni todas las palabras de consuelo del mundo ahuyentarán la angustia. Para lograr eliminarla, debes embarcarte en un viaje que aborde la causa subyacente: la herida misma del abandono. Este es un viaje del que todas las personas pueden beneficiarse.

A lo largo de mi propia experiencia y de mis años de trabajo con otras personas, he visto lo útil que es salir del aislamiento y estar en comunión con los demás a medida que aprendemos sobre el proceso de duelo que se ha apoderado de nuestra vida. Por este motivo, además de realizar talleres para recuperarse del abandono, desarrollé un formato fácil y ayudé a formar, a lo largo de Estados Unidos, grupos de apoyo continuo para el abandono, de modo que las personas puedan unirse en sus comunidades locales y ayudarse mutuamente en su recuperación.[2]

Dondequiera que estés dentro de las cinco etapas que describe este libro, no estás solo. Es una revelación descubrir que el dolor debilita a los más fuertes, inteligentes y autosuficientes entre nosotros; que atraviesa todas las edades, culturas y estatus, y que en definitiva es una experiencia humana universal.

Este libro está diseñado para servirte como acompañante y guía, abordar tus sentimientos más difíciles, validar tu experiencia con investigaciones de los campos científicos relacionados y brindarte las herramientas que necesitarás en tu viaje hacia una nueva perspectiva y un nuevo amor.

¿Qué es el abandono?

Un sentimiento.

Un sentimiento de aislamiento dentro de una relación.

Un sentimiento intenso de devastación cuando termina una relación.

Un miedo primordial: el elemento puro que hace que atravesar un desamor, un divorcio, una separación o una pérdida haga un daño muy profundo.

Una soledad no elegida.

Una experiencia de la infancia.

Un bebé dejado en la puerta.

Un divorcio.

Una mujer a quien el hombre que fue su marido durante veinte años la dejó por otra mujer.

Un hombre a quien su novia lo dejó por alguien «más exitoso».

Una madre que deja a sus hijos.

Un padre que deja a sus hijos.

Un amigo que se siente abandonado por un amigo.

Un niño cuya mascota muere.

Una niña que llora por la muerte de su madre.

Un niño que quiere que su mamá venga por él a la guardería.

Un niño que se siente reemplazado por el nacimiento de un hermano.

Un niño que se siente inquieto debido a la indisponibilidad emocional de sus padres.

Un niño que se da cuenta de que es gay y anticipa la reacción de sus padres y amigos.

Un adolescente que siente que su corazón está realmente roto.

Un adolescente que teme acercarse a la chica que ama.

Una mujer que ha criado niños que ya han crecido y se siente vacía, como si hubiera sido abandonada.

Un niño afectado por una enfermedad grave que ve a sus amigos jugar mientras debe usar una silla de ruedas o permanecer en cama.

Una mujer que ha perdido su trabajo y con ello su identidad profesional, su seguridad financiera y su estatus.

Un hombre que ha sido jubilado por su compañía, como si fuera obsoleto.

Una mujer moribunda que teme ser desamparada por sus seres queridos tanto o más de lo que teme el dolor y la muerte.

El abandono es todo esto y más. Su herida yace en el corazón de la experiencia humana.

NOTAS

Estoy en deuda con los escritos de Robert Sapolsky, Joseph LeDoux, Myron Hofer, Jaak Panksepp y Daniel Goleman, respecto a la información sobre la neurología. He incorporado sus lúcidas explicaciones e ideas en mi texto sin dejar de darles crédito cada vez. Aun así, uso este espacio para reconocer plenamente sus contribuciones, así como las de muchos otros que han investigado la estructura subyacente a la experiencia humana.

Atención, lector: En la bibliografía se proporciona información completa sobre las referencias citadas en las notas.

[1] «Allí donde te has roto es donde eres más fuerte», frase de Scott Passeser.

[2] Visita mi sitio web, www.abandonmentrecovery.com, para obtener información sobre mis próximos talleres y enterarte de cómo organizar o unirte a grupos de apoyo para el abandono en tu área. Puedes usar Meetup.com o Skype.

A continuación, un fragmento de una carta que Julie Dunn, una facilitadora del grupo de abandono, envía por correo electrónico a sus posibles asistentes:

Querido _____:

Este grupo se formó como una manera de ofrecer apoyo a medida que nos recuperamos del trauma de abandono que hemos atravesado en algún momento de nuestra vida, ya sea pasado o presente. Reconocer esta experiencia y cómo ha dado forma a nuestra vida es un honor, y el hecho de que estemos aquí es un testimonio de nuestro deseo de sanar y avanzar hacia un futuro emocionalmente saludable. Debemos estar dispuestos a respetar y conocer a cada individuo en su nivel de recuperación, sin importar dónde esté ese lugar.

Antes de comenzar esta reunión, pídale a su niño exterior que lo espere fuera del edificio. Nuestras heridas de abandono afectaron a nuestro niño interior y no podemos curarlas con la interferencia del niño exterior. Honre a su niño interior prestándole toda su atención.

Capítulo 1

Las cinco etapas del abandono

Cuando una relación termina es doloroso para ambas personas, pero el dolor es particularmente debilitante para quien se queda.

En mi caso sucedió de la nada, comentó Marie. Una noche, Lonny no regresó a casa al salir del trabajo. Después de solo una hora de no saber nada de él, comencé a llegar a las peores conclusiones: un accidente automovilístico, un ataque al corazón... Pese a que estas visiones fueron empeorando, seis horas después, cuando aún no había regresado, lo último que imaginaba era que estuviera con otra mujer. ¿Por qué querría hacerlo? Éramos compañeros y amantes de toda la vida, los mejores amigos, y habíamos estado felizmente casados por más de veinte años.

Finalmente, escuché sus pasos crujir sobre la grava por la entrada para el auto. Corrí para encontrarlo en la puerta.

«¿Qué pasó?», le pregunté. Tenía el corazón en la garganta.

Hubo una pausa.

«No soy feliz», dijo rotundamente.

«¿Feliz?».

Comentó vagamente algo acerca de que las cosas eran diferentes entre nosotros.

«¿Diferentes?», pregunté.

«No me interrumpas», respondió. «Ese es uno de los problemas. Siempre interrumpes».

De repente, mi cara estaba caliente y pulsante. Este no era Lonny.

Luego dijo unas palabras que hicieron que se me revolviera el estómago y se me secara la boca.

«Me voy», afirmó.

Dejé de respirar. Me resultaba difícil elaborar un solo pensamiento coherente. La única explicación lógica que se me ocurrió fue que en algún momento del día debía de haber sufrido una lesión en la cabeza. ¿Por qué estaba diciendo eso? Pensé brevemente, pero con seriedad, en llamar a una ambulancia.

Cuando por fin logré hablar, mi voz salió profunda y hueca, como si hablara otra persona.

«En realidad no quisiste decir eso», fue todo lo que pude decir con mi nueva voz extraña e inestable.

«Me voy este fin de semana».

Sentí que me encajaban una daga en el estómago, me sostuve en la mesa de la cocina en busca de apoyo e intenté recuperar el aliento.

«¿Hay alguien más?», pregunté. Mi voz sonaba a un susurro.

Lo negó categóricamente y con enojo. Pero un mes después de que se mudó, me enteré de que en realidad había alguien más, una maestra de su escuela. El desconcierto disminuyó, pero el dolor desgarrador no.

Pasé sola las primeras semanas, tratando de lidiar con la inmensidad de todo eso. Él era un hombre al que había amado con todo mi corazón y mi alma. Siempre había sido muy cariñoso, su generosidad siempre se notaba. Para mí, amarlo había sido una experiencia casi religiosa. Había sentido tanta veneración por la forma en que vivía su vida. Era un padre amable y amoroso, sensato y sensible.

Por la noche, intentaba dejar de lado la agonía e irme a la cama. Pero dormir era imposible. Me torturaba el espacio vacío que había dejado a mi lado en la cama. Cómo me gustaba abrazar a Lonny, mi guapo y sensual Lonny. En su lugar, abrazaba la almohada llorando, a veces gritando en ella, porque el tormento era insoportable. Tenía todo el derecho de odiarlo por lo que estaba haciendo, pero todo lo que podía hacer era extrañarlo y maldecirme por dejar que se fuera.

La desolación del abandono puede derivarse de numerosas circunstancias diferentes, de muchos tipos de relación. Una variedad de factores afecta la forma en que reaccionamos ante la

pérdida: la naturaleza y la duración de la relación, la intensidad de los sentimientos, las circunstancias de la separación y el historial de pérdidas previas. El hecho de que alguien a quien amamos nos deje puede abrir viejas heridas y despertar inseguridades y dudas que habían sido parte de nuestro bagaje emocional desde la infancia.

Casi todos conocemos por experiencia los sentimientos de Marie. Alguien ha elegido no estar con nosotros, no «conservarnos». Nos sentimos repentinamente aislados, solos, enviados al exilio emocional. Estar solo no es malo cuando lo elegimos nosotros mismos. Pero cuando alguien decide dejarnos, es una historia muy diferente. Desconcertados, confundidos, indignados, sentimos que nos han condenado injustamente a cadena perpetua en virtud de algún defecto invisible. Anhelamos a alguien que nos ha abandonado y sufrimos por esa persona, como le sucedió a Marie.

El abandono es nuestro primer temor. Es un miedo primordial, un miedo universal en la experiencia humana. Cuando éramos bebés y nos dejaban en la cuna, llorábamos aterrorizados porque pensábamos que nuestra madre nunca regresaría una vez que saliera de la habitación. El abandono es el temor de que nos dejen solos para siempre sin nadie que nos proteja ni atienda nuestras necesidades más urgentes. Para el bebé, mantener el vínculo con su cuidador principal es imprescindible para sobrevivir. Cualquier amenaza o interrupción de esa relación despierta este miedo primordial, un miedo que está incrustado en el hardware de nuestro cerebro, un miedo que llevamos a la edad adulta. Cuando los niños tienen sentimientos de desconexión, no tienen las defensas para apoyarse en eso que los adultos tenemos. Es posible que sus heridas no sanen, y que en lugar de ello floten bajo la superficie de su vida hasta la edad adulta.

La experiencia emocional es más dolorosa cuando hace eco de un episodio del pasado, en particular cuando se trata de rechazo y pérdida. La relación que terminó hoy puede ser la realización de las peores pesadillas de la infancia. La aflicción por ese amor perdido abre una herida primaria.

Que alguien decida dejarnos despierta este miedo primordial en nosotros, del que surge una ira intensa. Nos enojamos por tener que sentir tanto miedo y desesperación. Nos sentimos frustrados con nosotros mismos por sentirnos impotentes, por no poder *mantener* el amor de otra persona. Nos sentimos completamente derrotados sin poder hacer nada ante las circunstancias de perder ese amor. Tememos no ser dignos de cariño.

En algunos casos, el dolor no proviene de una ruptura reciente; a veces está arraigado en la inseguridad residual y en el miedo derivado de los amores perdidos que interfieren con las relaciones con las que estamos lidiando en la actualidad.

Es posible que una persona todavía esté con su pareja, pero comprende que él o ella ya no lo ama. Y aunque esté presente físicamente, le aflige la pérdida de su pareja. Es un latido constante con sentimientos de fracaso personal: «¿Por qué no puedo hacer que funcione? ¿No soy digno de ser amado? ¿Por qué no puedo hacer que me ame?».

En otros casos, como en el de Marie, un miembro de la pareja deja al otro por alguien más, y entonces el problema se complica por los sentimientos de traición y celos.

A veces no hay nadie más; alguien se va sencillamente porque deja de querer estar con el otro, necesita su espacio. La aflicción se llena de sentimientos de autorreproche, ansiedad y la sensación de una falta de cierre. Y surge la pregunta: «¿Soy tan horrible que merezco este castigo, que mi pareja prefiera estar *sola*?».

O es posible que la relación sencillamente se haya derrumbado, tal vez uno de los dos no estaba preparado, o ninguno fue capaz de hacer que la relación funcionara. Quizá la relación era tan dolorosa que inicialmente la perspectiva de separación representó un alivio. Los sentimientos de insuficiencia vinieron después como una réplica. En estos casos, la aflicción puede complicarse por un profundo sentimiento de decepción personal. Y pueden surgir el arrepentimiento y la inseguridad con respecto al futuro.

Algunas veces se inicia la ruptura porque uno tiene la sensación de haber sido abandonado *durante* la relación.

O el abandono fue repentino e inesperado, en cuyo caso la conmoción y la incredulidad se hacen cargo. Para poder empezar a llorar, primero se debe enfrentar el dolor desesperado y el pánico debilitante.

El proceso de duelo es similar a la pérdida por una muerte: una pérdida es una pérdida. Pero el duelo por abandono tiene una vida propia particular, que se deriva de las circunstancias que condujeron al abandono y de los sentimientos de rechazo e insuficiencia que suelen acompañarlo.

Es muy doloroso porque el cuchillo del abandono atraviesa todo, hasta el yo. Uno pierde no solo al ser querido, sino la creencia fundamental en uno mismo. Se tiene la duda de ser digno de ser amado y aceptable como compañero. Estos sentimientos pueden quedar grabados profundamente, y crear una herida invisible que hace que uno se vuelva en contra de sí mismo.

A veces las personas sienten la pérdida de un ser querido de manera tan profunda y ponen en tela de juicio su valor propio con tal intensidad que es como si hubiera una fuga invisible[1] en lo profundo que trabaja insidiosamente para vaciar la autoestima, como una lenta hemorragia interna. La paradoja para estas personas es que cuando intentan reconstruir su autoestima haciendo cosas dignas de consideración, su profunda herida siempre la drena.

Este drenaje de la fuerza del ego es fundamental para comprender y superar el ciclo de abandono. De hecho, me resulta difícil comprender por qué el tipo especial de aflicción que se deriva del abandono prácticamente no se ha reconocido, estudiado ni tratado sino hasta la aparición de este libro. Los profesionales de la salud mental por lo general interpretan los sentimientos de abandono como un síntoma de depresión o ansiedad. Pero el dolor por abandono es un síndrome por sí mismo. Es la forma en que el miedo y la ira se vuelcan contra uno mismo lo que otorga su carácter particular al dolor del abandono.

La tendencia hacia el ataque y la autorrecriminación representan el punto medio en el proceso de duelo. Pero el daño a uno mismo (o la *internalización del rechazo*, como lo llamo yo) está entretejido en todas las etapas del abandono. Es un proceso continuo y persistente que hace que nos abandonemos a nosotros mismos una y otra vez.

¿QUÉ ES UN SOBREVIVIENTE DEL ABANDONO?

Los sobrevivientes del abandono son aquellos que han sentido la angustia del amor perdido y tienen el valor de seguir creyendo en la vida y en su propia capacidad de amar. Algunos son celebridades que nos han contado sus historias de la infancia; otros nunca hacen una revelación en público. Algunos son terapeutas; probablemente la mayor parte de los terapeutas tienen sus propias historias de abandono. Pero la mayoría son personas comunes. Casi todos llevamos un sobreviviente del abandono dentro, aunque quizás algunos no lo reconozcan. La inseguridad, el anhelo y el miedo asociados con la pérdida del amor son universales.

Las personas que luchan contra el síndrome del abandono están plagadas de inseguridad y autosabotaje, pero muchas logran llevar una vida productiva, incluso excelente, a pesar de ello. Otros consideran que la inseguridad crónica es demasiado incapacitante para expresar sus talentos plenamente.

Los sobrevivientes del abandono son sensibles, cariñosos y están preparados para el amor. Pero la pertenencia a este venerable grupo no está restringida a aquellos capaces de lograr el éxito en sus relaciones. Muchos continúan la lucha por resolver las viejas heridas de abandono que se interponen en el camino de encontrar el amor.

Para todos los sobrevivientes del abandono, aquellos que han encontrado el amor y aquellos que siguen buscándolo, el efecto de las pérdidas pasadas y presentes puede verse en los fragmentos de vida sin vivir, en el potencial no desarrollado y en los sueños no cumplidos que aún esperan ser realizados a través del proceso de recuperarse del abandono.

¿QUÉ SIGNIFICA RECUPERARSE DEL ABANDONO?

Recuperarse del abandono consiste en un programa de cinco ejercicios descritos en este libro. Lo llamo *Akeru*. Bajo este programa, tomas medidas para curar la herida de abandono que subyace a las pérdidas pasadas y presentes. Obtienes nueva información, identificas asuntos no resueltos del pasado y realizas ejercicios prácticos para mejorar tu vida. Cualquiera puede beneficiarse con este proceso.

La recuperación a partir del abandono proporciona un nuevo lenguaje y un enfoque compatibles con los programas de recuperación de Doce Pasos. El programa está diseñado específicamente para lidiar con el abandono no resuelto: el origen de las adicciones, las compulsiones y la angustia. El proceso de recuperarse del abandono se basa en la información científica más reciente sobre el cerebro y en años de experiencia clínica trabajando con las víctimas de trauma por abandono. El programa fortalece a las personas para superar el abandono primordial y las consecuencias de los patrones autodestructivos, y para que alcancen sus metas de una mejor vida y un mejor amor.

Si has estado esperando las palabras correctas o la comprensión definitiva que por fin te liberen, ten cuidado. La panacea no está en ningún libro ni programa. Está dentro de ti. Es esa energía sin explotar que aprenderás a canalizar. La recuperación a partir del abandono es fácil, e incluso placentera, pero debes hacer algo más que leer este libro: debes poner en práctica la sabiduría que contiene.

¿QUÉ ES UN ABANDONADOR?

Los abandonadores vienen en todos los tamaños, formas, matices, edades, géneros y humores posibles. A menudo es difícil saber quién es capaz o no de ser emocionalmente responsable, quién es digno de confianza y quién es un abandonador.

Lo que complica aún más el panorama es que el abandonador de una persona puede ser el compañero de toda la vida de otra. Las circunstancias que rodean las relaciones son tan complejas y variables que no es sensato ni justo hacer juicios morales, señalar con el dedo ni hacer generalizaciones.

Digamos que muchos abandonadores no se proponen lastimar a otras personas de manera intencional. Son solo seres humanos que, al igual que todos los demás, luchan por encontrar las respuestas a los difíciles retos que plantea la vida. Pero hay algunos que son insensibles, que dejan un rastro de exparejas descartadas a lo largo de la Vía Apia de los corazones rotos. Y también hay abandonadores seriales, aquellos que reciben alguna recompensa por infligir dolor emocional a quienes los aman. Para ellos, provocar aflicción es una forma de demostrar poder.

Incluso aquellos que *no* están motivados por esta necesidad pueden recibir un mayor sentido de importancia personal cuando el que dejan atrás se muestra muy desesperado por recuperarlos. Ante el dolor del otro, por lo general estas personas no admiten que la situación les infla el ego o les provoca sentimientos de triunfo. En vez de ello, expresan sentimientos más humildes, como *culpa* por haberte provocado dolor. No obstante, se distraen fácilmente de esta culpa, ya que quedan atrapados en su nueva vida y en su nuevo amor con más entusiasmo que antes.

Algunos abandonadores pueden evitar estas punzadas de culpa al permanecer ajenos al efecto que tienen en los demás. Están en un estado general de negación acerca de la devastación que han causado. Esta negación les ayuda a mantener una imagen de ellos mismos como seres humanos decentes y preocupados. Suele presentarse como insensibilidad y crueldad hacia la persona que se quedó a resolver la sacudida.

Algunos abandonadores insisten en que se sienten tan mal como la persona a quien abandonaron. Pero la diferencia es que no sienten todos esos aguijones de rechazo que penetran de manera profunda en la psique como flechas envenenadas.

Sin embargo, otros abandonadores, incapaces de negar el dolor que han causado, sufren su propia pena y un remordimiento genuinos, paralelos a los del abandonado, por el fracaso de la relación.

La recuperación del abandono está dedicada a todos aquellos que luchan por mantener una relación, a las personas abandonadas y las abandonadoras por igual.

Estás a punto de descubrir los beneficios de trabajar las diversas etapas del abandono. Por mucho que te afecte el dolor en un momento dado, el proceso te ayudará a sortear los inconvenientes de reprimirlo y evitarlo. Al enterrar los sentimientos, estos se quedan sin resolver. A menos que los enfrentes, estos seguirán interfiriendo desde adentro, y quedarás atrapado en relaciones autodestructivas que terminarán en el abandono una y otra vez. El abandono no resuelto es la raíz del autosabotaje.

El proceso de recuperación que he llamado *Akeru* está diseñado para revertir esta lesión. Ofrece un programa de cinco ejercicios que se describen en este libro. Recuperarse del abandono ayuda a sacar provecho de las emociones intensas que se sienten, de modo que una de las experiencias más dolorosas de la vida pueda convertirse en una oportunidad de crecimiento y de cambio.

A continuación presento una descripción general de las etapas que te ayudará a comenzar tu viaje. Espero que ver las etapas como *un solo proceso* te dé una idea de dónde estás, dónde has estado y qué puedes esperar.

ROMPIMIENTO

En esta devastadora primera etapa, estás en *shock*, sientes dolor y pánico, repentinamente has quedado desprovisto del valor y el significado de la vida. Intentas mantener unidos los fragmentos de tu persona, pero a pesar de todos tus esfuerzos, tu fe y tu confianza se han desmoronado. La ruptura de este importante vínculo emocional te hace sentir (temporalmente) que no puedes vivir sin tu amor perdido. Los sentimientos suicidas son normales en este período. Son causados por la desesperación que resulta abrumadora, pero es *solo temporal*. Los viejos sentimientos de impotencia y dependencia se entrometen en tu crisis emocional actual. *Akeru* proporciona una técnica de manejo del dolor que te ayudará a atravesar los períodos más difíciles lo más rápido posible y a obtener fuerza de ellos, lo que te permitirá entrar en un período de renacimiento.

ABSTINENCIA

La abstinencia del amor es como la abstinencia de la heroína, que implica un deseo y una inquietud intensos por el amor que te falta. Se siente añoranza, un dolor punzante y un anhelo por el regreso del ser querido. Los seres humanos son herederos genéticamente de una poderosa *necesidad de apego*; las relaciones rotas no terminan con la necesidad de vinculación. De hecho, perder a una pareja tiende a intensificar los sentimientos de dependencia y necesidad. El rompimiento emocional desencadena un proceso psicobiológico que puede incluir insomnio, pérdida de peso, ansiedad y fatiga emocional y física. *Akeru* te mostrará cómo trabajar con el instinto de vinculación que es responsable del dolor desgarrador. Puedes redirigir tu energía hacia una nueva conexión significativa contigo mismo, lo que tiene beneficios de sanación continuos.

INTERNALIZACIÓN DEL RECHAZO

Durante esta tercera etapa crítica del abandono, tu herida emocional se vuelve susceptible a la infección, lo que puede resultar en cicatrices permanentes en forma de daño a tu autoestima. Esto se produce cuando reprimes tu ira hacia tu pareja perdida y te castigas a ti mismo. Tiendes a idealizar a tu abandonador en detrimento propio. Te tomas en serio cualquier crítica implícita o explícita de tu ex. Te preocupas con remordimientos sobre la relación, te atormentas por lo que *deberías* haber hecho o por lo que *podrías* haber hecho para evitar la pérdida. No importa lo duro que intentes contraatacar, tu sentido del yo recibe una paliza. *Akeru* proporciona las herramientas para ayudarte a acceder a la energía interna y construir un nuevo concepto de ti mismo. El ejercicio está diseñado para abrir nuevas ventanas en tu conciencia, te permite tomar nuevas decisiones y establecer nuevos objetivos.

IRA

La ira no constituye tu primer encuentro con el enojo en este proceso, pero durante las primeras tres etapas, tu enojo era la ira de la víctima, que llenaba inútilmente tu espacio o con la que apuñalabas a tu almohada hasta la muerte. No es sino hasta esta *cuarta etapa* que tu atribulado sentido del yo, asediado por un ataque dirigido a ti mismo, está listo para levantarse y contra-atacar, asumiendo el desafío del mundo exterior. Solo entonces tu ira es saludable y te lleva a asumir tu propio poder. Su agresión puede ayudarte a rehabilitar tu vida.

La ira proporciona la energía que necesitas para defender el sentido del yo recién surgido y asegurar tu supervivencia continua. Algunas personas tienen dificultades para expresar su enojo y necesitan ayuda para evitar que este se convierta en una *depresión perturbadora*. A veces tienen miedo de expresar enojo hacia la pareja perdida por temor a perder más amor del que ya han perdido. En vez de ello, vuelcan su ira sobre los más cercanos a ellas. En esta etapa, puedes tener expectativas poco realistas respecto a los demás; esperas que ellos reemplacen el amor y el cuidado que tanto te hacen falta. Cuando se quedan cortos, explotas. Las fantasías de represalias y venganza hacia tus abandonadores también son comunes en esta etapa, pero existen mejores alter-nativas. Bien dice el dicho: el éxito es la mejor venganza. *Akeru* usa la energía de la ira para ayudarte a convertir tu experiencia de abandono en un triunfo del crecimiento personal.

LEVANTAMIENTO

Puesto que la ira te ha ayudado a dirigir la energía hacia el exterior, te ayudará a levantarte para regresar a la vida. Comienzas a sentir un levantamiento del espíritu e intervalos de paz y libertad. Te sientes más fuerte y más sabio por las lecciones dolorosas que has aprendido. La vida en toda su plenitud comienza a distraerte. Sueltas la ira. *Akeru* te proporciona las herramientas para mejorar tu capacidad de innovación y de amor.

La primera letra de cada una de las palabras en inglés que des-criben las cinco etapas (*shattering, withdrawal, internalizing, rage, lifting*) forman la palabra *SWIRL*. Esta palabra significa *remolino* y hace referencia a la naturaleza ciclónica, continua y fluida del dolor. Como cualquier proceso natural de la vida, las cinco etapas son circulares y no lineales. Representan un proceso único que se superpone y es recurrente, un proceso que puede tener lugar en una hora, un día, un mes o un período de años, ciclos dentro de ciclos. Giras en torno a ellos una y otra vez, hasta que el tornado comienza a debilitarse y emerge una persona diferente.

Sí, hay vida después del abandono, una vida intensa y rica, pero tendrás que trabajar para llegar ahí. La mano que te guiará está aquí para ayudarte a superar el dolor, a aprender de él y a experimentar una conexión más fuerte contigo mismo. Nunca serás tan consciente ni te sentirás tan vivo como lo harás una vez que hayas aplicado los principios de este programa a tu vida cotidiana.

NOTAS

[1] «Fuga invisible» frase acuñada por Peter Yelton, trabajador social clínico, colega, amigo y gurú del abandono.

Capítulo 2

Etapa uno: Rompimiento

¿QUÉ ES EL ROMPIMIENTO?

El rompimiento es un desgarro en los densos tejidos del apego humano.

Es un sentimiento de devastación, de dolor insoportable.

Es un proceso neurobiológico poderoso.

Es el trauma del nacimiento revivido. Es el renacimiento.

Es la dispersión de las nubes de tormenta, la claridad de un nuevo cielo.

Es una epifanía de perspicacia, un despertar del núcleo emocional.

El rompimiento es un fondo —un fondo transformador—, el mismo fondo a partir del cual las personas han encontrado la redención a lo largo de los siglos.

Toda nuestra vida hemos sido preparados en exceso para un rompimiento, para un suceso capaz de alejarnos de lo que más apreciamos —en un intento por evitar las circunstancias más allá de nuestro control—. Invertimos la mayor parte de nuestra energía vital en asegurarnos de que no haya un rompimiento. Pero, cuando este ocurre, nos quita el aliento. Aunque, una vez que lo recuperamos, estamos en posición de reconstruir nuestra vida y no solo de automedicarnos con la ilusión de seguridad.

El rompimiento libera las defensas primitivas que se han vuelto contraproducentes, al frenarnos. La armadura que una vez fue protectora se vuelve restrictiva e incómoda. Para la persona que ya no está traumatizada, los moldes deben dejarse de lado o se convierten en un obstáculo.

El rompimiento es lo que sentimos cuando se termina una relación, pero también puede ser el resultado de una experiencia anterior, un estallido de viejos sentimientos olvidados. Estos estallidos suelen ser reportados por personas que han pasado por programas de Doce Pasos para combatir las adicciones. Descubren, con mayor frecuencia en el segundo año del programa, que su conducta adictiva sirvió como una defensa primitiva. Toma mucho tiempo que las viejas defensas se rompan y se lleve a cabo una verdadera rehabilitación.

El rompimiento no es un fenómeno nuevo, pero al aislarlo, podemos enfrentarlo mejor.

Debemos honrar el poder del rompimiento y aprovechar ese poder de una manera disciplinada para crear un entorno verdaderamente sanador.

LA PRIMERA ETAPA DEL ABANDONO: EL ROMPIMIENTO

EL ROMPIMIENTO DE ROBERTA

Roberta es una persona sensible, inteligente y versátil. Tiene un gran sentido de la ironía, que muestra con una brillante cadencia y sutileza. También tiene un lado serio, y le encanta debatir temas políticos intensamente. Tiene una melena de cabello dorado y grandes ojos de color verde pálido. Todo esto la ayudó a cautivar a Travis, un director de orquesta citadino.

La principal desventaja de Roberta, como le decían sus amigos, era su gusto en cuanto a hombres. Y Travis no era la excepción. Afirmaba tener un temperamento de artista. Así era como racionalizaba sus formas dominantes y su necesidad de control. Podía ser exigente a veces, muy crítico y egocéntrico. Roberta tenía que ejercer toda su habilidad diplomática para mantener su relación en equilibrio.

Ella estaba de acuerdo en que probablemente cometería un error si se casaba con él, lo cual, de manera paradójica, era exactamente lo que descubrió una noche durante la cena al tratar de sondear el tema con él.

«¿Qué piensas?», preguntó ella, mirando su plato.

Travis no había respondido de inmediato. «No estoy listo para eso», dijo finalmente. «Roberta, sabes que solo estoy tratando de divertirme, pasarla bien». Murmuró una disculpa sobre lo superficial que sonaba, mientras el corazón de Roberta se hundía. *¿Por qué tuve que mencionar eso?*

Durante el mes siguiente, Roberta intentó persuadir a Travis para que regresaran a la relación apasionada e intensa que habían tenido. Pero poco a poco su trabajo lo fue absorbiendo más y más. Comenzó a limitar el tiempo que pasaban juntos a una vez por semana y solo con esfuerzo podía seducirlo para tener relaciones sexuales. Roberta sintió que estaba perdiendo a Travis. Sus amigos le decían que era lo mejor, pero ella no podía soportar que se fuera. No podía soportar volver a salir al mundo sin él, odiaba la idea de estar sola. *Soy demasiado vieja para estar pasando por esto*, se repetía a sí misma. Tenía 35 años.

Luego sucedió. Lo vio con otra mujer.

Roberta caminó hacia ellos y golpeó a Travis en el pecho con la bolsa. Intercambiaron palabras, y su última frase fue: «Te lo iba a decir, Roberta. Solo que no sabía cómo».

Roberta se presentó a terapia, llorando y sonándose la nariz con un pañuelo tras otro. «Nunca creí que algo pudiera ser tan doloroso», dijo, sosteniendo la cabeza en sus manos. «Siento como si toda mi vida se hubiera acabado».

El rompimiento no es exclusivo del abandono. Es la etapa inicial de todo tipo de duelo donde hay una pérdida significativa. Pero el rompimiento por abandono es especial. La pérdida no se debe a una muerte, sino a que alguien actúa con libre albedrío para *no estar contigo*. De hecho, si el rechazo, la deserción o la traición desempeñaron un papel importante en tu pérdida, no solo se destruye tu sentido de seguridad, sino que también se hace añicos tu confianza en ti mismo, tu autoestima.

«Me siento como un fracaso completo», dijo Carlyle, con los ojos hinchados e inyectados. Había perdido casi cinco kilos en poco más de dos semanas y afirmaba que no había dormido en días. «Cuando logro dormir», comentó, «me despierto a la realidad de que todo ha terminado. Y luego mi corazón comienza a latir con fuerza, y todo en lo que puedo pensar es en terminar, en simplemente acabar con mi vida. Lo único que me detiene son mis hijos».

«Mi esposa quiere que me vaya a fin de mes. Pero ¿cómo puedo dejar a mi familia? Son por lo que he trabajado siempre. Son mi vida. ¿Qué he hecho para merecer esto? ¿Por qué no lo vi venir? Simplemente no puedo enfrentarlo todo. Estoy demasiado adormecido para saber qué hacer al respecto, para saber lo que estoy sintiendo. Es abrumador».

Roberta y Carlyle están sintiendo muchas de las emociones comunes en esta etapa: la destrucción de las esperanzas y los sueños, los sentimientos de hundimiento, el insomnio, la búsqueda espiritual, los sentimientos suicidas, la conmoción. Lo importante a tener en cuenta es que la intensa sensación de devastación es temporal. De hecho, el rompimiento es la más breve de las cinco etapas.

El rompimiento es una parte necesaria del proceso de sanación porque obliga a aceptar el hecho de que tu relación está terminada. El dolor es desgarrador porque representa una ruptura de los tejidos densos de un estrecho vínculo emocional. Es como si antes de reconstruir un nuevo yo, tuvieras que pasar por la destrucción.

Para la mayoría de las personas, el rompimiento es un momento en el que reviven situaciones. Cualquier pérdida pasada o que todavía no ha sanado inunda tu herida actual. Si has pasado por una ruptura similar, los recuerdos de esa pérdida anterior salen a la superficie, lo que te obliga a lidiar no solo con tu pérdida actual, sino con el problema de todas las pérdidas en tu vida. Todo tu ser se ve envuelto en una especie de distorsión del tiempo emocional. Pasado, presente y futuro son arrojados a la turbulencia emocional. Como declaró uno de los miembros de mi taller del Instituto

Esalen: «Alguien huyó con mi red de seguridad y caí al piso, me rompí en pedazos».

El rompimiento te pone en contacto con sentimientos que pueden parecer patológicos cuando se sacan del contexto del dolor. Freud, en una de sus primeras monografías, *Duelo y melancolía*, hizo un énfasis en la diferencia entre la aflicción y la enfermedad depresiva. Las intensas emociones de destrucción a veces pueden sacudir incluso al clínico que no ha logrado apreciar la intensidad de la experiencia de abandono.

Alby informó que su relación terapéutica se desmoronó poco después de la experiencia de su rompimiento.

El amor de su vida acababa de abandonarlo. Más tarde, se dirigió al consultorio de su terapeuta y soltó su angustia en profundos sollozos. Informó que se sentía como si por fin una bola de alquitrán negra, anidada desde hacía mucho dentro de él, se rompiera y se disolviera. Su terapeuta, inquieto por la demostración de emociones intensas, trató de referirlo con un psiquiatra que le recetara medicamentos.

Alby tenía un trabajo estable en el que era muy apreciado, se dedicaba a las artes creativas, tenía amistades estables y no mostraba otros signos de malestar psiquiátrico.[1]

Irónicamente, la capacidad de Alby para soportar la intensidad de sus sentimientos era un testimonio de su salud emocional. Como dijo un participante de un taller de abandono, saliendo en defensa de Alby: «Solo los fuertes pueden soportar el rompimiento; los débiles necesitan sus defensas».

Al principio, las personas tienden a *girar en remolinos* por todas las etapas. Puedes pasar de la conmoción y la devastación del *rompimiento*, a las emociones de desesperación de la *abstinencia* por necesitar desesperadamente una dosis de amor y no poder obtenerla, a la vergüenza y la condena que haces de ti mismo en la etapa de *interiorización*, a la furia ardiente de la etapa de *ira* y a los momentos de esperanza y claridad de la etapa del *levanta-*

miento, y luego nuevamente, una y otra vez, de una etapa a otra en rápida sucesión.

Yo misma he atravesado cada uno de estos sentimientos durante las diferentes fases de mi vida: la infancia, la adolescencia y la edad adulta. Mi compañero de toda la vida me dejó a medio camino de lo que yo había percibido como una relación amorosa y exitosa de veinte años. Su partida fue repentina, sin previo aviso.

No pasé por alto la ironía de que yo, durante más de veinte años, había dedicado mi práctica clínica a tratar a sobrevivientes del abandono. De repente, se pusieron a prueba todos esos años de experiencia, investigación y estudio: me habían abandonado.

De alguna manera, yo había optado por depositar toda mi confianza en una persona que, después de veinte años, luego de haberme acostumbrado a una profunda sensación de seguridad, de repente un día dijo: «Es hora de irme». Me resultó difícil aceptar que había estado en los brazos de alguien que me abandonaría después de tantos años juntos. Sabía que, en mi caso, no era un suceso aleatorio, no era una mera coincidencia. Sabía que tenía algo que ver con viejas pérdidas, pérdidas que se remontaban hasta mi infancia. Tendría que llegar a mi interior y encontrar la última semilla que quedaba, la resistente que logró permanecer dormida durante casi veinte años, y que luego volvió a extender sus dolorosas raíces en mi vida. Tenía que buscar dentro, encontrarla, examinarla y desarraigarla de una vez por todas.

Fue un trabajo duro, pero me ayudó a alcanzar un nuevo nivel de comprensión y a encontrar un mejor camino para la recuperación, no solo para mí, sino para aquellos que buscaban mi ayuda. Fiel a mi trabajo con mis clientes, enfrenté mi propio abandono de manera honesta y abierta.

AKERU

A través de mi propia experiencia y mi trabajo con otras personas, ha surgido una verdad conceptual: el abandono, a pesar de todo su dolor e intensidad, sirve como un catalizador para el crecimiento personal profundo. Para explicar esta noción, tomo prestada la palabra japonesa *Akeru*.

Akeru es una palabra con muchos significados; entre ellos, «perforar, terminar, abrir». Ayuda a describir la oportunidad oculta en el abandono. El rompimiento implica una transición dolorosa de la unidad con otro a un estado de separación repentina e involuntaria. Permite sentir las fuerzas poderosas que están en juego mientras se hace un esfuerzo por recuperar el equilibrio. Que una sola palabra, *Akeru*, abarque los conceptos de *terminar* y *comenzar*, nos ayuda a reconocer que existe una aplicación positiva para la energía que se genera en el rompimiento.

De hecho, el rompimiento es una explosión de fracturas. El abandono nos corta hasta el núcleo, pero sobrevive una conciencia aguda. El dolor punzante nos hace saber que estamos vivos. El ego está roto, las defensas vencidas. Todo lo que queda es la sensación pura y el deseo de sobrevivir del cuerpo mismo. En lugar de intentar sumergir, negar o ignorar la incomodidad, la tarea del proceso de *Akeru* es acompañarla, aprovechar esta sensación pura y hacer que te funcione.

El rompimiento crea una abertura. Su palpitación permite experimentar el centro de uno mismo como nunca antes. Por fin estás sintiendo tu centro de energía, que te permite llevar la energía de sanación directamente a la fuente de tu herida más profunda.

El secreto es *entrar en el momento presente y permanecer en él con la mayor frecuencia posible*. Esto te ayuda a trabajar con la energía en lugar de ir en contra de ella, para experimentar este momento de separación cruel y brutal en todo su esplendor. En el momento presente, se siente la intensidad de la vida como un ser humano separado, una mota de conciencia estremecedora y punzante en el universo.

Disfrutar el presente implica abrir los sentidos y centrar la atención en las imágenes, los sonidos, los olores y otras sensaciones dentro del entorno inmediato. Significa usar los ojos, la piel y los oídos para experimentar el momento de una manera muy consciente. Muchos llaman a esto *atención plena*. Otros lo llaman *zen*. Para la recuperación por abandono este momento es un refugio natural contra el dolor emocional y una oportunidad para crear cambios duraderos.

EL ROMPIMIENTO ES UN VIAJE PERSONAL

Mi propia ruptura me ha enseñado a nunca subestimar la intensidad de la experiencia de otro, sino a escuchar con atención y aprender de ella. El rompimiento es único para cada persona. Su intensidad no puede medirse por la duración de una relación. Es algo que cada uno de nosotros encuentra en su propio camino.

«Pero ¿por qué debe ser tan doloroso?», preguntan algunos. «¿De dónde viene la intensidad de este dolor?».

Voy a llevarte en un viaje a través de la etapa de rompimiento, explorando las respuestas a esa pregunta. Explicaré cómo la pérdida de un ser querido activa el sistema automático de defensa que tiene el cuerpo y lo que esto significa en términos de estrés. Abarcaré los sentimientos comunes en esta etapa, como los pensamientos suicidas, los sentimientos de simbiosis, la vergüenza y la necesidad de cuidar de uno mismo. Te ayudaré a identificar los asuntos pendientes que pueden estar amplificando lo que sientes en este momento, y las pérdidas de la infancia que pueden haberte acompañado hasta la edad adulta. Brindaré información relevante del campo de la ciencia del cerebro que explica por qué los recuerdos de las viejas pérdidas vuelven a surgir durante tu crisis actual y cómo las hormonas del estrés pueden afectar los recuerdos de tu infancia. Definiré algunas de las características de un síndrome que afecta a muchos sobrevivientes del abandono, el *trastorno de estrés postraumático por abandono*, y analizaré la conmoción, la desorientación y la insensibilidad que son comunes en este trastorno. El viaje por la etapa del rompimiento concluirá con instrucciones paso a paso que te ayudarán a incorporar en tu vida el ejercicio *Akeru* para permanecer en el momento presente.

El rompimiento es un momento de separación cruda y, si bien es doloroso, ofrece la oportunidad de lograr una conciencia personal enorme. En ningún otro momento estarás mejor situado para aceptar tu realidad como un ser humano separado. Esta es la razón por la que el rompimiento se convierte, para muchos, en una epifanía, un portal a un nivel de conciencia, autosuficiencia y conexión completamente nuevo.

LA ANATOMÍA DEL ROMPIMIENTO

Anatomía del rompimiento
Sufrir una herida en el corazón
Defensa personal
Instinto de supervivencia
Pensamiento dividido
Sentimientos de simbiosis
Pensamientos suicidas
Vergüenza
Conmoción
Sensaciones somáticas

SUFRIR UNA HERIDA EN EL CORAZÓN

Durante esta primera etapa crítica, las personas a menudo sienten que realmente se ha producido una herida en el corazón. El rompimiento es cuando se inflige la herida inicialmente, el punto en el que una persona siente que el cuchillo la separa del apego de su corazón. Todo su cuerpo reacciona en protesta.

Es posible que sientas un dolor o punzadas en el corazón, una sensación de opresión o un torrente de ansiedad en el pecho. Al principio puedes sentir la necesidad frecuente de suspirar o recuperar el aliento. Tu corazón late con fuerza cuando se enfrenta a la realidad de tu pérdida. Puedes despertar durante la noche con un sudor frío de pánico y levantarte cada día con un nudo en el estómago. De hecho, el estrés del desamor y la pérdida puede desencadenar la debilidad del músculo cardíaco, una afección conocida como *miocardiopatía de Takotsubo*, también denominada *síndrome del corazón roto*. Lo creas o no, se sabe que tomar una aspirina (y otros medicamentos para el corazón) en algunos casos ayuda con el desamor.

TU SISTEMA DE DEFENSA PERSONAL SE ACTIVA[2]

Todas las reacciones físicas son resultado de la respuesta del sistema nervioso simpático a una lesión muy real. El cuerpo se prepara para luchar, huir o paralizarse con el fin de protegerte de lo que percibe como un peligro inminente. Un torrente de hormonas del estrés fluye a través del cuerpo para mantener activos el sistema de defensa personal y el estado de alerta, y mantenerte en un estado de disposición para la acción. Se libera adrenalina, lo que aumenta el nivel de reactividad del cerebro, y sobrealimenta el aparato sensorial para defenderte de la amenaza.

No es de extrañar que las personas se refieran al abandono como una daga encajada en el corazón. Fisiológicamente, tu cuerpo reacciona como si tu corazón realmente hubiera sido apuñalado.[3]

EL INSTINTO DE SUPERVIVENCIA

El rompimiento, de hecho, te pone en contacto con las fuerzas viscerales de la vida. Expone tu núcleo, y con ello despierta tus necesidades básicas y más urgentes. Al igual que el parto, el abandono obliga a una separación;[4] de repente, estás mucho más solo que antes.

Es posible que esta experiencia sea lo suficientemente poderosa como para activar recuerdos emocionales que se remontan a tu nacimiento, cuyos fragmentos se han codificado dentro de la estructura profunda del cerebro.[5] El cerebro de un recién nacido aún no tiene completamente desarrolladas las estructuras que necesita para registrar imágenes de los sucesos reales del nacimiento. Pero el sistema de memoria emocional del cerebro está relativamente intacto al nacer y crea rastros de experiencias tempranas en forma de sentimientos y sensaciones. Estos sentimientos pueden reactivarse cuando una experiencia en tu vida adulta guarda un parecido emocional con tu nacimiento.

Para la mayoría de nosotros, el nacimiento implicó un descenso repentino de la temperatura, luces deslumbrantes, ruido y tal vez una nalgada para respirar por primera vez. Cuando un ser querido nos abandona, se corta un tipo diferente de cordón umbilical. De la misma forma que cuando eras bebé, te desconectan repentinamente de todo lo que te brindaba consuelo, calidez y sustento.

El bebé se calma cuando lo envuelven de manera ajustada, primero en los brazos de alguien y luego en mantas cálidas; esto le recuerda el calor del vientre materno.[6] Pero ¿qué pasa contigo? También has sido desconectado. ¿No necesitas también la comodidad y el calor humano que de repente te faltan? Algunos sobrevivientes del abandono en medio de una crisis de rompimiento informan que se han envuelto en una manta e incluso se mecen hacia adelante y hacia atrás.

La tendencia, incluso para los adultos, es llorar por lo que se pierde como si de ello dependiera la propia vida. Para un adulto, desde luego, esta desesperación es un sentimiento, no un hecho. Tu vida no depende de tu pareja perdida. Solo se siente de esa manera.

El rompimiento te ha llevado a un estado de separación absoluta. Pero ¿quién está ahí para recibirte esta vez? ¿Quién queda para responder a las necesidades urgentes que se han activado?

Solo tú.

No hay enfermera, ni cuidadora. Solo estás tú. Tú eres como un caracol sin su caparazón protector, un bebé con frío y hambre.

La tarea de recuperación para esta etapa es que te hagas cargo de ti mismo y vivas un momento a la vez, que reconozcas que eres una persona separada, independiente, un adulto plenamente capaz, responsable de su propio cuidado personal. No es responsabilidad de nadie más satisfacer tus necesidades emocionales; solo tú puedes hacerlo. La autosuficiencia emocional implica aceptar los sentimientos intensos de la experiencia, hacer un balance de la realidad presente y asegurarte de que sobrevivirás.

PENSAMIENTO DIVIDIDO[7]

Una característica de la etapa de rompimiento es un sentimiento de desesperanza, un aspecto del pensamiento de *siempre y nunca*. Las cosas *nunca* serán las mismas, tú *siempre* estarás solo, *jamás* podrás reparar los daños, *siempre* te sentirás incompleto. El pensamiento de *siempre y nunca* es parte de un proceso mental catastrófico que representa un retorno temporal a los patrones de pensamiento disyuntivo propio de la infancia. El rompimiento te ha arrojado temporalmente en un túnel del tiempo. Como un niño en desarrollo temprano, no tienes ninguna impresión real de que atravesarás esta crisis y seguirás adelante con el trabajo de tu vida o hacia otros amores. Más bien, estás atrapado en una doble exposición temporal. Tu perspectiva infantil se superpone a la perspectiva más madura de tu yo adulto, y nubla tu visión. Entonces, ves tu condición actual como lo haría un niño: siempre presente, permanente.

Puedes aplicar el mismo pensamiento disyuntivo a la persona que te ha dejado, y percibirla como totalmente buena en un minuto y totalmente mala en el siguiente. En un momento parece completamente insustituible, y al siguiente dices, o al menos tratas de convencerte a ti mismo de ello, que *de cualquier forma no la necesitabas*. Por un lado, justificas totalmente a tus parejas perdidas por haberte abandonado; de hecho, nunca las has respetado más ni te has sentido más impresionado por la fuerza de carácter que han mostrado ahora que te rechazaron. Por otro lado, crees que tus parejas han demostrado ser cobardes y moralmente corruptas, que abandonarte a ti fue un acto ruin.

Este pensamiento dividido también se aplica a la forma en que te ves a ti mismo. En un minuto, eres un fracasado sin valor por haber perdido a la persona más importante de tu vida. Y al siguiente sientes una indignación moral porque una persona haya tenido la audacia de dejar a alguien tan valioso como tú. Mantener una perspectiva equilibrada sobre uno mismo, las parejas perdidas y el proceso de sanación de la vida es difícil en esta etapa.

Vivir el presente permite un respiro inmediato a la perspectiva dicotómica de *siempre y nunca*. Cuando estás en el ahora, este pensamiento catastrófico no tiene lugar. Solo existe el *ahora:* un lugar sagrado que puedes crear con la generosidad de la vida que te rodea.

Sentimientos simbióticos[8]

Hemos visto que durante el rompimiento estamos inundados de sentimientos que conocíamos mejor en nuestra infancia, cuando comenzamos como niños desamparados y dependientes. La reaparición de estos sentimientos nos ha puesto en contacto con la parte más antigua y olvidada de nosotros mismos. De hecho, la separación del apego ha reactivado los recuerdos emocionales y ha puesto en relieve los sentimientos más primitivos.

Los sentimientos de simbiosis son los que tuviste antes del nacimiento y durante la infancia temprana cuando estabas en un estado de unidad con tu madre. Eras inseparable; de hecho, eras incapaz de sobrevivir sin un cuidador. Estos sentimientos de dependencia, que se despertaron durante la etapa de rompimiento, colocan a los sobrevivientes del abandono en una paradoja emocional dolorosa: *cuanto más se siente el impacto de la pérdida, más obligados se ven a buscar a la pareja perdida.*

«Nunca quise tanto a mi esposa como cuando se fue», dijo Carlyle. *«¡Sentí que no podría vivir sin ella!».*

Es posible que tus amigos y familiares se pregunten cómo puedes querer tanto a alguien que te ha tratado tan mal. Lo que no entienden es que la partida de tu pareja automáticamente despertó en ti sentimientos de simbiosis, los cuales estaban almacenados en lo más profundo de tu memoria emocional. La situación te deja ahí para hacer frente a los sentimientos que se derivan de los procesos psicobiológicos que operan independientemente de tu pensamiento consciente y están más allá de tu control inmediato.

Por ejemplo, es común volverse por un tiempo excesivamente dependiente de amigos, familiares y profesionales para el cuidado. Algunas personas buscan ser agradables de formas que no son características de ellas. Otras desarrollan expectativas poco realistas respecto a los demás, impulsadas por un deseo interno de cariño que ya no pueden encontrar en su pareja perdida. A veces, una mera percepción de ser menospreciado por un amigo puede hacer que reaccionen de forma exagerada porque les provoca una regresión simbiótica.[9]

No importa con cuánta independencia hayas funcionado dentro de tu relación, durante la etapa de rompimiento puede parecerte que estar solo es intolerable. Son especialmente difíciles de enfrentar los tiempos sin estructura, en particular los fines de semana, los feriados importantes o los aniversarios. En estos momentos, es importante buscar la compañía de otras personas.[10] Los talleres para recuperarse del abandono y los grupos de apoyo continuo para el abandono (sobre los que puedes leer en www.abandonmentrecovery.com) te pueden ayudar a superar estos hitos difíciles. Ten por seguro que tu dependencia excesiva en los demás disminuirá a medida que comiences a sanar.

Problemas simbióticos crónicos
La paradoja simbiótica ayuda a explicar por qué muchos tienden a quedar atrapados emocionalmente dentro de una relación en la que sus parejas los abandonan con frecuencia, ya sea en el ámbito físico o emocional.

«Parece que no puedo dejar a Barry», dijo Patricia. «Sé que no me hace bien estar con él. Sé que es un sostén cubierto de verrugas y percebes a los que me aferro, solo para evitar el dolor de estar separada y sola. Sé todo esto en un nivel, pero por alguna razón, simplemente no puedo dejarlo ir. Cuanto peor es para mí, más desesperadamente me aferro».

Para aquellos que luchan con una situación como la de Patricia, los sentimientos simbióticos se reactivan una y otra vez, siempre que experimentas una ruptura de un vínculo importante, incluso si es con la misma persona una y otra vez.[11]

Tus sentimientos de dependencia más intensos, los que te dejan emocionalmente indefenso, siguen inundando tu conciencia con urgencias primarias. Sientes, aunque sea temporalmente, que no puedes sobrevivir por tu cuenta. Cada rasgadura en tu relación despierta una nueva ronda de inseguridad intensa. El niño que hay en ti clama por ser contenido y amado, paradójicamente, por la misma persona que te sigue traicionando, desatendiendo y *abandonando*.

Los niños maltratados tienden a acercarse a la misma persona que los maltrató para sentirse cómodos.[12] Lo mismo ocurre en otras especies. Un investigador que estudiaba la impronta en patos se dio cuenta de que cuando pisó accidentalmente las patas de un patito que tenía su impronta, este lo siguió más de cerca que nunca. Los científicos investigaron este fenómeno y resulta que el dolor, ya sea emocional o físico, hace que el cuerpo libere opiáceos endógenos que crean un tipo tenaz de adicción a un objeto y se conoce como *vínculo traumático*.[13]

El rompimiento reaviva los impulsos simbióticos, pero también te brinda la oportunidad, ahora como adulto, de ponerles fin de una vez por todas. Cuando todo lo demás te es arrancado, tu verdadero ser es el que clama, en carne viva y completamente vulnerable. Tu tarea es llevar tus sentimientos de impotencia al momento presente, para dar vida a tu núcleo interno recién despierto.

FANTASÍAS SUICIDAS Y PENSAMIENTOS DE MUERTE
EL ROMPIMIENTO DE MICHAEL

Cuando la pareja de Michael lo amenazó por primera vez con dejarlo seis meses antes, él lo intentó todo para resistir. Sentía como si estuviera luchando por su vida. Había hecho todos los acuerdos posibles para salvar su relación en problemas, incluso había ido a terapia de pareja y había dejado al descubierto su alma emocional, pero todo fue en vano. Un día angustioso, ella empacó y se fue. Michael quería morirse.

A pesar de todo el temor y la ansiedad que apuntaban al final, Michael no había empezado a dejarla ir. De hecho, ante el espectro de la pérdida, se aferró con más fuerza que antes. Ahora, solo, no podía encontrar la voluntad de seguir viviendo.

Un amigo lo instó a inscribirse en los talleres de recuperación por abandono. Llegó sin afeitarse y con la ropa arrugada. Hablando con voz monótona, explicó que se había tomado unas vacaciones de su trabajo para poder «arrastrarse hacia un agujero y mantenerse borracho lo más posible».

Habló largamente sobre sus pensamientos suicidas. En un momento dado, los otros miembros interrumpieron.

«¿Realmente quieres morir?», le preguntaron, «¿o simplemente quieres que el dolor desaparezca?».

«Quiero que el dolor se vaya», respondió con indiferencia. «Solo soy feliz cuando estoy dormido», continuó. «Y solo me duermo después de haberme emborrachado tanto que caigo en un estupor».

«Hay maneras de manejar ese dolor», le dijimos.

Hizo un ademán de despedida. «Estoy muy deteriorado para todo eso», dijo. «El hecho es que, excepto por el dolor, ya he muerto. No se puede salvar a alguien que ya está muerto».

Es común que las personas describan su abandono como una especie de muerte. Informan sentirse muertas, querer estar muertas o pasar por una muerte espiritual. A medida que sigas a Michael en el próximo capítulo, verás la importancia de no actuar sobre estos sentimientos. Pese a ser muy intensos, son temporales y se disiparán a medida que avances en las etapas que siguen. Durante la etapa de rompimiento, la desesperanza que atraviesas es un sentimiento, no un hecho.

Muchos también sienten el abandono como una herida física, incluso *mortal*. Hacen referencias frecuentes a palabras que describen lesiones críticas y destrucción de órganos vitales, referencias a *corazones rotos, puñaladas en el intestino, heridas de cuchillo en el corazón.*

«Después de que Lonny se fue, mi casa se convirtió en una tumba, una cámara de tortura de soledad. Así que me dirigía a cualquier lugar que no fuera mi hogar», comentó Marie.

«En las autopistas, no había un muro de piedra en el que no hubiera estado dispuesta a chocar de frente. Si encontraba un cuchillo cuando visitaba la casa de un amigo, en especial un cuchillo de carnicero o un machete, me imaginaba hundiéndolo profundamente en mi estómago.

«Por la noche, hurgaba en el gabinete de licores en busca de algo que beber; era la única forma de quedarme dormida. Lo último que me preocupaba por entonces era convertirme en una alcohólica. Estaba más interesada en inducirme un estupor, un coma, una lobotomía, la muerte, cualquier cosa que pudiera acabar con el dolor».

«Luchaba por recuperar la compostura para ir a trabajar por la mañana, y en el camino, trataba de no seguir el impulso de salirme de la carretera para caer en un acantilado».

«Era un verdadero esfuerzo mantener la compostura para las clases que impartía. Era difícil encontrar nuevas excusas todos los días para mi nariz roja y bulbosa. Comencé a verme más demacrada durante el día. La gente siempre me preguntaba qué me pasaba. Naturalmente, la mayoría de ellos eran otros maestros que no conocía lo suficiente como para contarles mi problema».

«La buena noticia acerca de mi condición física en deterioro era que perdía peso, algo que siempre había intentado hacer pero no lograba porque la verdad es que me encanta la comida. Ahora me interesaban más los cubiertos que la comida. Mis amigos me veían empujando la comida en el plato y me preguntaban si me sentía bien y por qué me veía tan delgada. Mi respuesta era agradecerles sinceramente el cumplido y decirles que estaba en una dieta especial (llamada *deseo suicida*)».

«Cuando finalmente descubrí que Lonny me había dejado por otra mujer, hubiera preferido que me clavara un cuchillo en el corazón. Habría sido menos doloroso, más rápido, y me hubiera salvado de casi morirme de hambre».

Ya hemos visto que, durante este período crítico, muchos creen que su aflicción será permanente. Si bien este sentimiento persiste, es difícil reconocer que es parte de un proceso que lleva a la renovación. Al igual que Michael y Marie, realmente sienten que su vida se ha acabado. El concepto de *muerte* sirve como una fantasía de escape; es la única forma en que pueden imaginar un final para el dolor. Las conversaciones con ellos están plagadas de referencias a la muerte.

«Estaría mejor muerta».
«No puedo sobrevivir a esto».
«No puedo dormir. No quiero comer».
«Mi vida ha terminado».
«Siento que me voy a morir».
«La muerte sería más fácil».

Muchos sobrevivientes de abandono se dejan llevar por fantasías sobre el impacto que su muerte podría tener en su pareja perdida. «Habría valido la pena morir», dijo Marie, «solo para que Lonny se diera cuenta de que realmente me amaba».

Para algunos, los sentimientos suicidas, mientras no se actúen, pueden servir a un propósito. Ayudan a apoyar al ego durante esta etapa. La idea de que podríamos terminar con el dolor si quisiéramos restablece el sentido de control que se ha perdido temporalmente. Pero haz una pausa. Aun cuando tu deseo de terminar con el dolor sea muy poderoso, estos sentimientos son solo una parte del proceso de curación inicial. Pasarán muy pronto, y ciertamente encontrarás el amor de nuevo cuando así lo desees. Tu tarea es obtener todo el apoyo que necesitas de las personas más cercanas a ti, de talleres de abandono, de grupos de apoyo sobre desarrollo y de profesionales de la salud mental. Al final, saldrás de la experiencia mejor que antes.

Vergüenza

Un problema al que se enfrentan muchas personas durante las primeras etapas del ciclo de abandono es la vergüenza.[19] Analizaré a fondo la vergüenza de ser abandonado en el capítulo 4, cuando explique la *internalización*. No obstante, cuando al principio empiezas a lamentar la pérdida de una pareja, sientes vergüenza por los excesos emocionales que aparentemente no puedes controlar.

«No puedo enfrentar al mundo», dijo Michael. «Todo lo que la gente tiene que hacer es mirarme y ver la condición en la que me encuentro, para saber que no puedo encargarme de mi vida».

Estamos programados, hombres y mujeres por igual, a sentirnos avergonzados por los sentimientos intensamente negativos. Muchas personas odian perder el control sobre sus emociones, sentirse impotentes o dependientes de alguna manera. Es fácil pasar por alto la valiosa sabiduría emocional contenida en estos sentimientos. Pero si entran en contacto con ellos y entienden de qué se trata, estos sentimientos pueden mejorar sus relaciones futuras. Les permiten ser emocionalmente más accesibles para otros.

En lugar de aceptar y alimentar estos valiosos sentimientos, muchos se condenan a sí mismos por estar tan desesperados y necesitados. Permiten que los sentimientos de poder cuestionen todo su sentido de fortaleza personal e independencia.

Me sentía como un niño, informa Richard, presidente de un banco y cuya esposa lo había dejado recientemente. Lloré por ella como un bebé que llora por su madre cuando dice que se va. De repente toda mi vida giraba en torno a ella. Estaba obsesionado con querer estar con ella, querer hablar con ella. Me sentía muy necesitado y asustado.

Soy un hombre adulto, pero no pude tolerar estar solo en mi nuevo departamento, era demasiado solitario y estaba demasiado vacío. En realidad, estaba asustado por el dolor que sentía, por miedo a no poder superarlo. Era vergonzoso lo dependiente que me sentía. No podía evitar actuar como un niño desesperado en medio de un berrinche. Comencé a preguntarme si toda mi identidad adulta era solo una fachada. Razoné: debo de haber sido una persona débil y necesitada todo el tiempo. Incluso pensé que esa era la principal razón por la que mi esposa me había dejado.

Richard no se daba cuenta en aquel momento, pero las necesidades simbióticas que sentía eran temporales, normales para el proceso, e incluso cumplían un *propósito* durante la primera etapa de su duelo. Se degradó y perdió la confianza hasta que logró aceptar que se sentía necesitado y temeroso. «Me sentía completamente derrotado», dijo, «como si *ella* fuera la fuerte. Estaba profundamente decepcionado de mí mismo por sentir tanto dolor».[20]

Hay varias razones para evitar sentirte avergonzado y simplemente *aceptar* la necesidad intensa pero temporal que tienes de tu apego perdido.[21] Primero, como hemos visto con Richard, la vergüenza solo complica el proceso de duelo. Es una forma más en la que te vuelves contra ti mismo. Segundo, cuando intentas rechazar, negar o suprimir tus sentimientos, te niegas la oportunidad de comprenderte mejor emocionalmente. Tercero, enterrar tus sentimientos retrasa su solución dentro de tu relación actual o en relaciones futuras. En resumen, cargar con el equipaje emocional solo prolonga tu dolor. Si los sentimientos no se aceptan ni se resuelven, generarán miedo, ansiedad e inseguridad la próxima vez que intentes llevar el amor a tu vida.

Es mejor aceptar los fríos y duros hechos de la situación: que el abandono es un trauma lo suficientemente poderoso como para despertar el sistema de defensa personal del cuerpo, reactivar viejos recuerdos emocionales y crear una condición temporal en la que la necesidad de apego es incómodamente intensa. Aceptar la realidad de que perder a un ser querido es una crisis emocional real es una forma de evitar la trampa de la vergüenza. Esta aceptación es un paso importante en la dirección hacia el cuidado emocional de ti mismo.

Como dijo un miembro de mi taller en Breitenbush, Oregón:

Es un gran alivio saber que tengo tanto control de estas reacciones como lo tengo de la dilatación de mis pupilas.

LA CONMOCIÓN

No todas las personas son capaces de mantenerse en contacto con los sentimientos más intensos del rompimiento. Algunas informan que no pueden sentir nada en absoluto. «No sé dónde estoy. Estoy demasiado desorientado», informó Carlyle. Por su parte, Roberta comenta: «Sé que estoy en el infierno, pero me siento anestesiada. Todo a mi alrededor ha muerto».

Belinda describe su experiencia:

Volé a París para estar con mi prometido y, cuando llegué, me dijo que había cambiado de opinión, que rompía el compromiso. Sentí que me quebraba. La vida en París, la ciudad con la que siempre había soñado, estaba sucediendo a mi alrededor, pero yo estaba demasiado aturdida para verla, escucharla, participar en ella. En vez de eso, quedé en completo *shock*, sola y con toda mi vida desplomándose ante mí. Nada parecía importar. Ni siquiera estaba segura de quién era yo.

En su conmoción inicial, las personas suelen mostrarse distantes de sí mismas y de los sucesos que ocurren a su alrededor. El enfoque interno extremo de esta etapa inicial los encapsula en una burbuja disociativa a través de la cual el mundo puede verse distorsionado y lejano.[22]

La conmoción es uno de los muchos síntomas del estrés traumático, un componente significativo de la etapa de rompimiento. Algunos de sus otros síntomas se detallarán en la siguiente sección.

Sensaciones somáticas

Es posible que no puedas identificar los cambios biofisiológicos que están ocurriendo bajo la superficie de tu mente consciente, pero después de leer las siguientes páginas, podrás reconocer algunos indicadores de esos cambios.

Tu cerebro emocional percibe la pérdida de tu pareja como una amenaza para la supervivencia. El suceso desencadena cambios biológicos significativos. A medida que avanzas por los rigores de la crisis emocional, muchos de los efectos se mantienen. Tu ritmo cardíaco y tu presión arterial aumentan, lo que envía un mayor flujo de sangre y nutrientes a las áreas que tu cuerpo necesita para defenderse. Tu digestión se detiene; el flujo de sangre se desvía del estómago hacia los grupos musculares principales para que estén físicamente preparados para huir o luchar contra tu agresor cuando surja la necesidad. Durante los momentos más estresantes, las estructuras que se encuentran en lo profundo de tu cerebro emiten una señal de tensión en las cuerdas vocales, lo que crea la voz aguda de la ansiedad intensa. Según Daniel Goleman, estos mismos mecanismos hacen que un perro gruña o un gato arquee el lomo.[14]

Otros circuitos neuronales reciben señales en ciertos momentos críticos para poner una expresión de miedo o enojo en la cara, para paralizar los movimientos en algunos de tus músculos o para hacer que tu respiración se vuelva superficial, de modo que pueda detectar mejor los sonidos importantes por encima del sonido de tu respiración. Otros procesos hacen que el ritmo de la respiración aumente el suministro de oxígeno al cerebro para que la mente pueda mantener su estado de hipervigilancia y la atención fija en la emergencia. La vejiga y colon se preparan para vaciar su contenido con el fin de eliminar el peso muerto del cuerpo, de manera que puedas moverte rápidamente. Las pupilas se dilatan para dejar entrar más luz; la visión se agudiza. Las células cocleares en los oídos requieren menos estimulación; se puede escuchar una ramita que se desprende de una rama a más de cien metros de distancia. El cerebro está inusualmente alerta, incluso de noche, ya que los sistemas bioquímicos funcionan para mantener lo que el cuerpo experimenta como una vigilia de emergencia.

El neocórtex sigue escaneando tus bancos de memoria, recuperando experiencias similares del pasado que clasifica, compara y analiza sistemáticamente para aplicarlas a la campaña intensiva de resolución de problemas del cuerpo. Esto se experimenta como un pensamiento obsesivo. El sistema inmunológico responde reduciendo su producción de anticuerpos, lo que retrasa la inflamación y el dolor en las áreas del cuerpo que podrían lesionarse (en la batalla), de modo que tu atención pueda permanecer enfocada en la amenaza en cuestión.[15] Es posible que no sientas el impacto de esta disminución de la respuesta inmunitaria hasta unas semanas más tarde, tal vez durante un respiro de la intensa crisis emocional. En ese momento es cuando resulta probable que contraigas un resfriado o gripe.

Subjetivamente, tienes muchos de estos síntomas en forma de una preocupación constante por tu pérdida, hipervigilancia, tendencia a sobresaltarte con facilidad, molestias gastrointestinales y recuerdos de heridas pasadas y viejas inseguridades. Tienes problemas para dormir, relajarte y comer. Alternativamente, es posible que no puedas dejar de comer, porque tu cuerpo está tratando de reforzar las reservas de energía para una crisis sostenida.

La amenaza para la que tu cuerpo se prepara no es un ataque de lobos salvajes o un terremoto, sino la pérdida de tu apego principal. Desde luego, no existe una amenaza física real para tu seguridad, pero hay una intensa batalla interna en curso.[16]

Muchas de estas sensaciones incómodas e inquietantes responden a los efectos de una droga conocida, una que es legal y fácilmente asequible, el alcohol. Debido a que el alcohol es un depresivo, puede ablandar las tensiones y la irritabilidad que sientes.[17] Incluso los bebedores más moderados tienden a sobremedicarse con alcohol para ayudarse a conciliar el sueño o a relajarse. Dado que el alcohol es altamente adictivo, es importante recordar que incluso en pequeñas dosis puede alterar el funcionamiento y provocar lesiones graves.[18]

Como analgésico alternativo, intenta buscar refugio en el momento presente, como se describe al final de este capítulo. Vivir el presente puede ayudar a sentirte centrado y en paz, y te lleva a ese estado de calma que necesitas para superar los momentos más difíciles, uno a la vez.

TRASTORNO DE ESTRÉS POSTRAUMÁTICO POR ABANDONO

Las reacciones de muchas personas al abandono comparten características suficientes con el trastorno de estrés postraumático (TEPT) para ser consideradas un subtipo de esta categoría de diagnóstico.[23]

Al igual que con otros tipos de traumas, el *trastorno de estrés postraumático por abandono* puede variar de leve a severo. Es una condición psicobiológica en la cual los traumas de separación anteriores pueden interferir con la vida actual. Se experimentan *flashbacks* emocionales que te inundan de ansiedad en respuesta a desencadenantes que tal vez no percibas de manera consciente, y esto a menudo te deja con la abrumadora sensación de que ya no tienes el control.

EL ROMPIMIENTO DE JOHN

John llegó a su primera sesión; era un tipo atractivo, alto, guapo, de cuerpo atlético. Recientemente había conocido a una mujer por la que se sentía atraído. Solo habían tenido una cita. La tarde parecía ir bien; él se había sentido entero, completo en su compañía, y quería establecer una relación real con ella. Estaba seguro de que ella sentía lo mismo, pero no le devolvió la llamada que él le hizo.

«¡Solo fue una cita!», dijo. «¡No puedo creer que me sienta tan angustiado con una cita!».

Esperaba encontrarse con ella en una conferencia profesional esa semana y temía sentirse demasiado emocional como para soportar verla de nuevo. «Va a pensar que soy un caso perdido. No podré ocultarlo. ¿Qué podría hacerme reaccionar de esta manera?», dijo. «Estoy obsesionado cada minuto del día. Sin mencionar el hecho de que no puedo comer».

«No estoy desesperado por tener una mujer o algo así. No he querido salir con nadie desde hace mucho tiempo. Y ahora el hecho de que esta mujer no me llame me parece una cuestión de vida o muerte». Se encogió de hombros y me miró en busca de orientación.

«¿Podría ser un dolor no resuelto de otra relación?», sugerí.

A quemarropa, se enfrentó al dolor que se había escondido en su interior. Respiró profundo y trató de hablar. Hizo un par de comienzos en falso: parecía que no podía encontrar su voz ni controlar sus músculos faciales.

Entregarle una caja de pañuelos pareció ayudar. Sus palabras y lágrimas comenzaron a fluir libremente. El doloroso suceso había ocurrido hacía unos diez años. Su prometida había roto su compromiso una semana antes de la boda. Mientras describía esta experiencia devastadora, parecía sorprendido de que todavía pudiera sentir dolor. «Pensé que ya lo había superado por completo», dijo. «No he pensado en ello ni un momento en años».

«Después de que terminamos, traté de salir con otras personas, pero simplemente no me sentía bien con nadie más. Era demasiado inseguro, estaba demasiado en guardia. Después de aproximadamente un año de no llegar a ninguna parte, decidí estar solo por un tiempo».

Esto lo logró al permanecer fuera del campo de juego, convirtiéndose en un «soltero devoto», como lo expresó él mismo. El único efecto secundario de su aislamiento voluntario era la soledad, pero era un latido constante, un dolor sordo al que se acostumbró. Lo consideraba preferible a los altibajos del romance. Se dijo a sí mismo que no había nadie en el mundo que le interesara, que estaba bien solo.

«Así que ahora finalmente conozco a una mujer que me gusta, y descubro que soy un caso perdido», agregó. «¿Cómo puede todo esto que pasó tener tanto peso después de tantos años?».

Si bien no es grave, el caso de John retrata una de las características del trastorno de estrés postraumático por abandono: la intrusiva ansiedad del pasado.[24] Su historia se centra en un suceso previo de su vida adulta, uno que sigue provocando miedo y ansiedad e interfiere en su vida actual.

A medida que el caso de John se desarrollaba, abordó las pérdidas de la infancia.

Cuando tenía 6 años, su padre desarrolló cáncer y sufrió una enfermedad prolongada, lo que obligó a la madre de John a trabajar de tiempo completo. Si bien el cáncer de su padre al final entró en remisión, la empresa familiar quebró y los problemas financieros los obligaron a mudarse varias veces. Hubo numerosas decepciones y vínculos rotos para John en el camino. Las experiencias de su infancia lo hicieron especialmente sensible a la pérdida. Como adulto, su estrategia era practicar la evasión, distanciarse emocionalmente de sus necesidades y sentimientos básicos. Evitaba las relaciones y las inseguridades que las acompañaban.

Existen muchos otros patrones y comportamientos asociados con una afección postraumática y muchas formas en las que el miedo o la ansiedad que resultan de las separaciones pasadas provocan un secuestro emocional[25] e interfirieren en la vida actual.

Un miembro de mi taller en el Instituto Esalen dio testimonio de la vulnerabilidad intensificada que sintió como resultado de su trauma de abandono infantil.

Me siento tan vulnerable cuando trato de entablar una relación... Es como ser una víctima quemada. La brisa más leve me provoca dolor.

Signos y síntomas del trastorno
de estrés postraumático por abandono

Si bien aún no se ha aceptado en la bibliografía de diagnóstico, propongo la siguiente lista de síntomas para el postraumatismo del abandono.[26]

- Un miedo intenso al abandono (inseguridad abrumadora) que tiende a desestabilizar las relaciones primarias en la edad adulta.
- Una tendencia a someterse repetidamente a personas o experiencias que llevan a otra pérdida y a otro trauma.
- Reavivamiento intrusivo de viejas pérdidas.
- Recuerdos intensificados de separaciones traumáticas y otros sucesos.
- A la inversa, bloqueos completos o parciales de recuerdos de sucesos anteriores.
- Sentimientos de desapego emocional ante crisis pasadas.
- Por el contrario, dificultad para dejar de lado los sentimientos dolorosos de viejos rechazos y pérdidas, que generan un conflicto emocional continuo con los padres o los hermanos.
- Episodios de comportamiento autodestructivo.
- Dificultad para soportar los altibajos emocionales normales de una relación adulta.
- Dificultad para superar los niveles normales de conflicto y decepción dentro de una relación.
- Sensibilidad extrema al rechazo.
- Tendencia a cerrarse emocional o sexualmente, pero no ser capaz de identificar por qué.
- Dificultad para nombrar los sentimientos propios.
- Dificultad para sentir afecto y otras comodidades físicas que ofrece una pareja dispuesta.
- Movimiento oscilatorio entre el miedo al exceso de atención y el miedo a desaparecer.

- Tendencia a evitar por completo relaciones cercanas.
- Por el contrario, una tendencia a precipitarse en las relaciones y aferrarse al otro demasiado pronto.
- Dificultad para dejar ir porque uno se ha unido a su pareja con «pegamento epóxico» emocional, incluso aunque esta no pueda satisfacer nuestras necesidades.
- Necesidad de control excesiva, ya sea que estés controlando a los demás o ejerciendo demasiado autocontrol; necesidad de tener todo perfecto y hecho a tu manera.
- Por el contrario, una tendencia a crear caos al evitar la responsabilidad y al postergar, y a sentirse fuera de control.
- Tendencia a tener expectativas poco realistas y una mayor reactividad hacia los demás, y con ello a crear conflictos que pueden llevar al aislamiento.[27]
- Tendencia a actuar de manera impulsiva sin poder frenarse, incluso cuando uno sabe que podría haber consecuencias negativas.[28]
- Tendencia a los arrebatos de ira impredecibles.[29]

No todas las personas que sufrieron pérdidas traumáticas durante la infancia estaban destinadas a desarrollar estos rasgos de personalidad postraumáticos. Muchos factores psicobiológicos participan en la determinación de si los traumas emocionales más tempranos llevan al desarrollo de un verdadero cuadro clínico del trastorno de estrés postraumático.[30]

Muchas personas que sufren un postraumatismo por abandono no pueden identificar ningún abandono extremo en la infancia. En su lugar, provienen de familias relativamente intactas sin antecedentes conocidos de abuso. Por otro lado, hay quienes sufrieron pérdidas extremas en la infancia y, sin embargo, parecen relativamente libres de traumas cuando llegan a adultos, capaces de resistir el rechazo y la pérdida sin signos de estrés postraumático. La razón de esta aparente discrepancia puede tener que ver con la dotación genética y con otras predisposiciones fisiológicas y psicológicas. Los investigadores han especulado que algunas personas nacen con una tendencia a producir concentraciones más altas de norepinefrina, una sustancia química del cerebro involucrada en la activación de la respuesta de defensa del cuerpo. Esto significa que se reduce el umbral para estimular a una persona, y es más probable que se sienta ansiosa cuando encuentre tensiones en la vida que le recuerden los temores y las experiencias de la infancia y, por lo tanto, son más propensas a sufrir un traumatismo.

Ya sea que tú seas candidato o no para un diagnóstico de trastorno de estrés postraumático por abandono, puedes estar viviendo una superposición emocional de tus pérdidas anteriores. De ser así, volver a enfrentar el abandono tiende a intensificar la pérdida.

EL TRAUMA ACTUAL[31]

Durante la etapa de rompimiento, mis clientes reaccionan casi universalmente a la palabra *trauma* y la usan con frecuencia, consideren o no que están sufriendo síntomas postraumáticos. De hecho, el fin de una relación romántica importante es en sí mismo un trauma, no un postrauma. Es un trauma *inicial* legítimo.

Si tu dolor por el abandono es el resultado de una ruptura reciente o de heridas acumuladas y si tus sentimientos se derivan de la pérdida de un empleo, la pérdida de un amigo o la pérdida de un compañero de vida, la experiencia es traumática.

«Tener que mudarme de mi casa fue la experiencia más traumática de mi vida», dijo Carlyle.

«Travis me hizo pasar por un gran trauma».

«Al perder a Lonny sentí que iba a quedar traumatizada de por vida», comentó Marie.

«Ya no me siento normal», señaló Richard, «todo lo que siento es un trauma».

Dependiendo de las circunstancias de su abandono, su historia personal y su constitución neurofisiológica, algunas personas pueden desarrollar síntomas postraumáticos a partir de lo que está sucediendo ahora, mientras que otros no lo harán. Naturalmente, este libro está diseñado para ayudarte a moderar los efectos del trauma.

SIGNOS Y SÍNTOMAS DEL ESTRÉS TRAUMÁTICO ACTUAL

Los sobrevivientes del abandono comúnmente atraviesan los síntomas siguientes.

Conmoción y desorientación

Después de perder a un compañero querido, las personas se describen a sí mismas como en estado de *shock*,[32] incredulidad y desconcierto, incapaces de enfrentar la realidad destrozada de sus vidas.

Hay una gran cantidad de investigaciones que sugieren que durante esta etapa temprana de aflicción, el sistema opioide del cerebro produce niveles más altos de sustancias parecidas a la morfina (una de las cuales se llama *endorfina*). Los opiáceos tienen un efecto reductor del dolor y pueden explicar la conmoción y la insensibilización, así como los síntomas de abstinencia.

Como recordarás en la historia de Belinda, ella se anestesió ante su entorno después de que su prometido anunció que ya no quería casarse con ella.

«Todo me parecía extraño», dijo. «Sentí como si mi vida hubiera sido un sueño y acabara de despertarme en una cama extraña. De repente no tenía futuro. El día anterior, había estado escogiendo el tono correcto de lápiz labial y recordando comprar otra película. Al día siguiente, nada importaba excepto cómo sobrevivir al dolor».

«Si la Torre Eiffel se hubiera caído justo delante de mí, no lo habría notado. Realmente no sabía cuál era el final. No me sentía capaz de comprar una cajetilla de cigarros, y no fue hasta que conseguí un cigarro cuando recordé que había dejado de fumar hacía más de cinco años».

Despersonalizar
Otra característica del trauma es sentirte despersonalizado, alienado de tus sentimientos y de tu sentido de ti mismo.[33]

«Ya no me sentía como yo», dijo Carlyle. «No podía encontrarme. Era como si me hubiera ido. Era difícil explicar este sentimiento a alguien, así que solo dejaba pasar la vida mecánicamente. Pero me sentía como un cascarón al que habían abandonado o un río cuyas aguas se habían secado».

Irrealidad
Tras el rompimiento de una relación, nada parece real.

«Cuando Lonny rompió conmigo, destrozó todo mi sentido de la realidad», dijo Marie. «Mis amigos simplemente no podían entender por qué ya no me importaba nada. De repente, existían en un mundo paralelo, un mundo que solo llevaba la ilusión de estar bajo control, un mundo que ya no me pertenecía. Me había convertido en una extraña en mi propia vida».

Ansiedad de separación[34]
También es común una ansiedad subyacente que muchos han descrito como una *sensación de hundimiento*. Esta ansiedad crónica se deriva de tu crisis emocional sostenida y del avivamiento de viejas experiencias cargadas de emociones. Ya hemos hablado de la activación del sistema nervioso simpático que subyace a esta incomodidad. Induce un estado de hipervigilancia, que experi-

mentamos como ansiedad crónica y agitación, y un sentimiento de vulnerabilidad perpetua.

Los asistentes a mi taller ofrecieron estos ejemplos:

«Iba por ahí con una sensación de temor morboso», dijo Richard. «Como si algo terrible estuviera a punto de suceder. Pero ¿qué más podría pasar? Lo peor ya había pasado. Me sentía incómodo dentro de mi propia piel».

«Me ahogaba la ansiedad cada minuto», dijo Carla. «La soledad se sentía invasora... corrosiva... maligna. Estaba segura de que no sobreviviría».

Distorsión de la realidad[35]
Muchas personas reportan ilusiones perceptivas en las que siguen viendo a su pareja perdida: en la calle, en una multitud, pasando en un autobús o en un tren. Cuando logran acercarse lo suficiente, se dan cuenta de su error.

Mientras tu mente sigue *buscando tu archivo adjunto perdido*, tus ojos examinan el horizonte y captan las señales visuales. Según Candace Pert, las señales que captamos deben abrirse paso a través de cinco sinapsis dentro del cerebro: desde el ojo hasta la parte posterior de tu cerebro (corteza occipital) y de regreso a la parte frontal del cerebro (corteza frontal). En cada sinapsis, la imagen que vemos se vuelve progresivamente más detallada.

«Veía a Lonny en cada Volvo azul que pasaba», recordó Marie. «No importaba la marca o el modelo, estaba segura de que era él, hasta el momento en que el auto se acercaba lo suficiente como para ver que era otra persona».

A veces estas ilusiones parecen salir del aire. Roberta describió haber visto que Travis la miraba mientras estaba a punto de irse a dormir una noche. Estaba muy asustada. Michael creyó haber oído a su expareja decir su nombre, aunque sabía que estaba solo en la habitación. Si bien estas distorsiones de la realidad son comunes a la ruptura y, por lo general, son temporales, confirman que de hecho te encuentras en medio de una crisis emocional. Si comienzas a escuchar voces o tienes alucinaciones reales, tienes la responsabilidad de buscar orientación y apoyo profesional. No hay necesidad de atravesar esta crisis por tu cuenta cuando hay ayuda disponible.

Abuso de uno mismo

Otra característica típica del trauma es una tendencia hacia el abuso de uno mismo y el comportamiento autodestructivo.[36] El odio hacia uno mismo puede hacer que corramos riesgos contra nuestra vida. Cuando son rechazadas, las personas dirigen su furia contra ellas mismas. Se culpan por su dolorosa pérdida y quieren castigar o destruir al culpable ellas mismas. Pueden tener relaciones sexuales sin protección, manejar imprudentemente, sobremedicarse o incluso infligirse lesiones. Las formas leves a severas de automutilación van desde arrancarse el cabello y quitarse las costras hasta crearse heridas físicas reales.

«Soy diabética y acabo de dejar de tomar insulina», informó Sylvia. «Ya no me importa».

En lugar de regatear con tu vida, es importante que busques apoyo adicional, así como ayuda profesional durante este momento crucial.

Abuso de sustancias[37]

Ya hemos enfatizado el malestar generado por el sistema de defensa personal del cuerpo. Dependiendo del nivel de estrés traumático, algunos buscan medidas desesperadas para controlar el dolor:

pastillas para dormir, drogas ilegales o cantidades excesivas de alcohol. Muchos informan que se emborrachaban con frecuencia después del rechazo, incluso si antes rara vez bebían. Si bien su malestar puede ser intenso, el uso de drogas y alcohol para superar la crisis emocional conlleva muchos riesgos, y uno de los más importantes es la adicción.

Muchas personas en los programas de recuperación de las adicciones informan que comenzaron a consumir drogas o alcohol como una forma de sobrellevar una experiencia de abandono. El alcohol, la heroína y otras drogas fueron el antídoto para sus heridas. La buena noticia es que reconocieron el problema y buscaron ayuda, y al hacerlo convirtieron en positiva su situación.

Estallidos de ira explosiva[38]
Los episodios de ira incontrolable e impredecible son típicos de la etapa de rompimiento. Ya hemos hablado acerca de cómo el abandono desencadena la liberación de adrenalina y norepinefrina, cuyas oleadas activan la respuesta de lucha o huida de tu cuerpo, con lo que te proporcionan la energía necesaria para huir o contraatacar. Incluso las personas que normalmente son tranquilas pueden atravesar un secuestro emocional en el que pierden el control y se enfurecen hasta el punto de la violencia. Esta tendencia a presentar estallidos de ira es especialmente pronunciada cuando se utiliza el alcohol, así como con la automedicación. El alcohol y otras drogas tienden a liberar las inhibiciones que controlan la expresión de la ira.

La ira que brota de manera impredecible y se sale de control suele estar destinada a la pareja que perdimos, pero lamentablemente, en vez de ello, a veces explotamos con nuestros amigos cercanos y con personas presentes que son inocentes.

EL ABANDONO NO SUELE RECONOCERSE COMO TRAUMA

Durante la etapa de rompimiento, los sobrevivientes del abandono tienen muchos de los síntomas que atraviesan las víctimas de otros tipos de trauma, como son la violación o el ataque físico. La diferencia es que los sobrevivientes del abandono a menudo no son reconocidos como tales. Sin embargo, el *shock*, la insensibilidad, la desorientación, los arrebatos de ira y la tendencia a asumir riesgos son síntomas de traumas significativos.

El testimonio siguiente proviene de un sobreviviente de abandono que buscó ayuda por medio de mi sitio web.

Me despertaba cada noche extrañándola tan intensamente que durante días la piel me ardía y yo sudaba al mismo tiempo. Un amigo mío que era un veterano de guerra me contó que habían tenido la misma experiencia en Vietnam. Sentía que la piel le ardía, la mente se aceleraba y no podía dejar de sudar todo el tiempo.[39]

Podemos ver estos síntomas en niños que han pasado por experiencias de abandono. A diferencia de los adultos, los niños no tienen las herramientas para atenuar el impacto. Sus heridas y abandonos pueden dejar una huella poderosa en su cerebro en desarrollo y pueden afectar sus respuestas emocionales a lo largo de su vida.

ECOS DE ROMPIMIENTOS ANTERIORES

Tengo 4 años y estoy muy apegada a mis padres, soy hija única. Mis padres me han dejado en el hospital. No estoy preparada para esto, para lo que va a pasar. Estoy sola y no entiendo.

Un médico me corta la garganta durante una operación mientras estoy bajo anestesia. Me despierto con un terrible dolor en la garganta. No entiendo que me hayan extraído las amígdalas o por qué me duele tanto. No sé adónde están mis padres.

De alguna manera creo que ha habido un error. Estoy en una sala de niños con muchos otros niños. Hay filas y filas de camitas con niños recostados en ellas y enfermeras y papás dando vueltas. Todos los días, todo el día, los papás de los otros niños los visitan. Pero nadie viene a verme a mí. Estoy completamente sola.

Muchos días después, mis padres vienen por fin. Estoy en posición fetal. Debo recibir un masaje para que mis brazos y piernas puedan relajarse lo suficiente como para que me puedan mover, para que me puedan llevar a casa.

No tengo ningún recuerdo de esta experiencia. Mi madre me contó los detalles de esta estancia en el hospital.

Escenarios de rompimiento en la infancia

Mi historia no es inusual. Muchas experiencias infantiles crean sentimientos intensos de abandono.[40] Una mascota muere, una abuela se va después de una visita prolongada o una madre repentinamente se ocupa con un nuevo bebé. Escuchas acerca de que la madre de otra persona se está muriendo y empiezas a preocuparte de que a ti te pueda pasar algo tan terrible. Tus padres te recogen tarde de la escuela, o ves que tus padres tienen una pelea seria, o tienes problemas de aprendizaje en la escuela. No tienes a nadie con quien jugar en el recreo, el maestro te grita o tu padre te critica.

Estas son experiencias comunes de la infancia que, sin embargo, pueden despertar sentimientos intensos de ansiedad y desesperación. Los niños experimentan toda pérdida, lesión y agitación como abandono. Tu apego más fuerte es a tus cuidadores primarios. Pero ellos forman otros vínculos fuertes con personas, lugares, capacidades, ideales y sueños. Cualquier brecha en esos apegos provoca miedo, una sensación de indefensión y de ser incapaz de conservar los afectos que nos resultan más importantes;

en resumen, un miedo acrecentado al abandono. Cualquier cosa que provoque una sensación de disminución personal provoca, en un niño, temor al abandono. Este es un miedo que se puede vivir indefinidamente, a menudo disociado de la memoria de los sucesos originales que lo provocaron.

Cuando yo iba a la escuela primaria, mi madre se dio cuenta de que me la pasaba muy mal si tenía que esperar a que alguien me recogiera en la escuela o si sucedía algo que fuera importante para mí. Incluso cuando me convertí en una adolescente, las experiencias ordinarias como esperar una cita o anticipar un rechazo podían provocarme una apoplejía. Fue particularmente notable el día que esperaba a que mi acompañante me recogiera para el baile de graduación. Comencé a preocuparme y sentí pánico de que él *nunca* apareciera, de no saber *nunca* lo que había sucedido, de que *siempre* estaría sola. Mi madre sintió que era importante contarme la historia del hospital.

«Susan, creo que hay algo que debes saber», dijo finalmente mi madre. «Se trata de cuando tenías 4 años y te sacaron las amígdalas. Tu padre y yo entendimos mal al médico del hospital. Pensamos que no se nos permitía visitarte. Así que nos fuimos el fin de semana y no regresamos hasta que llegó el momento de recogerte».

Le conté mi único recuerdo de la experiencia. Es de los ojos amorosos de mi madre y mi padre mirándome desde la cuna del hospital y poniéndome helado de vainilla en la boca. Estaba frío y hacía que el dolor de garganta aminorara.

«Sí», dijo mi madre, «todo eso encaja. Después de que vimos lo que te afectó dejarte allí, nos sentimos muy mal. Estuvimos contigo durante horas tratando de hacer que te relajaras lo suficiente para darte vuelta y respondernos. Te dimos helado hasta que estuviste tranquila y luego te trajimos de regreso a casa».

Desde entonces, he intentado todas las técnicas conocidas (hipnoterapia, gestalt, psicodrama) para recuperar este recuerdo y poder liberar la ansiedad que aún me genera. Pero a pesar de ello y de todos mis años de entrenamiento y práctica en psicoterapia, nada lo trae de regreso.

No hace falta decir que he aprendido a evitar al tipo de personas que me dejarían esperando. A veces, sin embargo, tengo que esperar y, en ciertas condiciones, sigo sintiendo que la ansiedad se aferra a mi cuerpo, desafiando el intento de mi mente racional de mantener la calma y la relajación.

No soy la única sobreviviente de abandono de la infancia que tiene síntomas postraumáticos de viejas experiencias emocionales. Tampoco soy la única incapaz de recordar los sucesos que los causaron. Muchos sobrevivientes de abandono siguen llenos de miedo, ansiedad, inseguridad y patrones de comportamiento inadaptados que surgen de experiencias infantiles de las que no tienen memoria consciente. Se preguntan cómo lograron quedar atascados en el pasado emocional, por qué sus pérdidas y abandonos anteriores todavía tienen tal impacto en su vida.

Muchos de mis clientes suponen que deben de haber reprimido o censurado sus experiencias de la infancia en su mente inconsciente. Y razonan: estos recuerdos inconscientes continúan descomponiéndose lejos de la vista. Utilizan los términos *censura*, *represión* e *inconsciente* para sugerir cómo podrían haber creado estos recuerdos ocultos. Al usar estos términos, no están tratando de ser ni científicos, ni psicoterapeutas; simplemente están tratando de dar sentido a preguntas como las siguientes:

¿Cómo puede mi infancia tener tanto impacto en mí si ni siquiera puedo recordarla?

¿A dónde van los recuerdos?

Si soy capaz de desenterrar mi pasado, ¿podré liberar mi vida de la inseguridad, la ansiedad y el miedo?

El campo de la ciencia del cerebro arroja algo de luz sobre estos enigmas postraumáticos. Gracias al trabajo pionero de Joseph Le-

Doux, sabemos mucho sobre la *amígdala*, una estructura en forma de almendra ubicada en lo profundo de tu cerebro emocional.

UNA MINILECCIÓN SOBRE EL CEREBRO EMOCIONAL[41]

La amígdala tiene un papel central en la forma en que respondemos emocionalmente. Funciona como el sistema de alarma central del cuerpo, analizando cualquier amenaza posible, ya sea emocional o física, en particular cualquier cosa que recuerde una experiencia previa cargada de miedo. Si la amígdala detecta un problema, declara un estado de emergencia emocional.[42]

En la amígdala están impresos recuerdos de cómo se ha respondido al miedo y otras amenazas percibidas desde la infancia. Estos recuerdos emocionales ayudan a detectar los peligros que se han aprendido de experiencias previas, tanto a nivel de especie (no pasar por el borde de un acantilado) como individual (no acercarse al tío Charlie). Se cree que también contiene rastros de la experiencia prenatal y la del nacimiento.

La amígdala sigue acumulando recuerdos emocionales a medida que una persona crece. Una vez que se le ha condicionado a una respuesta emocional (es decir, sentirse ansioso cuando un ser querido amenaza con la separación), su aprendizaje es casi indeleble. En otras palabras, cuando se trata de la memoria emocional, el pizarrón nunca se borra por completo.

Ya hemos visto cómo la rama simpática de tu sistema nervioso autónomo equipara una amenaza a un vínculo emocional importante con una amenaza a la supervivencia. Tu corazón palpitante, la sensación de tener el estómago revuelto y la adrenalina son signos de que las defensas personales del cuerpo se han disparado.

Los niños tienen estas mismas respuestas de lucha o huida cuando perciben una amenaza a sus apegos primarios. Dependiendo del grado de miedo en juego, estas experiencias se imprimen en la memoria emocional de la amígdala. Estos recuerdos emocionales se reactivan cuando se perciben amenazas de pérdida similares en la edad adulta.

El aprendizaje emocional es parecido al condicionamiento pavloviano.[43] En el experimento de Pavlov con los perros, la campana y la comida que por lo general le seguía se convirtieron en una asociación pareada: los perros estaban condicionados a salivar cada vez que escuchaban la campana. Para ilustrar cómo aprendemos las respuestas emocionales, veamos el trauma de la guerra. En el calor de la guerra, la amígdala está completamente involucrada. Incorpora a sus bancos de memoria emocional no solo el dolor y el miedo, sino también las imágenes, los olores y los sonidos de la batalla. Estos se convierten en asociaciones pareadas poderosas del trauma de batalla. Incluso años después, las imágenes, sonidos u olores similares pueden activar los potentes circuitos de la amígdala; los veteranos pueden volver a vivir un *flashback* emocional en toda su dimensión ante el sonido de un trueno.

Asimismo, las sensaciones asociadas con la separación de un ser querido pueden verse como un desencadenante emocional. Las sensaciones que recuerdan el trauma original activan los circuitos de la amígdala y vuelves a vivir los temores y las necesidades de esa pérdida anterior una y otra vez.[44]

La amígdala recibe información sobre las amenazas percibidas directamente de tus órganos sensoriales (incluidos tus ojos y tus oídos), sin tener que pasar primero por la corteza cerebral. En otras palabras, puedes reaccionar a algo que tu ojo detecta *antes* de saber que lo has visto. Los mensajes que viajan a lo largo de estas rutas subcorticales se mueven más rápido que los que viajan a lo largo de los circuitos que conducen hacia y desde tu corteza cerebral, donde tiene lugar el pensamiento racional.

La naturaleza automática de tu respuesta es altamente adaptable en términos de supervivencia. Si tuvieras que detenerte y razonar el mejor curso de acción, podrías perder un tiempo valioso en el caso de una emergencia que ponga tu vida en peligro.

Tu amígdala activa tu respuesta de paralizarte, luchar o huir antes de que tu cerebro pensante tenga la oportunidad de interceder. La amígdala también responde a los pensamientos o ideas formados dentro de tu neocórtex. Un pensamiento que provoca temor puede desencadenar una respuesta de pánico inmediata. Antes de que tengas la oportunidad de razonar con más detenimiento, tu cuerpo ha activado el modo de defensa personal. Este es también el caso del trastorno de estrés postraumático, que Daniel Goleman llama «una enfermedad de la amígdala».[45]

Responder de manera rápida y automática es imperativo cuando necesitamos alejarnos del camino de un árbol que cae o reaccionar ante el ataque de un oso pardo, pero se interpone en nuestro camino si la amenaza percibida es el comienzo de una relación. La necesidad de luchar, huir o paralizarnos puede ser un gran impedimento en la segunda cita. Muchos de nosotros nos paralizamos, nos agitamos o sudamos frío durante las etapas románticas difíciles. De cualquier forma, ¿quién invitó a nuestro sistema nervioso autónomo a la película? La naturaleza lo hizo. Evolucionamos de esa manera para asegurar nuestra supervivencia.

Si las pérdidas de la infancia o de la adolescencia son capaces de condicionar una respuesta de miedo, entonces la amígdala es la parte del cerebro implicada en el miedo al abandono, un miedo común a todos nosotros.[46]

La activación de las respuestas emocionales aprendidas ayuda a explicar los sentimientos de necesidad de la etapa de rompimiento. Las necesidades simbióticas viejas y obsoletas de la primera infancia inundan el cerebro adulto, y la persona se siente abrumada por sentimientos de desesperación e impotencia.

Tu amígdala ha capturado tu corteza cerebral y ha iniciado un secuestro emocional.[47] Eres incapaz de pensar o razonar adecuadamente, te atrapa el miedo mortal a no poder sobrevivir sin tu ex. Si culpas por esto a tu sistema de memoria emocional, entonces puedes pensar en tu eficiente amígdala como en un padre sobreprotector que se vuelve completamente loco si ve que estás herido.

Sin embargo, la pregunta sigue siendo: ¿cómo es posible tener sentimientos primitivos derivados de viejos traumas, pero no recordar los sucesos que los crearon? ¿Por qué tantos sobrevivientes del abandono tienen grandes lagunas en los recuerdos de su infancia?

Cerebro emocional
(se compone de la amígdala y el hipocampo)

La respuesta a estas preguntas se encuentra en el *hipocampo*, otra estructura del cerebro emocional.[48] El hipocampo, en forma de caballito de mar, es responsable de registrar no los sentimientos, sino los *hechos* que rodean los sucesos cargados emocionalmente, como el lugar en que ocurrió el suceso, quién estuvo involucrado y lo que realmente sucedió.

El factor decisivo es que, dependiendo de qué tan intenso o prolongado sea el suceso, la liberación de hormonas del estrés puede *afectar* la función de la memoria del hipocampo. Presenciaste e incluso pudiste haber *participado* en lo que ocurrió, pero es posible que no puedas recuperar el recuerdo más adelante porque nunca fue almacenado. La memoria emocional está ahí, pero no hay memoria contextual que la acompañe.

Otras reacciones bioquímicas al estrés pueden tener el efecto contrario en la memoria del hipocampo. En algunos casos se ha encontrado que la producción de adrenalina *mejora* la memoria del hipocampo. Esto puede explicar los destellos de memoria típicos del trauma en los que se recuerda un suceso intensamente emocional con detalles vívidos. Vamos a aprender más sobre el impacto de las hormonas del estrés en la memoria, así como otras funciones psicobiológicas, en el próximo capítulo, que trata sobre la etapa de abstinencia.

Mientras tanto, debemos mantenernos alejados de la idea de que nuestro cuerpo está programado de alguna manera para mantenernos desdichados. La neurobiología no dicta el destino. No hay dos cerebros ni personas iguales. Nuestros sistemas psicobiológicos no son fijos, sino que cambian constantemente. Nuestro cerebro, al igual que nuestra personalidad, es único y multidimensional. La amígdala y el hipocampo no son pequeños reinos independientes.[49] Interactúan con nuestra mente racional en formas que son únicas para la ocasión y para cada uno de nosotros.

Ahora que ya conoces la neurobiología de tu experiencia, espero que puedas aceptar mejor tus respuestas emocionales y evitar condenarte a ti mismo por no poder controlar meticulosamente tus sentimientos en cada situación. En vez de ello, concentra tu energía en lo que puedes controlar, en lo que puedes cambiar. Finalmente, puedes controlar tu propio destino.

EL PERFIL DE LA PERSONALIDAD ROTA: POSIBLES PRECURSORES DEL TEPT POR ABANDONO[50]

Es posible que tengas más dificultades durante una etapa del proceso de abandono que durante otra. Los sobrevivientes del abandono que tienden a tener más dificultades durante la etapa de rompimiento son los que sufrieron pérdidas devastadoras repetitivas, decepciones personales y trastornos en la infancia.[51] Estos podrían abarcar lo siguiente:

- Muerte de uno de los padres.
- Abandono físico por parte de uno de los padres.
- Estar en medio de la batalla de custodia o de divorcio de los padres.
- Distancia emocional prolongada de los cuidadores.
- Abuso físico o sexual.
- Ser enviado a un hogar de acogida.

Muchas personas pueden provenir de familias relativamente intactas, pero experimentaron sentimientos de privación prolongada debido a lo siguiente:

- Injusticias dentro del orden jerárquico de los hermanos.
- Caos y conflicto en la estructura familiar.
- Mensajes emocionales que te dejaron en una situación de doble vínculo donde no podías ganar, sin importar cómo jugaras.
- Rechazo o exclusión de un grupo de iguales.
- Lesión o enfermedad infantil prolongada.
- Desamores traumáticos en la adolescencia.
- Desilusiones significativas (trabajar duro para algo y no obtener la recompensa).

Las esquirlas y fragmentos de estos y otros traumas se reactivan cuando atraviesas trastornos y pérdidas similares más adelante en la vida.

Para muchos sobrevivientes del abandono, esto significa agitación emocional intermitente e incertidumbre crónica sobre ellos mismos y sus relaciones. A medida que nuevas experiencias despiertan los viejos recuerdos cargados de emociones, el sistema de defensa personal se activa, y libera adrenalina y otras hormonas del estrés. El proceso deja a muchos sintiéndose inquietos y repentinamente incómodos en su propia piel.

Cuando las personas que son propensas a la ansiedad o aquellas con historias traumáticas en la infancia se enfrentan a una nueva crisis, los viejos rompimientos pueden ser verdaderamente abrumadores. Sin entender qué causa la ansiedad intensa o cómo enfrentarla, algunos individuos desesperados se automedican con drogas y alcohol. Si te sientes abrumado, por favor busca ayuda profesional. El apoyo y la orientación están disponibles; en algunos casos, la medicación puede ser apropiada.

El hecho de que tú no puedas, mediante un acto consciente, librarte de la ansiedad, el dolor y el miedo no se debe a ninguna debilidad de tu parte. Estas emociones intensas surgen de la naturaleza psicobiológica de tu crisis.

El rompimiento es un momento traumático, pero puede llevarte a un nuevo nivel de aceptación de ti mismo y comprensión de la vida si eliges aprender de su sabiduría.

LOS BENEFICIOS DEL ROMPIMIENTO

El regalo secreto del abandono es que te ha ayudado a encontrar las viejas heridas de sucesos traumáticos que quizá ni recuerdes. Finalmente puedes abordar los sentimientos no resueltos. El rompimiento ha logrado aquello por lo que muchos psicoanalistas luchan en años de terapia: llevarte al lugar de tus conflictos inconscientes.

Estás en un período crucial durante el cual debes buscar tus propios recursos. Ya no puedes buscar seguridad y cuidado en tus parejas perdidas. Más allá del apoyo de amigos, familiares y profesionales de la ayuda, pasas la mayor parte del tiempo contigo mismo; estás en una posición óptima para mirar hacia adentro en busca de fuerza.

Aunque tus padres pudieran haberlo intentado, no lograron mitigar lo suficiente todos tus temores de abandono cuando eras niño. Como adulto, te enfrentas a este desafío por tu cuenta. Primero debes entrar en contacto con tus miedos. Escucha lo que te dicen acerca de tus necesidades emocionales.

El rompimiento ha sido un *viaje al centro del yo*, te ha preparado para una curación profunda, para la oportunidad de moldear tu vida desde dentro hacia fuera. Te desafía con preguntas críticas diseñadas para ayudarte a encontrar el punto desde el cual puedes comenzar de nuevo.

¿Puedes aceptar tu propia separación?
¿Puedes enfrentar el mundo siempre cambiante a tu alrededor?
¿Puedes asumir la responsabilidad de dirigirlo?
¿Puedes reconocer que eres capaz de beneficiarte de tu abandono?
¿Puedes aceptar que eres capaz de pararte sobre tus propios pies?

Reconoce que ya has obtenido algo de tu experiencia. Los moldes y muletas de tu vida anterior se han roto; el ego falso ha sido aplastado; te has despertado de un trance. Con la sacudida has quedado fuera de la complacencia, fuera de tu equilibrio y has sido obligado a encontrar un nuevo camino de regreso. Carlyle lo dijo de esta manera:

Para mí, el rompimiento fue un despertar. Me ayudó a cambiar la dirección de mi vida. Sé que tengo mucho trabajo que hacer, pero realmente sé lo que es importante. Tuve que perder a mi esposa para finalmente destruir mi ilusión de permanencia, de ser uno con alguien, de tener el control. Por primera vez en mi vida me di cuenta de lo solo que estaba, de lo solos que estamos todos.

Desde algún lugar del abismo en el que me encontraba, extrañando a mis hijos y sintiéndome perdido, pude mirar hacia arriba y asombrarme de lo dolorosa que es la pérdida. No solo la mía. Todas las pérdidas. Comencé a pensar en los millones de personas que han sufrido esta experiencia antes que yo y los millones que lo harán. Tenía una relación íntima con el dolor humano. Mi gama de emociones estaba viva como nunca antes. Y supe que este conocimiento me había cambiado para siempre. Por más doloroso que fuera, era un regalo del que nunca me desharía. Me hizo intensamente humano.

El rompimiento te ha impuesto un desafío por medio del cual puedes lograr una mayor independencia emocional, proyecto que posiblemente ya has tardado mucho tiempo en empezar. Ser emocionalmente independiente no significa aceptar que uno está condenado a vivir la vida solo, sino que puede lograr el amor y la vinculación con independencia y sabiduría emocional.

LA RECUPERACIÓN DESPUÉS DEL ROMPIMIENTO

EJERCICIOS DE AKERU

Akeru tiene muchos significados: terminar, perforar, hacer un agujero, comenzar, expirar, vaciar, hacer espacio, desenvolver, comenzar, girar, abrir, y todo se relaciona con el proceso de abandono. Los múltiples significados de *Akeru* se refieren a procesos que se derivan de la misma energía subyacente.

Cuando hablo de *energía*, no me refiero a un concepto de la nueva era ni a un fenómeno científico cuantificable. La energía, la fuerza, el impulso, el instinto y el ímpetu describen la dirección y la intensidad del ciclo de duelo a medida que avanzamos por sus etapas. La energía implicada en el rompimiento es la fuerza vital, la necesidad innata de apego. Cuando esa energía se ve frustrada, se intensifica lo que los budistas llaman el *apego*; el resultado es sufrimiento y dolor. El dolor es nuestra reacción psicobiológica a ser apartados repentinamente, alejados de la relación que tanto deseamos. Este poderoso impulso de apego siempre está presente. Puede ser la fuente de dolor, pero al dirigirlo a otro lado, se convierte en el primer paso hacia la sanación.

Akeru describe el espacio vacío que se crea cuando alguien se va. Tu tarea es trabajar dentro de ese espacio para crear una vida nueva. Aunque al principio esto puede sonar como un mensaje con corazones y flores, el concepto de *Akeru* no ignora el dolor. Me permite comunicarme con el centro del dolor sin quedar atrapado en él. Ha ayudado a mis clientes y a otros miles de sobrevivientes del abandono a saber cómo usar su energía en beneficio propio.

Akeru me permite hablar de la adversidad y la motivación como una sola cosa. La adversidad es la fuerza que nos impulsa a convocar nuestros mayores dones de imaginación y fortaleza personal. Sin orientación, tendemos a luchar contra ese dolor. Una vez iluminados, trabajamos con él.

La sanación del dolor emocional no es algo natural en la mayoría de las personas. Tendemos a hacer lo contrario de lo que más nos ayudaría. Usamos la corteza cerebral, la mente en constante movimiento, para lanzar una campaña de protesta obsesiva contra lo que sucedió, tratando de cambiar lo inmutable. *Akeru* nos ayuda a pasar por debajo de esta charla mental vana para colocarnos en un lugar pacífico de sanación.

He incluido al final de los capítulos 2 a 6 una secuencia de ejercicios, uno para cada una de las etapas, que actúan como una terapia física para el cerebro, para facilitar un cambio real.

Akeru ha llegado a representar el método para recuperarse del abandono. Ayuda a mis clientes y a los miembros del taller a conceptualizar el hecho de que la verdadera recuperación es el proceso de duelo por el abandono. Al redirigir su energía, podemos mejorar nuestra vida y aumentar nuestra capacidad de amar.

El sitio de la herida más profunda es el sitio de la sanación más grande. Akeru.

UNIDAD DE OPUESTOS

Akeru abarca tanto un final como un comienzo. Para cada signo o síntoma asociado con el fin de una relación, podemos hacer un comienzo. Para el **rompimiento** hay una reconstrucción; para el *shock* hay claridad y concentración; para la **ansiedad por la separación** hay plenitud; para la **ansiedad de la separación** hay serenidad; para el **abuso de sustancias** hay sobriedad; para la **regresión simbiótica** hay confianza en uno mismo; para la **distorsión de la realidad** hay aceptación de la realidad; para el **pensamiento dividido** hay confianza racional; para la **vergüenza**, hay humildad y dignidad genuinas; para la **autocrítica destructiva** hay confianza en uno mismo; para el **colapso somático** hay revitalización; para los **sentimientos suicidas** hay vitalidad; para el **autoabuso** hay autocuidado; para la **autodestrucción** hay construcción de uno

Akeru (múltiples significados)

Comienzo

Fin

Hacer espacio para

Agujerear

Desenvolver

Voltear

Perforar

Expirar

Iniciar

mismo; para el **odio a uno mismo** hay autoaceptación; para el **ensimismamiento**, hay capacidad de amar.

Sin guía, esta unidad de opuestos podría no ser evidente, en particular cuando las personas están en medio del dolor desgarrador; pero iluminadas o no, la fuerza dual de esta transición está ahí. El abandono y la recuperación son aspectos diferentes de la misma energía que espera ser reconocida: *Akeru*.

PRIMER EJERCICIO DE *AKERU*: «VIVIR EL MOMENTO PRESENTE»

El primero de los cinco ejercicios de *Akeru* trae buenas noticias para los sobrevivientes del abandono. Utiliza la energía del dolor desgarrador para promover sentimientos de bienestar, un estado psicobiológico que aporta beneficios continuos. El primer ejercicio, *Vivir el momento presente*, ofrece un modelo que te guía a través de este período pasajero de separación absoluta. Te ayuda a crear un lugar seguro en tu interior.

Desde la primera edición de este libro he actualizado el programa de ejercicios de acuerdo con los últimos avances de la neurociencia. Estos hallazgos iluminan un nuevo camino hacia la manera más rápida y efectiva de curar las heridas emocionales del abandono y promover el cambio. He entrelazado esta información crucial con una experiencia clínica adicional de 15 años de ayudar a personas con traumas por abandono y he perfeccionado los ejercicios mediante prueba y error, y con la retroalimentación de mis clientes y los miembros del taller, lo que me ha permitido probar y afirmar su efectividad.[52]

El primer ejercicio para *vivir el momento presente* consiste en un estado de atención plena que no solo demuestra ser una herramienta eficaz para el manejo del dolor, sino que se ha demostrado en la actualidad que produce significativos cambios benéficos en las estructuras cerebrales.

LOS PUNTOS DE REFERENCIA EMOCIONALES DEL CEREBRO

La investigación en curso en la ciencia del cerebro sugiere que la atención plena, cuando se practica con regularidad, fortalece la actividad neuronal en la *corteza frontal izquierda*. Este es un hallazgo importante porque el área *izquierda* es la que media en el circuito que calma las emociones negativas impulsadas por la amígdala y da lugar a estados positivos como entusiasmo, energía, estado de alerta y felicidad.

Para subrayar la importancia de la corteza prefrontal *izquierda*, la ciencia médica informa que cuando esta área está dañada (por un accidente cerebrovascular o una lesión), los pacientes pueden sucumbir a la *preocupación catastrófica*. Si, en cambio, el área *derecha* se daña, los pacientes parecen «indebidamente joviales y aparentemente no se preocupan por su condición»[53] porque su sistema de alarma emocional se interrumpió. También se sabe que los investigadores pueden inducir algunos estados emocionales positivos mediante la aplicación de estimulación magnética transcraneal (EMT) en la corteza prefrontal izquierda.[54]

¿Y qué pasa con nosotros? Las imágenes cerebrales muestran que cuando sentimos emociones positivas, nuestra corteza prefrontal *izquierda* se activa, y cuando sentimos emociones negativas, la actividad aumenta en el lado *derecho*.* Cada uno de nosotros tiene una relación de actividad prefrontal izquierda con respecto a la derecha en cualquier día. Esta relación determina nuestro punto de ajuste emocional para ese día. Aquellos de nosotros cuya relación se inclina más hacia la izquierda que hacia la derecha (al ser evaluados en estado de reposo) tenderemos ese día hacia los sentimientos de bienestar, mientras que aquellos que se inclinan más hacia la derecha, tenderán a padecer más aflicción emocional.

---

* Conviene tomar en cuenta que esta discusión se refiere *solo* a la corteza prefrontal izquierda/derecha, y no a las dicotomías del hemisferio izquierdo/derecho sobre las que escuchamos con frecuencia.

Nuestra relación izquierda-derecha puede representarse mediante una campana de Gauss. Aquellos de nosotros que estamos en el *extremo izquierdo* de la curva podemos ser personas particularmente entusiastas y resilientes; los que estamos en el *extremo derecho* podemos estar ansiosos y deprimidos crónicamente.[55] La buena noticia es que podemos mejorar nuestro punto de referencia emocional mediante técnicas como la atención plena o el *mindfulness*.

Jon Kabat-Zinn hizo que un grupo de empleados de un entorno de estrés elevado realizara un ejercicio plena 30 minutos al día, durante ocho semanas seguidas. Su compañero de investigación, Richard Davidson, utilizó imágenes de resonancia magnética funcional (fMRI, por sus siglas en inglés) para estudiar el cerebro de los empleados *antes* de que comenzara el entrenamiento de ocho semanas y encontró que su relación se inclinaba hacia el lado *derecho impulsado por la amígdala*, como se esperaba, dado el estrés constante al que estaban sometidos. Después de solo ocho semanas de entrenamiento, su relación se había desplazado notablemente hacia el lado *izquierdo ventajoso* (a pesar de su alto nivel de estrés),[56] y reportaron sentir más entusiasmo y alegría en su trabajo.

Los yoguis que han practicado la atención plena durante muchos años muestran un mayor desarrollo en la corteza prefrontal izquierda (y otras áreas) y emociones positivas similares, lo que sugiere que pueden producirse cambios benéficos en las estructuras cerebrales *permanentes*.[57]

Daniel Goleman, ampliando la información sobre esta investigación, dice que los beneficios se producen al comienzo de su práctica de atención plena. En otras palabras, no es necesario practicarlo durante años antes de que mejore tu punto de referencia emocional. Pero para mantener y aumentar los beneficios, y quizá para crear un cambio *permanente*, debes seguir practicando.

Vivir el momento presente, la base de la atención plena, utiliza la conciencia pura del rompimiento para manejar el dolor emocional de manera beneficiosa y facilitar un cambio positivo. La atención plena sirve como base para el resto de tu programa de recuperación a partir del abandono; sus beneficios se ven reforzados en todo momento.

Cada vez que logres *vivir el momento presente*, incluso por unos cuantos minutos, redescubrirás tu poder personal y aumentarás tu confianza en ti mismo.

Vivir el presente proporciona una alternativa que promueve la salud frente a ahogar los sentimientos con alcohol, abusar de las drogas o actuar de manera autodestructiva. Te permite quedarte con tus sentimientos, dejar que te inunden como olas. Saldrás de la tormenta. Puedes soportar el peor de estos sentimientos porque sabes que son normales y temporales, parte de la imprevisibilidad y la impermanencia de la vida. A medida que sigas practicando este ejercicio, aprenderás a refugiarte en la vida que te rodea.

La sabiduría detrás de la máxima «Un día a la vez» de Alcohólicos Anónimos se basa en la experiencia de millones de personas que descubrieron la redención y la salvación personal después de tocar fondo. Al salir del abismo, descubrieron que la forma de celebrar la vida y enfrentar sus retos es *vivir el momento presente, un día a la vez.*

Los sobrevivientes del abandono tocan un fondo emocional; tú también puedes consolarte con el potencial de sanación del momento, del hoy. Existe una condición: durante la etapa de rompimiento, el miedo y el dolor pueden ser tan intensos que pensar sobre cómo pasar el día entero suele ser abrumador. Un día es demasiado tiempo para lidiar con todo a la vez. Así que tu tarea es manejar el tiempo. La mejor manera de hacerlo es vivir el momento presente. Concéntrate en la información sensorial que llega a través de tus ojos, tus oídos, tu nariz y tu piel *justo ahora.*

El abandono es una lesión narcisista. Enfocarte en el momento hace que sueltes la herida del ego y te permite abrirte a la experiencia pura, que deja de ser autorreferencial, al menos en ese momento.

El momento no es un tiempo para pensar, sino para *experimentar, para sentir*. Cuando permites que tu pensamiento se haga cargo, eres propenso a tener pensamientos sobre el futuro en el que te enfrentas a lo desconocido, o te regresan al pasado donde te enfrentas a tu dolor y tu pérdida. En el momento, ni el futuro ni el pasado tienen relevancia.

Algunas personas pueden participar en un régimen de meditación diaria para obtener el mayor beneficio de la atención plena. Pero durante el rompimiento, el ejercicio para *vivir el momento presente* está diseñado para usarse *sobre la marcha*, puesto que buscamos hacer frente a las emociones intensas que se activan constantemente a lo largo del día. Despertamos y ahí están; a menudo nos vamos a dormir con ellas; nos golpean sin descanso durante todo el día. Para ser eficaces en la intervención de crisis, necesitamos la versión «para llevar» de esta técnica. Cada vez que hagas este ejercicio, te involucrarás en un proceso benéfico capaz de modificar el cerebro.

SUGERENCIAS GENERALES PARA VIVIR EL MOMENTO PRESENTE

Para aquellos que no están familiarizados con los trabajos de los maestros de meditación Jon Kabat-Zinn, Thich Nhat Hanh y otros, les ofrezco esta versión abreviada, de carrera de cincuenta metros, de *vivir el momento presente*. Resalté las técnicas y los atajos que parecen funcionar mejor para las personas que luchan con las emociones intensas de la etapa de rompimiento, en especial el pánico y la desesperanza.

Es mejor pensar en vivir el presente como una manera de experimentar la vida en general, en la marcha, y no como un ejercicio para estar separado del resto de las horas de vigilia. Gran parte del tiempo, vivir el momento presente significa sencillamente sintonizar con tu entorno y concentrarte en tus sentidos, más que en las preocupaciones y el dolor. *Vivir el momento presente no solo es un ejercicio, es una forma de ser.*

En los momentos de mayor angustia, a muchas personas les resulta difícil estar en el presente por más de unos cuantos segundos a la vez. Eso está bien. El miedo tiende a dirigir los pensamientos, los avienta de un lado al otro entre el pasado y el futuro, entre la tristeza y el temor. La ansiedad intensa desafía nuestra capacidad de permanecer en el presente, no importa durante cuánto tiempo. Este nivel de intensidad es un sello distintivo de la etapa de rompimiento. Cuando tu amígdala está organizando un secuestro emocional, tu tarea es simplemente volver al momento presente. Cuanto más intenso sea tu pánico, mayor será el entrenamiento que le darás a tu cerebro y mayor será el beneficio.

Cuando tu estrés está en su punto más alto, a menudo es difícil incluso *encontrar* el momento. A veces, escuchar la radio para distraerte de tus problemas no es suficiente. Todavía no puedes mantener a raya esos pensamientos dolorosos. Cuando esto sucede, es hora de apagar la radio y sintonizar los ruidos de fondo, las texturas sutiles del sonido que requieren una escucha más enfocada. Al seguir un procedimiento que te obliga a concentrarte, tus pensamientos dolorosos pasan al fondo, en ese momento.

Del mismo modo, el simple hecho de mirar por la ventana no es una experiencia sensorial lo suficientemente convincente como para alejarte del dolor. Es mejor cerrar los ojos y concentrarte en las galaxias de luz que juegan en la parte posterior de tus párpados. Este enfoque más disciplinado te ayudará a alejar tus pensamientos del dolor y el sufrimiento y a encauzarlos hacia la vida que te rodea, aunque solo sea durante ese momento.

Tus sentidos siempre están ahí para alejar tu mente de la autorreflexión dolorosa, pero en los momentos más dolorosos, este ejercicio requiere un esfuerzo deliberado y extenuante, un acto de voluntad consciente. Siempre que pierdas el momento, encuéntralo de nuevo; úsalo como un mantra que te acompañe a lo largo del día, un instante a la vez.

«Descubrí que la única manera de escapar de mi dolor», dijo Carlyle, «era dejar fuera todo y concentrarme realmente hasta que lograba escuchar los silbidos del lejano tren, el murmullo distante de los árboles fuera de mi ventana. Entonces sabía que estaba en un oasis».

«Cuando las cosas se pusieron realmente mal», comentó Roberta, «me subí a mi auto, bajé la ventanilla y me concentré en la sensación del viento contra mi cara, el estruendo del motor del auto, el pulso de la sangre en mi estómago. Me dio un respiro, me hizo sentir fortalecida».

Lo que sigue son instrucciones para guiarte a través del proceso de vivir el momento presente. Mientras practicas los siguientes pasos, deja que las imágenes, los sonidos y las sensaciones de tu entorno inmediato te guíen, en lugar de seguir las instrucciones mecánicamente. Solo tienen la intención de estimular tu propia imaginación. Tu objetivo es incorporar el momento en la forma en que vives todos los días.

INSTRUCCIONES PASO A PASO PARA VIVIR EL MOMENTO PRESENTE

Prepárate para el momento presente

Comienza justo donde estás. Simplemente deja de hacer lo que estás haciendo y observa tu entorno inmediato. ¿La luz es natural o artificial? ¿La habitación está vacía o llena de cosas?

Internalízalo todo: las imágenes, los sonidos, la sensación de la habitación. Siente tu propio latido, el ritmo de tu respiración. Aísla una de estas sensaciones y utilízala como una herramienta para estar en el presente.

Escucha los ruidos de fondo

Algunas personas, agobiadas por el tormento del rompimiento, responden más rápidamente al escuchar los ruidos de fondo, tratando de discernir el sonido más lejano.

¿El lugar donde estás ahora es tranquilo? ¿O escuchas el ruido de una radio o la televisión? Si puedes, apágala. Tu objetivo es eliminar cualquier sonido que ahogue los ruidos de fondo sutiles. La escucha de los ruidos de fondo débiles requiere toda tu atención. El esfuerzo coordinado crea un oasis momentáneo de experiencia pura.

Cierra los ojos y centra tu atención en los sonidos que escuchas.

Al principio, los ruidos más fuertes llaman tu atención. Es posible que escuches la voz de alguien en el fondo o personas que se mueven en otras habitaciones o un camión que pasa.

Intenta identificar todos los sonidos que escuchas.

Ahora presta más atención. ¿Puedes oír los sonidos lejanos de las aves? ¿Los automóviles en las calles lejanas? ¿Escuchas el zumbido de un aparato en otra habitación, como el refrigerador o un ventilador de techo? Continúa, escucha los sonidos más débiles, siempre que puedas.

«Pasé por mis peores momentos», recuerda Amy, «deteniéndolo todo y escuchando atentamente el sonido más lejano... el sonido más lejano».

Has usado tu sentido del oído para salir momentáneamente de tus pensamientos y entrar en la paz y la calma del momento. Tu tarea es tan simple como eso.

Utiliza tu sentido del tacto para atraer el momento presente

Usa tu sentido del tacto de una manera deliberada y disciplinada. Cierra los ojos. ¿Hay algún movimiento de aire en la habitación? ¿Puedes sentirlo contra la cara, el cuello o las manos? Tal vez sea necesario concentrarte profundamente para compenetrarte con esta sensación.

¿Qué más sientes? ¿Cómo percibes el contacto de tu ropa con tu piel? ¿Puedes sentir su peso en los hombros o su textura contra las piernas? ¿Sientes el peso de un reloj o una pulsera en la muñeca, el peso de los zapatos en tus pies?

Piensa en todo lo que está en contacto con tu piel, comenzando por los pies. ¿Sientes una brisa contra la piel desnuda? ¿La presión de los calcetines calientes? ¿Están demasiado apretados? ¿O solo sientes la presión de las sábanas sobre los pies descalzos?

Luego, a medida que avanzas lentamente por tu cuerpo, piensa en la piel de tus piernas, luego en tu torso y en tus brazos.

Presta mucha atención a tus manos. Son muy sensibles y pueden captar los movimientos más mínimos del aire. Extiende las manos y siente la textura de las cosas que te rodean. ¿Cómo sientes la silla en la que estás sentado? ¿Las sábanas en tu cama? ¿La textura del papel de esta página?

Tu cara también es sensible a las corrientes de aire y a la temperatura. ¿Qué sientes? ¿El peso de tu cabello sobre el cuero cabelludo? ¿Hormigueo?

Al captar estas sensaciones, has registrado el momento.

Estás liberado de tus pensamientos dolorosos momentáneamente.

Utiliza tus sentidos del gusto y del olfato
Puedes practicar este ejercicio al comer, percibiendo las sensaciones de cada bocado. Entre comidas, puedes tratar de discernir los olores y los sabores más sutiles.

Concéntrate en el sabor de tu boca. ¿Es un sabor neutro? ¿A menta? ¿Ahumado? Mientras inhalas, ¿notas algún cambio? Al inhalar, ¿puedes detectar el olor de la madera? ¿De la suciedad? ¿De productos de limpieza? ¿De fruta? Usa tus sentidos del gusto y el olfato para salir de tus pensamientos y entrar en el momento.

Jon Kabat-Zinn sugiere llevar una sola pasa a la boca y masticarla, y saborearla durante unos diez minutos, captando todos los sabores y sensaciones físicas posibles.

Concéntrate en tu respiración
Siente cómo tu pecho sube y baja, mientras el aire llena tus pulmones, y tu diafragma se expande, y luego suéltalo. ¿Puedes sentir el aire conforme sale por la nariz? Concéntrate en los músculos que trabajan para inhalar con cada respiración, en el aire que entra y sale de tus pulmones. Si los sentimientos de pánico del abandono te alejan, intenta concentrarte contando tus respiraciones, por ejemplo de treinta en treinta.

La mayoría de las personas solo pueden vivir el presente de forma muy breve cuando están en medio de la agonía del rompimiento, impulsada por la amígdala. La tendencia natural es volver a caer en pensamientos obsesivos. Así que vuelve a concentrarte utilizando uno de tus sentidos cada vez que notes que tu pánico te ha sacado del momento. Vivir el momento es una habilidad que requiere un esfuerzo deliberado. Trata de extender estos breves intermedios tanto como puedas y comienza de nuevo cada vez que reconozcas que el momento se ha esfumado. A medida que desarrolles esta habilidad, utilizando el momento como tu mantra, esta se convierte en un hábito mental, un hábito que ayuda a provocar un cortocircuito durante un secuestro emocional.

Participa en actividades en el momento presente
Dedícate a crear actividades que se vivan en el momento. Trata de buscar el lugar más hermoso que puedas encontrar y experiméntalo con los oídos, los ojos, la piel, la respiración y la nariz, utilizando un sentido a la vez. Escucha tu música favorita, rastreando deliberadamente una de sus voces para mantenerte concentrado.

Escucha audios de meditaciones guiadas. Ten a la mano un buen material de lectura, libros que te interesen y te inspiren. Dos de los que recomiendo son *Soul Soothers: Mini Meditations for Busy Lives* de Cindy Griffith-Bennett y *Full Catastrophe Living* de Jon Kabat-Zinn. De vez en cuando, distrae tu mente del audio o del libro para captar las sensaciones del momento que te rodea.

Escribir un diario es algo que se hace en el momento presente y una excelente manera de concentrarte, encontrar tu centro y enfocarte en tu camino. También es una oportunidad para crear un plan de acción para el día e incluso para planificar tu nueva vida. Cuanto más practiques vivir el momento presente, más diestro te harás para enfrentar la realidad actual con serenidad y podrás avanzar. El momento presente es un estado del ser al cual han aspirado durante siglos los budistas zen y otras órdenes espirituales. Aprender a vivir la vida con este tipo de atención plena es aceptar el cambio y participar en la alegría, el amor y la generosidad de la vida alrededor y dentro de ti. Cada vez que utilizas el momento presente como el mayor refugio de la naturaleza contra el dolor, fortaleces tu capacidad de aceptar la vida en sus propios términos.

La ciencia está revelando otras formas de crear cambios benéficos.[58] Para cada etapa del programa de abandono, hay ejercicios que se basan en este ejercicio, y cada capa amplifica los beneficios a lo largo del camino.

RESUMEN DEL ROMPIMIENTO

La ruptura ha penetrado los tejidos densos del apego, hasta el núcleo fundido del yo. Te guste o no, estás en contacto con tus necesidades y tus sentimientos más profundos. Aquí es donde puede comenzar una vida completamente nueva. El dolor del rompimiento es una epifanía.

El abandono es tan profundo que se siente como una herida m ortal, pero como has visto, despierta tu instinto de supervivencia. Apartado y solo, gritas. Sientes la necesidad y el miedo primarios. Estos son los sentimientos más valiosos e importantes que tienes. Representan tus necesidades más elementales que han estado contigo desde tu nacimiento. A medida que aprendes a controlar el dolor, es importante que escuches a tus miedos. Te dicen lo que necesitas. Cuando te atrevas a aceptar estos sentimientos, estarás listo para comenzar a sanar.

Akeru te permite transformar el dolor penetrante del abandono en una apertura. En ningún otro momento estás más abierto y más consciente de tu propio centro que cuando el abandono te hiere. Esto permite llevar el centro de uno mismo al momento donde reside la sanación profunda.

Te vuelves más presente y accesible para los demás, para la vida y para el niño interior. Este niño es libre de tener sensaciones; sus ojos, oídos y piel aún no se defienden muy bien contra la experiencia de la vida. Tanto para el adulto como para el niño, todas las sensaciones de la vida se sienten más intensamente en el presente. Este yo revivido es lo que traes al momento presente contigo, junto con la apertura, la sorpresa y el descubrimiento del niño.

A medida que emerges del estado de devastación, vas dando pasos significativos en la dirección de la autosuficiencia emocional. Has aprendido: *paso uno*, a comprender la profundidad y la naturaleza de tu herida de abandono; *paso dos*, a reconocer tu dolor; *paso tres*, a evitar la vergüenza al aceptar tus sentimientos como algo natural; *paso cuatro*, a afirmar tu fortaleza —tú puedes ser independiente—, y *paso cinco*, a manejar tus sentimientos viviendo el momento presente.

El rompimiento es un rito de paso parecido a los ritos de iniciación del chamán que viaja al mundo espiritual y lucha contra los demonios antes de que pueda poseer su poder. Algunos de los mejores sanadores[59] de nuestra sociedad son aquellos que han superado el trauma, porque se han sobrepuesto a su propia destrucción.

NOTAS

[1] La anécdota de Alby es cortesía de Peter Yelton.

[2] Siever y Frucht, *The New View of Self*, p. 35. Consúltese también a Sapolsky, caps. 2 y 3 en *Why Zebras Don't Get Ulcers*; Goleman, cap. 5 y apéndice C en *Emotional Intelligence*.

[3] «Mayo Clinic Research Reveals "Broken Heart Syndrome" Recurs in 1 of 10 Patients», *Medical News Today*.

[4] La angustia de la separación es el primer estado de ansiedad innato. Es flexible para evitar la amenaza de separación de la madre. Las ratas reaccionan a su primera experiencia de separación. Véase Hofer, «An Evolutionary Perspective on Anxiety», pp. 25-27.

Nuestras experiencias emocionales originales (es decir, la angustia de la separación) están impresas en el cerebro y pueden regresar en forma de recuerdos emocionales vívidos de los primeros cinco años de vida. Dado que estos recuerdos se depositaron antes de que el neocórtex y el hipocampo se desarrollaran por completo, no había un «conjunto de pensamientos articulados» para la vaga sensación de ansiedades de la infancia vueltas a despertar». Véase Goleman, *Emotional Intelligence*.

[5] La investigación de Anthony DeCasper ha demostrado que los bebés prefieren los sonidos que escucharon antes del nacimiento, a saber, el latido y la voz de su madre. Véase DeCasper y Fifer, «Of Human Bonding». La investigación de William Smotherman muestra que el acondicionamiento ocurre de forma prenatal y, por lo tanto, tiene implicaciones para el cuidado de bebés prematuros. Los fetos de ratas pueden condicionarse para evitar los olores desagradables a los que están expuestos antes del nacimiento. Véase Smotherman y Robinson, «The Development of Behavior before Birth».

[6] Jaak Panksepp investiga la forma en que la conectividad social está mediada por el sistema opioide endógeno del cerebro. Los opioides ayudan a reducir la angustia de aislamiento. Véase Panksepp, Siviy y Normansell, «Brain Opioids and Social Emotions». Según Myron Hofer, el contacto físico (es decir, una rata madre que lame a su bebé angustiado) consuela al estimular la liberación de opioides. Véase Hofer, «Hidden Regulators».

[7] El abandono es una crisis emocional a menudo lo suficientemente grave como para crear síntomas similares al trastorno límite de la personalidad. Una indicación de esta regresión temporal es el pensamiento *esto o aquello*: ver al yo o a los demás como buenos o malos. Kohut, Kernberg, Masterson y otros describieron el *fenómeno de división*. En cuanto a una perspectiva de tratamiento, véase Kroll, *PTSD: Borderlines in Therapy*.

[8] Según Hofer, la *regulación mutua* que se ha establecido entre la madre y el bebé involucra múltiples procesos fisiológicos y psicológicos. La madre y el bebé sirven como reguladores externos para el otro. Véase Hofer, «Hidden Regulators», p. 29.

[9] Otro indicador del funcionamiento temporal del trastorno de la personalidad límite.

[10] Los estudios de Roy F. Baumeister enfatizan que el estrés de la separación se mitiga con un sentido de pertenencia. Véase Baumeister y Leary, «The Need to Belong», p. 509. Hofer dice que los compañeros sociales ofrecen cierta comodidad al estimular la liberación de opioides. Véase Hofer, «Hidden Regulators».

[11] Véase LeDoux, «Emotion, Memory and the Brain», pp. 50–57.

[12] Harris, *The Nurture Assumption: Why Children Turn Out the Way They Do*, p. 151.

[13] Exploro este tema a profundidad en *Taming Your Outer Child*, pp. 157-162, 254, y en *The Abandonment Recovery Workbook*, pp. 263–264. El vínculo basado en el dolor, impulsado por opioides está científicamente justificado en *Amorous Turkeys and Addicted Ducklings*, de Howard Hoffman. También véase Sapolsky, *Why Zebras Don't Get Ulcers* y *A Primate's Memoir*.

[14] Véase Goleman, *Emotional Intelligence*. Véase también Wilson, *Consilience: The Unity of Knowledge*, pp. 113-114.

[15] Steven Maier dice que el estrés es inmunosupresor. Diferentes factores estresantes como la *derrota social* o la *separación materna* producen diferentes mezclas de actividad del sistema nervioso autónomo y hormonas. Maier, Watkins y Fleshner, «Psychoneuroimmunology: The Interface between Behavior, Brain and Immunity», pp. 1004-1017. Herbert Weiner explica que el sistema inmunitario, bajo el control de la rama simpática, abarca la médula ósea, el timo, el bazo, el intestino y los ganglios linfáticos. Weiner, *Perturbing the Organism: The Biology of Stressful Experience*, p. 204. Véase también Kiecolt-Glaser y otros, «Marital Quality, Marital Disruption, and Immune Function», pp. 13–34.

[16] Véase Sapolsky, *Why Zebras Don't Get Ulcers*.

[17] Roy Wise afirma: «Las drogas adictivas activan mecanismos de refuerzo positivos de manera directa y central en el cerebro... Pueden hacerlo con mucha mayor intensidad de la que pueden evocar los estímulos ambientales como la comida, el agua o la belleza reafirmante de la naturaleza, el arte o la música». Véase Wise, «The Neurobiology of Craving: Implications for the Understanding and Treatment of Addiction», p. 127. Aquellos que consumen en exceso pueden aumentar la depresión y la desesperación asociadas con el abandono sin darse cuenta. William McKinney descubrió que el alcohol mejoró la respuesta de desesperación en los monos rhesus; sin embargo, en dosis más altas, exacerbó esta condición. Véase McKinney, «Separation and Depression: Biological Markers», p. 215.

[18] Ronald Ruden explica que los impulsos de «tengo que tenerlo» que conducen a las adicciones tienen una producción alta de dopamina en el núcleo accumbens y niveles de serotonina bajos. Véase Ruden y Byalick, *The Craving Brain: The Biobalance Approach to Controlling Addiction*, pp. 5–6.

[19] Los orígenes psicológicos teóricos de la vergüenza se abordan en Klein, Love, *Guilt, and Reparation and Other Works 1921–1945*, y Lewis, *Shame and Guilt in Neurosis*. Para conocer una perspectiva psicobiológica, véase Schore, *Affect Regulation and the Origin of the Self: The Neurobiology of Emotional Development*, pp. 348–354, 415–430. Véase también Bradshaw, *Healing the Shame That Binds You*.

[20] Para conocer una perspectiva masculina, véase Real, *I Don't Want to Talk about It*.

[21] Jerome Kagan sugiere que atribuir el *sufrimiento* a la *debilidad* tiene una larga historia. Cita a Pierre Janet diciendo: «La tristeza es siempre un signo de debilidad y, a veces, del hábito de vivir débilmente». Véase Kagan, *The Nature of a Child*. Véase también Lewis, *Shame: The Exposed Self*, y Bradshaw, *Healing the Shame That Binds You*.

[22] Véase Kelly, «Stress-Induced Analgesia».

[23] Van der Kolk, McFarlane y Weisaeth, *Traumatic Stress: The Effects of Overwhelming Experience on Mind, Body, and Society*, y Herman, *Trauma and Recovery*.

[24] Los niños mayores, así como las ratas mayores que habían tenido la experiencia de separaciones anteriores, respondieron a las señales de separación inminente sin requerir la pérdida real para obtener la respuesta. Este *condicionamiento* tuvo efectos de largo alcance, una indicación de reacción *postraumática*. Véase Hofer, «Hidden Regulators», p. 211. Daniel Goleman, en *Emotional Intelligence*, se refirió al TEPT como un «desorden límbico», «una condición de miedo aprendido» y «una disminución del umbral de alarma neural». Escribe que, si un niño tuvo un trauma temprano, la amígdala está preparada para encontrar peligro más adelante. Alan Schore dice que el «abandono-depresión» tiene un efecto en el desarrollo de los sistemas cerebrales orbitofrontales que afectan los circuitos límbicos tegmentales ventrales. Schore, *Affect Regulation*, pp. 416–422.

[25] «Secuestro emocional», frase de Daniel Goleman que aparece a lo largo de sus publicaciones.

[26] Me valí de Van der Kolk, McFarlane y Weisaeth, *Traumatic Stress*, pp. 203, 259, para extrapolar muchas de estas características.

[27] Si estos episodios hiperreactivos son repetitivos y graves, el patrón puede confundirse con los síntomas del trastorno límite de la personalidad. Algunos médicos pueden asociar la hiperreactividad emocional del síndrome de abandono con características del trastorno límite de la personalidad (TLP). El trauma del abandono a menudo es etiológico para el desarrollo de la desregulación emocional, que es un sello distintivo de ambos diagnósticos designados. Debido a las características superpuestas, las diferencias entre el TLP y el trastorno de abandono por estrés postraumático (TEPT de abandono) pueden estar «en el ojo del espectador».

Sin embargo, *borderline* es un término bastante estigmatizado, y se aplica con tanta frecuencia que prefiero llamar a esta condición por la categoría genérica a la que pertenece, es decir, *desregulación emocional*, una condición que puede variar de leve a severa. Es cierto que el secuestro crónico de la amígdala involucrado en el trastorno de estrés postraumático del abandono puede crear distorsiones de la realidad lo suficientemente significativas como para cumplir con los criterios para el TLP.

Aquellos de nosotros que hemos vivido el Armagedón emocional del abandono podemos apreciar el dolor que un llamado *borderline* [o que padece el trastorno de personalidad límite] debe sentir crónicamente. Encuentra más información sobre la relación del abandono con el TLP en mi sitio web www.abandonmentrecovery.com

28 Van der Kolk sugiere que, para muchas víctimas postraumáticas, los sentimientos conducen directamente a acciones sin pasar por un proceso lineal de planificación racional para evitar consecuencias negativas. *Ibidem*, p. 188.

29 Los arrebatos de enojo como un signo de trauma por separación están bien documentados: Virginia Colin escribe que una reacción traumática a la separación es una muestra de agresión. Sesenta sujetos blancos de clase media que estaban pasando por un divorcio mostraron una alta incidencia de impulsos agresivos. En algunos casos, «se abandonó toda pretensión de pensamiento racional: los sujetos atacaron a excónyuges por medio de robos, envenenando mascotas, secuestrando y blandiendo armas». Colin, *Human Attachment*, p. 340.

30 Jerome Kagan sugiere que la genética cumple un papel importante. Los niños inhibidos pueden haber heredado diferentes umbrales de excitabilidad, lo cual está relacionado con niveles de noradrenalina (NE) más altos y una mayor diversidad de receptores de NE en el locus ceruleus. Kagan, *Galen's Prophecy: Temperament in Human Nature*, pp. 51-52. Susan Vaughan sugiere que la «ausencia o presencia de "otros" importantes durante la primera infancia puede afectar directamente los núcleos profundos del cerebro... lo que puede conducir al desarrollo de síntomas depresivos». Vaughan, *The Talking Cure: The Science behind Psychotherapy*, pp. 141-142. Véase también Hofer, «An Evolutionary Perspective on Anxiety», pp. 17-38.

31 El abandono es sin duda un suceso traumático, una crisis emocional sostenida, ya sea que conduzca al desarrollo de un trastorno postraumático o no. La neurociencia señala el papel del neurotransmisor norepinefrina (NE) en el desarrollo de la ansiedad prolongada, lo que sugiere que existe una desregulación de norepinefrina en el *locus ceruleus*, una estructura del cerebro emocional o sistema límbico. Goleman, en *Emotional Intelligence*, escribe que la desregulación de la NE implica los siguientes síntomas del TEPT: ansiedad, miedo, hipervigilancia, enojarse fácilmente, despertarse fácilmente, estar listo para luchar o huir, y codificación indeleble de recuerdos emocionales intensos. Siever y Frucht, en *The New View of Self*,

p. 35, escriben que el miedo es una condición en la que la atención se vuelca hacia afuera, por lo tanto, más NE; por el contrario, cuando la atención se vuelca hacia adentro, la NE disminuye. Esto puede explicar por qué la crisis emocional de abandono hace que nuestra atención se centre en nuestra relación perdida. Sufrimos pensamientos obsesivos e hipervigilancia prolongada.

El estrés traumático también implica un aumento en una hormona del estrés, el factor de liberación de corticotropina (CRF, por sus siglas en inglés), que conduce a la sudoración, escalofríos, temblores, *flashbacks* y respuesta de sobresalto que experimentamos durante la agonía inicial del abandono. Los opioides también están involucrados, creando un entumecimiento generalizado respecto a la vida que nos rodea, síntomas de abstinencia, un estado de anhedonia y una disociación de los sentimientos. Las ventajas a corto plazo de estos cambios bioquímicos inducidos por el trauma incluyen vigilancia, excitación, preparación, insensibilidad al dolor, estar preparado para una demanda física sostenida e indiferencia ante otros sucesos.

[32] Van der Kolk, McFarlane y Wisaeth, en *Traumatic Stress* (p. 227), dicen: «Después de dos décadas del trauma original, las personas con TEPT desarrollaron analgesia mediada por opioides en respuesta a un estímulo similar al trauma original que nosotros correlacionamos con la secreción de opioides endógenos equivalentes a 8 mg de morfina». Véase también Panksepp, Siviy y Normansell, «Brain Opioids», pp. 5-7; Benton y Brain, «The Role of Opioid Mechanisms in Social Interaction and Attachment», pp. 219, 220, y Hofer, «An Evolutionary Perspective», pp. 222–223. Véase también Kelly, «Stress-Induced Analgesia».

[33] Herman, *Trauma and Recovery*, y Van der Kolk, McFarlane y Weisaeth, *Traumatic Stress*, pp. 51-73, 303-330.

[34] Eric Fromm afirma que la ansiedad por separación subyace a todos los trastornos psicológicos y angustia. Véase Fromm, *El arte de amar*. Hofer define la ansiedad (similar a la angustia de la separación) como «un conjunto especial de tendencias de respuesta que han resultado en evitar peligros similares durante sucesos en el desarrollo pasado del organismo y en la evolución de las especies». Véase Hofer, «An Evolutionary Perspective», p. 36.

[35] La distorsión de la realidad, tan frecuente en la crisis emocional de abandono, se explica en Pert, *Molecules of Emotion*, p. 143.

[36] Véase Van der Kolk, McFarlane y Weisaeth, *Traumatic Stress*, p. 189.

[37] Muchos adictos, incluidos los adictos a la heroína, informan de historias traumáticas tempranas de abandono. Los investigadores han descubierto que, en ratas de laboratorio angustiadas, la inhibición del llanto de angustia (cuando el bebé se separa de su madre) es particularmente sensible a los opiáceos. Benton y Brain, en «Opioid Mechanisms» (p. 221), dicen: «... los opioides tienen una influencia relativamente específica en la angustia

inducida por la separación en los jóvenes de las especies examinadas hasta ahora». Véase también Wise, «The Neurobiology of Craving», y Ruden y Byalick, *The Craving Brain*.

[38] Véase Van der Kolk, McFarlane y Weisaeth, *Traumatic Stress*, p. 217.

[39] Aportado por Chip, sobreviviente del abandono, en 2013.

[40] En mi opinión, la selección natural en la evolución de nuestra especie debe haber tenido en cuenta el abandono/la separación como una amenaza para la existencia humana. La misma habilidad que nos permite reaccionar automáticamente a otros tipos de peligro parece estar adaptada para la necesidad de mantener el vínculo humano del que depende nuestra supervivencia más temprana y a partir del cual nuestra especie puede procrear. Cuando ese vínculo se ve amenazado, estamos condicionados a reaccionar: nuestro cerebro emocional nos *advierte* de manera autónoma de cualquier amenaza percibida a nuestros apegos primarios, nos *castiga* con ansiedad por permitir que nuestros apegos se rompan o abandonen, y nos *recompensa* (con opioides endógenos) cuando somos capaces de mantener accesorios estables para mejorar la vida.

La serie de reacciones de largo alcance cuya condición llamamos *trastorno de estrés postraumático* (TEPT) representa el acondicionamiento temprano: la capacidad del organismo para aprender por experiencia. A través de este proceso, aprendemos los mecanismos de aproximación/evitación que percibimos como necesarios para la supervivencia. En lo que respecta al abandono, las ansiedades intrusivas y las inhibiciones que experimentamos después del trauma pueden verse como la forma en que el organismo protege el vínculo humano. Por supuesto, el abandono es solo una de las muchas amenazas potenciales para la supervivencia. También hay serpientes, enemigos, caídas de los acantilados, todo lo cual está mediado por la neuroanatomía del condicionamiento y producen a veces *respuestas condicionadas* extremas (que identificamos fácilmente como síntomas del TEPT); sin embargo, el *miedo al abandono* es una condición natural de la experiencia posterior a la separación, que representa una línea de base de reactividad emocional, una especie de plataforma emocional única para cada individuo, sobre la cual se graban aún más los sucesos futuros —osos pardos, accidentes automovilísticos, violaciones, separaciones de los padres o desamores—. En otras palabras, las ansiedades de separación temprana establecen el tono para experiencias futuras.

[41] Los investigadores encuentran que las experiencias de la infancia ayudan a moldear la estructura del cerebro maduro de un niño. Las ratas, una vez separadas de sus madres, están más ansiosas la segunda vez. La separación afecta el desarrollo del cerebro y la bioquímica de la rata. Durante el trauma de separación, el cuerpo produce cortisol, una hormona del estrés que se sabe que provoca una disminución en la hormona del crecimiento. Se especula que esto conduce a un crecimiento más lento de una conexión cerebral importante involucrada en la regulación de la experiencia (circui-

tos cortico-límbicos). En una etapa posterior de la infancia, las conexiones hacia y desde el nervio vago, una parte del cerebro que prepara al cuerpo para la respuesta de luchar o huir, se ven afectadas. Esto pone al cerebro en un alto nivel de reactividad, creando trastornos de ansiedad que surgen en la adolescencia o la edad adulta. El estrés también afecta los procesos de aprendizaje. Esto debería decirles a los padres y a otros adultos lo importante que es intentar mitigar los efectos del abandono en los niños.

Véase Madden, *Neurobiology of Learning, Emotion and Affect*. Para una descripción general, véase Marano, «Depression: Beyond Serotonin».

[42] El trabajo de Joseph LeDoux sobre la amígdala y el sistema límbico ayuda a remodelar nuestra comprensión de la respuesta al miedo. Véase LeDoux, *Emotional Brain*. Véase también la descripción de Kagan de las proyecciones del núcleo central de la amígdala a otros objetivos en *Galen's Prophecy*, pp. 100-107.

[43] Consúltese el texto original de Pavlov, *Conditioned Reflexes*. Para una discusión sobre cómo se puede condicionar la respuesta inmune de manera pavloviana, véase Maier, Watkins y Fleshner, «Psychoneuroimmunology», p. 1007. Véase también el informe de Sandra Blakeslee sobre cómo funciona el efecto placebo de acuerdo con un modelo de acondicionamiento pavloviano en «Placebo Prove So Powerful Even Experts Are Surprised».

[44] En mi opinión, la angustia de la separación y el miedo al abandono son fuentes comunes de condicionamiento emocional temprano impulsado por la amígdala. La emoción intensa asociada con el abandono es un sentimiento *propio*. Panksepp sugiere que la angustia de la separación involucra distintos sistemas neurobiológicos, que dan lugar a diferentes respuestas emocionales (aunque comparte gran parte de las neuroquímicas con otros estados emocionales). Véase Panksepp, *Advances in Biological Psychiatry*, p. 269.

He observado que la activación de este estado emocional no requiere circunstancias extraordinarias. Por el contrario, el *miedo al abandono* es universal para la experiencia humana; puede desarrollarse incluso en las relaciones sin incidentes entre el bebé y el cuidador como una consecuencia natural de la dependencia del bebé de una fuente de soporte vital. La universalidad de esta respuesta me dice que el abandono/separación es una de las principales condiciones de evitación para las cuales el cerebro emocional está equipado. Ledoux y Van der Kolk, en sus respectivas áreas, nos ayudan a entender cómo una experiencia universal como el abandono puede recordar nuestros primeros temores. El abandono representa una verdadera crisis emocional lo suficientemente profunda como para imitar (al menos de manera temporal) algunas de las formas más graves de disfunción psiquiátrica, como la psicosis y la depresión mayor.

[45] El trastorno de estrés postraumático es una enfermedad de la amígdala: Goleman, *The Brain and Emotional Intelligence*.

46 Baumeister y Leary sugirieron un vínculo entre la ansiedad por la muerte y el miedo a la soledad o la ansiedad por la separación. Baumeister y Leary, «The need to belong», p. 507.

47 *Idem.*

48 De nuevo, estoy en deuda con LeDoux, *Emotional Brain.*

49 LeDoux explica: «Aunque la amígdala almacena información primitiva, no deberíamos considerarla el único centro de aprendizaje. La memoria es una función de toda la red». Véase LeDoux, «Emotion, Memory and the Brain», p. 56. Antonio Damasio también advierte contra puntos de vista demasiado simplistas de la mente humana, refiriéndose a la interacción dinámica de múltiples niveles de experiencia, neurológica y ambiental. Véase Damasio, *Descartes' Error: Emotion, Reason, and the Human Brain.*

50 Algunas personas desarrollan TEPT, otras no. Jerome Kagan, al hablar de niños inhibidos versus los no inhibidos, sugiere que existen factores predisponentes que contribuyen al desarrollo de ansiedad de largo alcance a sucesos estimulantes. Véase Kagan, *Galen's Prophecy*, pp. 217-219.

51 Herbert Weiner afirma: «La separación... puede ser especialmente desgarrador para adultos si este recapitula una pérdida infantil... Los pacientes con riesgo de trastornos depresivos mayores (más allá de los factores genéticos) incluyen la separación de la madre (pero no del padre) antes de los 17 años». Véase Weiner, *Perturbing the Organism*, p. 75. Véase también Edelman, *Motherless Daughters.*

52 Zachary Studenroth me hizo hincapié en permanecer en el momento durante un diálogo personal.

53 Esta discusión se extrae de *Emotional Intelligence* de Daniel Goleman, pp. 25-26, y de *The Brain and Emotional Intelligence.*

54 Nitsche y otros, «Effects of Frontal Transcranial Direct Current Stimulation»; Balconi y Ferrari, «Repeated Transcranial Magnetic Stimulation».

55 En Goleman, *The Brain and Emotional Intelligence.*

56 Léase Kabat-Zinn y Davidson, *The Mind's Own Physician.*

57 Goleman, *Destructive Emotions*, pp. 3-19.

58 Muchos buenos libros cubren este tema, incluyendo Merker, *Silences*; Ackerman, *A Natural History of the Senses;* Pollan, «Second Nature»; Rinpoche, *The Tibetan Book of Living and Dying;* Hanh, *Miracle of Mindfulness.*

59 «Sanadores son aquellos que han trabajado a través del trauma» (de un diálogo con Peter Yelton).

Capítulo 3

Etapa dos: Abstinencia

¿QUÉ ES LA ABSTINENCIA?

La etapa de abstinencia emocional es como el síndrome de abstinencia en una adicción. Es cuando se anhela a la otra persona una vez que el impacto inicial de la separación ha desaparecido. Mediado por el propio sistema opioide del cerebro, lo que se siente es similar a lo que sienten los adictos cuando no pueden obtener una dosis.

Durante la peor parte de esta etapa, no puedes escapar de la convicción de que, sin tu ser querido ausente, la vida ha terminado. Esta creencia viene del niño interior. El niño sigue diciéndote que debes hacer que tu ser querido regrese a toda costa, o morirás. Una relación primaria es una cuestión de supervivencia para un niño; ningún bebé puede existir sin la persona que se hace cargo de él.

Instado por el niño, podrías intentar volver a conectarte con tu pareja ausente muchas veces. Incluso aunque no tomes medidas, fantaseas con ello. Sigues regresando porque todavía no estás convencido de que la persona que se fue no es buena para ti. Sigues lastimándote, pero el niño que está dentro de ti cree que esta vez será diferente. Es como el alcohólico que piensa que la próxima vez que beba no se emborrachará.

Podrías enojarte con otros que tratan de cuidarte. Por ejemplo, podrías atacar verbalmente a tu terapeuta, en particular si te alienta a mantenerte alejado de tu antigua pareja. Es posible que hayas aceptado dejar atrás la relación, pero el niño actúa haciendo que faltes a las sesiones, cambies de padrino o madrina, o cambies de grupo de recuperación. Te enojas con el terapeuta y con los demás porque hablan en contra de los deseos del niño. El niño teme que, a menos que se escuchen sus súplicas urgentes, su vida corre peligro.

El niño interior se aferra a la falsa esperanza porque es impotente contra los sentimientos de aislamiento, rechazo y pérdida. Sin esperanza, te quedas enterrado en la desesperación, y estos sentimientos evolucionan hacia un dolor profundo, y crean una fuente de lágrimas sin fin.

Pero con las lágrimas se libera algo más. Abriéndose paso hacia tu conciencia, a través de los recuerdos de aquellos momentos en que te dejaron desprotegido y fuiste rechazado, está tu derecho a ser amado.

La abstinencia es la etapa en la que se escuchan las quejas y los reclamos del niño. Donde reconoces que las necesidades del niño son también las tuyas; que debes atender tus sentimientos más importantes.

Hay quienes intentan pasar por alto la etapa de abstinencia con un reemplazo de su amor perdido. Pero la abstinencia no es el momento para el reemplazo —eso ya vendrá—; es el momento de aceptarte y aceptar tus necesidades.

SEGUNDA ETAPA DEL ABANDONO: LA ABSTINENCIA

LA ABSTINENCIA DE KEATON

Habían pasado seis semanas desde que Gabby empacó y dejó a Keaton, de repente y sin previo aviso. Seis semanas desde esa noche, en la que encontró una larga nota de despedida en el tocador recién vaciado.

Se despertó en la oscuridad, como lo había hecho cada mañana desde que ella se fue, deseando poder volver a dormir, pero sabiendo que la adrenalina que corría por su cuerpo no lo dejaría. Eran las tres de la madrugada. En el acto, se llenó de pánico. Había pasado por esto antes, más veces de las que deseaba recordar. Simplemente no podía lograr que una relación durara. Siempre terminaban de la misma manera: con el tiempo ellas rompían con él. Pero no esperaba que esto sucediera con Gabby. Se había sentido muy seguro con ella.

Aquí estaba de nuevo, retorciéndose en su cama, lleno de ansiedad, atormentado por la soledad, desechado por alguien a quien había amado. ¿Cómo iba a superar esto?

Mientras Keaton daba vueltas en la cama, Gabby habitaba todos los rincones de su mente. El deseo, la nostalgia y el anhelo por ella eran insoportables. Finalmente, la luz de la mañana comenzó a entrar sigilosamente en su habitación. Prepararse para el trabajo le ayudó a sacarla de su mente por un breve instante.

Hoy, pensó, llegaría al trabajo a tiempo. Cumpliría con las formalidades lo mejor que pudiera, se concentraría, trabajaría y actuaría lo más normal posible.

Todos en el trabajo sabían que Gabby lo había dejado. Sabían por qué había perdido peso y se veía tan abatido. Él sabía lo que pensaban: «Han pasado seis semanas, Keaton. Espabílate ya. ¡Anímate!».

Keaton estaba en *abstinencia*. Entre más tiempo pase y no se satisfagan sus necesidades, más le dolerán el cuerpo y la mente por todo lo que ha perdido. No importa lo duro que las personas intenten mantenerse enteras, una profunda sensación de pérdida se entromete en cada momento de vigilia.

Los efectos de la abstinencia son acumulativos y se comportan como ondas. A menudo deben empeorar antes de poder mejorar, un caso perdido para los amigos que esperan que tu desesperación se disipe, y no que se acumule día tras día.

Keaton intentó resistir lo mejor que pudo, pero sucumbía a ataques de llanto frecuentes y le era insoportable estar solo. Sus amigos y familiares trataron de hacerle compañía y ofrecerle apoyo al principio, pero se frustraron cuando vieron que no avanzaba o que era incapaz de salir adelante por sí mismo después de unas cuantas semanas. Al menos así es como se imaginaba que lo veían. Decían cosas como: «Solo déjala ir y avanza», lo que hacía que se sintiera juzgado y más solo.

El hecho es que la abstinencia de amor no opera con un horario; varía de persona a persona y de una situación a otra.

El legado de abandono de Keaton comenzó en la primera infancia. Su padre era muy crítico y lo reprendía por cada error y falla que cometía. Por mucho que Keaton lo intentara, nunca era suficiente para complacer a su padre. Aprendió a sentirse decepcionado de sí mismo por no tener mejores resultados en la escuela, en los deportes o cualquier otra cosa. Cada vez que su padre estallaba contra él, se culpaba a sí mismo por no ser lo suficientemente bueno.

En la adolescencia, Keaton no podía sacudirse la sensación de que necesitaba demostrar su valía. Era extremadamente sensible al rechazo.

Cuando su primera novia rompió con él a los 17 años, se deprimió severamente. El rechazo romántico puso de manifiesto todos los viejos sentimientos de insuficiencia, lo que confirmaba su profunda creencia de que no era digno del amor de nadie.

Abrumado por la confusión y el dolor, ahogó sus sentimientos en alcohol. Lo que siguió fue una cadena de relaciones que salieron mal, de la que surgió un alcohólico.

Cuando Gabby lo abandonó, Keaton llevaba ya más de cinco años en Alcohólicos Anónimos. A pesar de estar sobrio, aún sufría el azote del rechazo romántico.

«Ya había pasado por *demasiados* abandonos», comentó Keaton. «Me sentía como si estuviera en un fracaso *avanzado* de una relación, como si tuviera una enfermedad progresiva, llamada *rechazo*. Mi futuro parecía desesperanzador. No podía dejar de castigarme por todos los errores que había cometido en mi relación con Gabby, condenándome a mí mismo por ser un fracaso con ella, con todos los demás y con mi vida».

La *abstinencia* es la segunda etapa del abandono. La palabra describe el dolor y el anhelo que siente una persona cuando se ha separado de la persona que amaba. La abstinencia puede establecerse de inmediato, o tal vez su presencia no se sienta sino hasta que el adormecimiento y el efecto del rompimiento hayan desaparecido. Como viste con Keaton, el rompimiento se superpone en la etapa siguiente, la *internalización*, en la cual desquitas tus frustraciones contigo mismo. A medida que avanzas por el ciclo de abandono, puedes volver a atravesar los síntomas de la abstinencia muchas veces.

Voy a compartir algunas de mis experiencias con la etapa de abstinencia y te llevaré en un viaje a través de los sentimientos y situaciones que encontrarás, proporcionándote información en el camino que te ayudará a comprender el proceso y cómo enfrentarlo. Explicaré cómo la abstinencia de amor es una forma legítima de la abstinencia de la adicción y discutiré algunos de los aspectos postraumáticos de la abstinencia. Con suerte, podrás identificar los asuntos que quedaron pendientes de tus experiencias anteriores con la abstinencia de amor. Por último, te mostraré cómo maximizar el potencial de crecimiento de la etapa de abstinencia, presentándote el segundo ejercicio de *Akeru* diseñado para ayudar a recuperarte y beneficiarte de los sentimientos de abstinencia, tanto viejos como nuevos.

UN VIAJE POR LOS SÍNTOMAS DE LA ABSTINENCIA

La abstinencia es vivir sin la medicina de tu relación perdida. Estás descendiendo de la sedación de la seguridad para enfrentarte a la realidad.

Los síntomas de la abstinencia son intensos. Muchos sobrevivientes del abandono están preparados para negociar, pedir, rogar, manipular, hacer cualquier cosa para que su ser querido regrese.

Durante esta etapa, eres como un adicto desesperado por una dosis de amor que no puedes obtener. Estás enganchado. En vez de una droga, tienes una fuerte necesidad de una persona. ¿De qué se tratan estos intensos sentimientos de anhelo, agonía y deseo?

Las relaciones son, de hecho, mediadas por el propio sistema opioide del cerebro. La mayoría de las personas están familiarizadas con las drogas opiáceas, *narcóticos* como la morfina, la heroína y el opio. Nuestro cerebro produce sus propias sustancias parecidas a la morfina, incluida la endorfina. Tanto los narcóticos como los opioides naturales del cerebro ayudan a bloquear el dolor.

Según el investigador Jaak Panksepp, cuando se construye una relación cercana, el cerebro produce ciertos opioides que median el apego. Aunque se producen en el cuerpo de manera natural, estos opioides son tan adictivos como la heroína. Su rol es nada menos que la vinculación afectiva de la pareja y la adherencia a otras personas, lo que está al servicio de la supervivencia de las especies. Cuando una relación termina, la producción de ciertos opioides disminuye y el cuerpo atraviesa por una abstinencia física.[1]

Hablando bioquímicamente, por tanto, tus relaciones más cercanas son una forma de adicción a las endorfinas. Lo que sientes durante la abstinencia por abandono (el ansia, el anhelo, la espera y el deseo por tu ser querido perdido) en términos psicobiológicos es similar a la abstinencia de la heroína o la morfina. La diferencia es que cuando se está en abstinencia de amor, los síntomas se asocian con la pérdida emocional en lugar de un narcótico. En otras palabras, la diferencia es el *contexto* —la manera como *interpretas* los síntomas de abstinencia—, no los síntomas físicos en sí mismos.

¿Cuáles son algunos de los síntomas de la abstinencia?

Síntomas de la abstinencia	
	Arrebatamiento
	Privación de un objeto de fondo
	Voluntad de descontrolarse
	Síndrome de abstinencia sexual
	Insomnio
	Pérdida de peso
	Espera y vigilancia
	Desgastado, miserable y deprimido

ARREBATAMIENTO

Aunque tu relación haya terminado por completo y ya hayas atravesado la devastadora ruptura, aún enfrentas el proceso de arrebatamiento. Te arrebatan de la necesidad de esa persona, la presencia de esa persona en tus pensamientos, esperanzas y sueños, así como de tu futuro con esa persona.

«Durante la abstinencia sentí que me habían amputado de mi gemelo siamés», recuerda Marie. «El rompimiento fue la cirugía sin anestesia. Fue una cirugía involuntaria. Él fue quien decidió apartarme de su lado y yo fui la que quedó en la sala de recuperación, desangrándome hasta morir, llorando de dolor por mi otra mitad».

Alternarás entre momentos en los que crees que podrías sobrevivir sin tu amor perdido y momentos de desesperación total.

Incluso si en la relación solo tuvieron una o dos citas, depositaste en esa persona tus esperanzas para el futuro y tu necesidad de amor. Cuando las esperanzas no se materializan, tu decepción puede ser profunda; te vuelve a poner donde estabas antes: solo. La sensación de pérdida llega a ser tan dolorosa como si hubieras estado casado por muchos años.

Los seres humanos somos criaturas sociales. Todos necesitamos sentir que pertenecemos a algo. Construir una relación es una de las formas en que satisfacemos esa necesidad. Tal vez lo hayas dado por sentado, pero pertenecer a alguien era esencial para tu sensación de bienestar. Te sentías bien al saber que eras una parte importante de la vida de esa persona, que alguien te amaba y te valoraba.[2]

Incluso si apenas empezabas a salir con una persona, la perspectiva de la vida sin esa relación es de desesperación y pérdida.

«Pensé que finalmente había encontrado a alguien», explicó John. «Pero ella nunca me devolvió el mensaje. Resultó ser solo un recordatorio de lo solo que estaba, de lo vacía que era mi vida, de lo mucho que necesitaba tener amor en mi vida. Solo una cita y toda mi vida cayó en una crisis emocional».

PRIVACIÓN DE UN OBJETO DE FONDO

Estar en abstinencia es estar en privación, es privarte de la seguridad y el cuidado con los que contabas o que esperabas.

«No tenía idea de cuánto significaba mi esposa para mí hasta que se fue», dijo Richard. «Nuestra relación había estado en crisis durante mucho tiempo. Discutíamos constantemente. Siempre había tensión en el aire. Pero cuando dijo que necesitaba espacio y luego consiguió un abogado, sentí como si mi vida ya no tuviera fondo y ya no pudiera encontrar ninguna razón para vivir».

La ironía es que la gente puede estar tan devastada por la pérdida de una mala relación como lo estaría por la pérdida de una buena relación.[3] Explorar por qué es así es fundamental para comprender la experiencia del abandono. ¿Por qué es tan terrible la pérdida de una relación primaria? ¿Cómo nos volvimos tan dependientes de otra persona? ¿Por qué nos sentimos incompletos ahora que se ha ido de nuestra vida?

La respuesta a esa pregunta nunca es simple. El hecho es que las parejas y los amantes satisfacen toda una variedad de necesidades complejas; son mucho más que compañeros, amantes o parejas sexuales. Uno de los roles más importantes que desempeñan es actuar como *objeto de fondo*.[4]

Objeto de fondo

Nuestra madre o nuestros cuidadores principales se convirtieron en objetos de fondo para nosotros cuando teníamos 2 o 3 años y comenzamos a explorar el mundo más allá de su abrazo. Estábamos contentos de vagar libremente, siempre y cuando supiéramos que el regazo de mamá estaba tan solo a un grito de distancia. Como adultos, tener a alguien en el fondo satisface una necesidad similar. Un objeto de fondo es la persona de la que obtenemos nuestro principal sentido de conexión, pertenencia y seguridad.

Si tu relación era como la mayoría, tener a tu pareja en el fondo significaba que incluso cuando no estaban físicamente juntos, disfrutabas de la seguridad de saber que estaba allí. Era alguien con quien estar al volver a casa al final de un largo día, con quien acostarse al lado en la noche o simplemente en quien pensar. Es muy fácil dar este sentimiento por hecho —ese sentido de pertenencia y seguridad—. También está intrínsecamente ligado a nuestras necesidades básicas. Es como el oxígeno. No podemos sobrevivir sin él, pero no estamos concentrados en asimilarlo.

«Redington viajaba entre Inglaterra y Brasil», dijo Hope. «Hablábamos por teléfono dos veces por semana, solo para llamarnos con apodos cariñosos especiales y decir nuestros "Te amo". Y luego cada uno regresaba a nuestras vidas separadas, perfectamente contentos, sabiendo que nos pertenecíamos».

Muchas personas funcionan tan bien así precisamente porque se sienten muy seguras en sus relaciones primarias. Se sienten seguras de sí mismas, con iniciativa y están contentas porque saben que alguien está ahí para ellas. Tienen una red de seguridad, una persona a quien acudir. El hecho de que tendamos a dar por sentado a nuestros seres queridos no es un defecto de carácter. [5] El elemento de seguridad que nos brindan es precisamente lo que nos permite tolerar la separación de ellos a medida que avanzamos en nuestras carreras y otras actividades.

Una señal de una relación madura es cuando cada miembro es capaz de dar espacio a la otra persona. Permiten, uno al otro, funcionar como objetos de fondo. Estas personas reconocen que su pareja es parte de su vida, una parte importante, sí, pero no toda su vida.

Cuando la luna de miel termina, muchas parejas suelen entrar en un período de complacencia. Tal vez uno o ambos aumenten de peso a medida que la adrenalina y la urgencia de establecer un vínculo se reduzcan y la relación se haga más segura. [6] Este estado de relajación involucra a la rama parasimpática del sistema nervioso autónomo (mediada por la corteza prefrontal izquierda), que funciona para reequilibrar al cuerpo cuando se ha activado el sistema nervioso simpático. El sistema parasimpático [7] ayuda a que la presión arterial y los niveles hormonales del estrés vuelvan al punto de partida y hace que otros sistemas de soporte vital, como el apetito, se restablezcan. Idealmente, este período prolongado de complacencia permite que la pareja se vuelva diligente mientras se prepara para el futuro: formar una familia, construir sus carreras. Cada uno operará en su propia esfera, pero también aportará algo de esa esfera a la relación.

A medida que nos sentimos lo suficientemente seguros en una relación para dar por sentada la presencia de nuestra pareja, podemos incluso permitirnos fantasear con estar con alguien más. Estas fantasías no siempre son un signo de problemas. Pueden agregar un elemento de emoción a una relación estancada. Son fantasías, después de todo. La realidad de perder al otro es muy diferente.

Para comprender mejor por qué los objetos de fondo son tan importantes, veamos cómo los niños aprenden a funcionar de manera independiente. Un niño pequeño necesita *vincularse* para poder avanzar. Un bebé depende de su madre para que lo cuide y su atención se centra casi exclusivamente en esa relación. Para un niño pequeño, la madre se convierte en un objeto de fondo cuando comienza a funcionar de manera más independiente. Pasa de necesitar tener la figura de mamá a la vista en todo momento, a una etapa en la que puede jugar por su cuenta durante horas, solo o con otros niños, siempre y cuando pueda asegurarse de que mamá todavía está cerca, en algún lugar *del fondo*.[8] Si algo interfiriera con ese desarrollo, por ejemplo, que la madre tuviera que estar hospitalizada por una estancia prolongada, la capacidad del niño para trabajar de manera independiente en la escuela podría retrasarse y es posible que necesite una motivación constante por parte del maestro para mantenerse concentrado.

La mayoría de nosotros confiábamos en que nuestra madre estaba allí para apoyarnos. Esa confianza es lo que nos permitió resistir separarnos de ella. Con el tiempo, acumulamos suficiente confianza para soportar el estrés de dejarla a un lado para ir a la escuela. La clave para dar ese paso es confiar en que el cuidador está en casa esperando nuestro regreso.

Los niños ocasionalmente cuestionan esa confianza y claman por seguridad. Un niño con dolor de estómago quiere ir a casa para estar con mamá. Como adultos, también somos capaces de hacer una regresión. En algún nivel, todos requerimos estar seguros de las conexiones con nuestros seres queridos. A veces eso toma la forma de llamadas telefónicas o mensajes de texto; otras veces necesitamos que nos abracen.

Tal vez no te hayas dado cuenta de cuánto dependías de estas garantías hasta que la relación se terminó. Es posible que hayas minimizado lo mucho que necesitabas a tu pareja, y que prefirieras pensar en ti mismo como autosuficiente en lo emocional. El hecho es que expresar la necesidad y la vulnerabilidad es de tal forma esencial para tu funcionamiento psicológico como la independencia. La vulnerabilidad que despierta el abandono no es una debilidad; es parte de lo que significa ser humano.

«No me di cuenta de lo importante que habían sido las llamadas semanales de Redington», dijo Hope, «hasta que me llamó por última vez desde Brasil para contarme que había conocido a alguien. Entonces me di cuenta de que mi vida independiente de repente ya no funcionaba para mí. Necesitaba que él estuviera allí conmigo como nunca antes lo había necesitado. Pero él se había ido, y yo me sentía totalmente perdida e insegura. De repente mi vida era una existencia vacía».

Es fácil para nosotros *sub*estimar nuestra necesidad humana básica de conexión. Vivimos relativamente aislados unos de otros, a menudo lejos de la familia extendida. Cuando perdemos nuestra relación primaria, no estamos protegidos por el apoyo de una sociedad unida como lo estaban nuestros antepasados. La sensación de privación es casi total porque muchas de nuestras necesidades se confirieron a esa persona. Por más que intentemos, no podemos alejar esos sentimientos de dependencia.

VOLUNTAD DE DESCONTROLARSE

El abandono es una forma de *separación involuntaria*.[9] El hecho de que no hayas elegido estar solo provoca sentimientos intensos de ira, frustración y resentimiento. Tu compañero ha alterado tu equilibrio emocional y, como resultado de su incumplimiento, estás solo.

Recuerda que no estás maldiciendo la soledad misma; las circunstancias que rodean tu aislamiento repentino son las que hacen que tu voluntad esté fuera de control.[10] No puedes y no estás *dispuesto* a aceptar las condiciones de tu aislamiento impuesto. No tienes control sobre ello, al menos por el momento.[11]

Durante la etapa de abstinencia, sientes la ausencia de la pareja en muchos niveles. Has perdido emocionalmente a la persona que amabas, estás físicamente separado de ella y, quizá lo peor de todo, quedaste solo para contemplar el futuro sin compañía.

Estar solo no es una enfermedad o un problema social. Es un estilo de vida preferido por muchos. De hecho, cada vez más personas optan por permanecer solteras y prefieren crear vidas compuestas a partir de la carrera, los amigos, las mascotas, los clubes y otros intereses. A lo largo de los siglos, las órdenes espirituales de todo el globo dan fe de los beneficios de una vida solitaria e incluso del celibato. Proporcionan inspiración para aquellos cuya energía vital ya no se invierte en una relación primaria. Pero para aquellas personas que están en la etapa de abstinencia, estar solo es *extraño* y *desagradable*; no están preparadas emocionalmente para apreciar sus beneficios.

Es posible que tú hayas elegido estar solo. Ese es el punto: no fue *contra tu voluntad*. Pero si no lo elegiste, te enfrentarás a una batalla de tu voluntad. Una vez que seas capaz de resolver esa batalla —una vez que puedas superar tu protesta enfurecida—, puedes llegar a considerar estar solo con una actitud más positiva.[12] A medida que resuelves el enojo por haber sido abandonado, comenzarás a aprovechar lo que tu soledad temporal te ofrece. Este puede ser un momento de sanación en soledad, un momento para restaurar tus reservas emocionales y un momento de reflexión personal. Quizá sea el momento de poner en tela de juicio la complacencia de tu vida anterior, para decidir qué es realmente importante para ti.

El temor de haber sido condenado a una existencia solitaria puede estarte frenando. Te afliges tanto por tu amor perdido durante esta etapa que es difícil imaginar que puedas sentir apego por cualquier otra persona o cosa en tu vida que te haga sentirte entero de nuevo. La sensación de que siempre estarás solo es uno de los sentimientos más potentes del abandono. Pero, recuerda, es un sentimiento, no una profecía ni un hecho.

La verdad es que muy pocas personas que experimentan el abandono están destinadas a estar solas por mucho tiempo. En cuanto mis clientes comienzan a recuperarse, los aliento a que establezcan nuevas relaciones lo antes posible, a que salgan de sus círculos sociales habituales y amplíen su ámbito de actividades, a que conozcan a otras personas y compartan su creciente conciencia de sí mismos. Discutiré cómo establecer relaciones con mayor profundidad en el capítulo 7.

Mientras tanto, es importante darse cuenta de que únicamente cuando dejas de luchar con el hecho de estar solo puedes reconocer tu propósito en la recuperación emocional. Primero debes abrirte camino a través de tus sentimientos de indignación, conmoción y traición. Lentamente, irás aprovechando tu fuerza interior para superar el aislamiento. Te paras realmente sobre tus propios pies.

El concepto de *Akeru* está ahí para recordarte que «vaciar, hacer un agujero» también es crear un nuevo comienzo. Estar solo te obliga a ser más autosuficiente. Al final, consideras el tiempo que pasas solo como un logro que refuerza tu autoestima.

«Al principio pensé que iba a morir de soledad», comentó Marie. «Pero ahora que he superado el *shock* inicial, me doy cuenta de que mi vida está exactamente donde tiene que estar en este preciso momento para permitirme trabajar en las cosas que necesito sobre mi persona. Sea cual fuere la razón por la que estoy sola en este momento, he decidido darle la vuelta, para encontrar lo que tiene de bueno».

SÍNDROME DE ABSTINENCIA SEXUAL

Otro síntoma de esta etapa reportado comúnmente es el síndrome de abstinencia sexual.

Cuando el sistema de defensa del cuerpo se activa, varias funciones corporales se desactivan. La energía se reserva para la supervivencia. En las crisis, una de las áreas que deben cerrarse es el sistema reproductivo, un sistema que normalmente consume una gran cantidad de energía del cuerpo. El deseo sexual por lo general disminuye: las mujeres tienen menos probabilidades de ovular; los hombres pueden tener problemas de erección y secretar menos testosterona.[13]

Sin embargo, los sobrevivientes del abandono comúnmente reportan un mayor deseo sexual, en particular por su amor perdido. Pueden tener más fantasías sexuales, practicar la actividad sexual con parejas sustitutas o masturbarse más a menudo como una forma de aliviar los síntomas de la abstinencia. Muchos hacen repetidas propuestas sexuales a sus viejos compañeros con la esperanza de seducirlos de nuevo para restablecer la relación. Sus necesidades básicas primitivas se han activado, y ahora abarcan el reflejo de succión y la necesidad de ser abrazados.

«Unas cuantas semanas después de que Lonny se fue», dijo Marie, «se inició el pandemónium. Entré en síndrome de abstinencia sexual, una nueva tortura con la cual lidiar. De repente sentí la necesidad de hacer el amor con Lonny como nunca antes».

«Tenía sueños sexuales que eran tan poderosos y agonizantes que me despertaban y no podía volver a dormir. Fui a comprar lencería por si se presentaba la oportunidad de seducirlo. El deseo era insoportable».

El componente de la fantasía sexual es solo un aspecto del problema más amplio de la abstinencia física. Los sobrevivientes del abandono a menudo se avergüenzan de sus anhelos sexuales intensificados y no los mencionan a amigos o a terapeutas. Además, es posible que estos sentimientos sumamente personales no parezcan relevantes en vista de los otros asuntos primordiales que los bombardean día a día. En general, las necesidades sexuales intensificadas[14] tienden a disminuir a medida que avanzas en la etapa de abstinencia.[15]

Insomnio

Debido a que un rompimiento es una emergencia emocional en curso, la mayoría de las personas siguen teniendo problemas para dormir durante la etapa de abstinencia. Informan sentirse ansiosas cuando se despiertan y tienden a levantarse antes de lo normal. Otras se quedan en la cama más tarde (aunque no duermen bien) y tienen sueño más tarde en el día, cuando normalmente están más activas.

«Simplemente no podía enfrentar el día», comentó Roberta. «Me quedaba en la cama hasta las tres de la tarde los fines de semana, y solo me levantaba porque la parte inferior de la espalda empezaba a dolerme por estar acostada. De todos modos, probablemente estaba agotada, porque todavía me despertaba en medio de la noche, empapada en esos sudores fríos de pánico».

Estas interrupciones en tus patrones normales de sueño se explican por los mismos procesos que afectan tu apetito. Tu cuerpo continúa secretando hormonas del estrés que te mantienen despierto y «listo para la acción», incluso de noche. Estás alerta y preparado como si un depredador estuviera todavía al acecho.

PÉRDIDA DE PESO

Muchas personas pierden peso inmediatamente después de una ruptura y siguen bajando o alcanzan un peso fijo por debajo del normal.[16] Su falta general de apetito se intercala con brotes repentinos de hambre voraz, que ayudan a compensar las comidas que han perdido. Poco después, las mariposas y la sensación de mareo vuelven y se pierde el interés por la comida nuevamente.

«No tenía ganas de comer en todo el día», recordó Roberta. «Y luego se me antojaban las costillas, algo que normalmente no tocaría ni por equivocación. Pero las devoraba como un animal, arrancando la carne del hueso con los dientes mientras la grasa caía por mis dedos y mi cara».

Hay una explicación biológica del porqué algunas personas siguen alimentándose frenéticamente mientras que otras parecen estar en huelga de hambre.

La crisis de abandono aumenta la producción de hormonas del estrés importantes. Según el fisiólogo Robert Sapolsky, las hormonas CRF [por sus siglas en inglés] o factor liberador de corticotropina y ACTH [por sus siglas en inglés] u hormona adrenocorticotrópica preparan la respuesta de luchar o huir bloqueando el apetito y otros procesos digestivos. Las glándulas salivales dejan de secretar y el estómago entra en reposo. Se tiene la sensación de la boca seca y el estómago revuelto. Este bloqueo ayuda a desviar energía hacia los músculos principales, aquellos que permiten correr a través de la sabana para escapar de un depredador o participar en una batalla, si es necesario.

Los glucocorticoides, otro grupo de hormonas del estrés, también están involucrados en la respuesta de defensa. Estas hormonas parecen estimular el apetito en lugar de suprimirlo. Las pruebas de Sapolsky mostraron este efecto en ratas de laboratorio, pero el efecto probablemente es el mismo para los humanos. Cuando la amígdala detecta una crisis, las hormonas CRF y ACTH se liberan primero, y preparan a la persona para actuar con rapidez, en caso necesario. Luego, los niveles de glucocorticoides comienzan a elevarse. Los glucocorticoides también aumentan el apetito y estimulan la reconstrucción de las reservas de energía en caso de que un atacante represente una amenaza constante.

El tiempo ayuda a explicar por qué algunos pierden el apetito mientras que otros no pueden dejar de comer. Así es como funciona: cuando la amígdala declara un estado de emergencia, provoca una explosión de las hormonas del estrés CRF y ACTH. Sus efectos duran de 10 a 12 minutos, y solo les toma unos segundos limpiar el sistema una vez que la crisis ha terminado. En este punto, el apetito se inhibe. Pero mientras tanto, los niveles de glucocorticoides se están acumulando, y alcanzan sus niveles máximos en aproximadamente media hora. Permanecen en el sistema durante muchas horas.

¿Qué sucede cuando ambos grupos de hormonas del estrés están presentes? Las CRF y ACTH anulan el efecto estimulante del apetito de los glucocorticoides. En otras palabras, durante una crisis sostenida, el apetito se inhibe y permanece así.

Pero si hay un cese en la crisis (tal vez mataste al depredador o tu pareja se muda contigo nuevamente por un tiempo), entonces no liberas oleadas continuas de CRF y ACTH. Los glucocorticoides que persisten en el sistema te impulsan a comer y, en poco tiempo, se te antoja un bocadillo.

Según Sapolsky, los científicos probablemente podrían entender mucho sobre el estado emocional de una persona al analizar los niveles de hormonas del estrés en su sangre. Niveles altos de glucocorticoides en el torrente sanguíneo a la par que solo trazas de CRF y ACTH indican que las cosas en tu vida se han calmado por un tiempo. Es más que probable que hayas recuperado el apetito. (Desde el punto de vista bioquímico, te impulsan a acumular energía para la próxima batalla). Por otro lado, los niveles significativos de CRF y ACTH en la sangre junto con los glucocorticoides indican que aún te encuentras en medio de una crisis emocional.

ESPERA Y VIGILANCIA

Una de las características distintivas del síndrome de abstinencia es la *espera* de que el ser amado ausente regrese. Este sentimiento expectante es común a todos los tipos de dolor. Incluso cuando un ser querido ha muerto y no hay posibilidad de que regrese, el cerebro emocional del doliente pasa por un período de expectación esperanzada del regreso del difunto.

Este aspecto del dolor ha sido estudiado ampliamente por pioneros en el campo —Elisabeth Kübler-Ross, John Bowlby, Mary Ainsworth y otros—, y con frecuencia se le conoce como *búsqueda del objeto perdido*.[17] Desde un punto de vista bioquímico, la búsqueda y el anhelo son las expresiones emocionales de la abstinencia de opioides.

¿Qué explica este patrón profundamente arraigado? La formación de apegos, como expliqué en el capítulo 2, es un mandato biológico poderoso. Cuando algo te arranca a tu ser querido, sientes la pérdida de manera inmediata y profunda. Durante la abstinencia, tu mente busca automáticamente un vínculo emocional que ya no puede encontrar. Esta búsqueda es tu cerebro emocional (tu cerebro mamífero o límbico) que intenta recuperar lo que está condicionado a creer que es necesario para tu supervivencia.

Por más que intentes controlar esto, normalmente no puedes detener la búsqueda inútil de la persona que tu mente racional sabe que ya no está ahí. Pese a tus esfuerzos por recuperar la compostura, tu mente sigue buscando a tu pareja perdida. Es como si la pérdida fuera una amputación de una extremidad y estuvieras sufriendo los efectos de un dolor fantasma intenso.

La espera del ser querido ausente y estar vigilante a su espera son el resultado de que la amígdala prepare a la persona para la hipervigilancia,[18] es decir, para estar alerta y en busca de cualquier señal de su antiguo compañero. Tu cuerpo se prepara para esta vigilia sostenida. Tus pupilas se dilatan involuntariamente de modo que el objeto de tu preocupación pueda verse mejor. El oído y otros sentidos también se agudizan, de ahí la tendencia a sobresaltarse ante el menor ruido. La mente consciente está preocupada por todos los asuntos relacionados con la persona ausente, ayudando al cerebro emocional en su búsqueda. Miras fotos y regalos que te recuerdan el tiempo que estuvieron juntos, recordando quizá los últimos momentos de contacto, esperando descubrir pistas sobre por qué tuvo que terminar la relación. Incluso puedes sentirte obligado a ir a lugares reales donde se reunieron. Estas visitas evocan recuerdos que brindan nuevas pistas para la búsqueda implacable de tu cerebro.

«Al principio», dijo Marie, «tenía la necesidad de manejar hasta el departamento de Lonny por la noche, para ver si su auto estaba allí. De alguna manera, me sentía menos ansiosa si al menos podía hacer un seguimiento de su paradero. Si su luz estaba encendida, estaba allí. Sabía dónde estaba. Si no, me sentía perdida y me ponía frenética. ¿Dónde podría estar? Estaba por allí perdido en alguna parte».

Tu tendencia a confundir a los demás con tu pareja ausente puede alcanzar un máximo histórico. Imagina que *ves a tu* ser querido perdido en la distancia, en una multitud. Cuando te acercas, desde luego, resulta que ha sido una ilusión.

La aceptación de la pérdida es un proceso lento y doloroso,[19] e inviertes una gran cantidad de tiempo y energía emocional antes de que el intenso esfuerzo de búsqueda dé paso a la realidad, y el juego de espera de tu mente finalmente termine. Debes aceptar la realidad de tu pérdida, no solo racionalmente (por lo general con bastante facilidad) sino también en los niveles psicobiológicos, incluidos aquellos que se encuentran detrás de tu conciencia,[20] antes de que este estado de vigilancia comience a disminuir.[21] El segundo ejercicio de *Akeru* te ayudará a hacer esto.

DESGASTADO, MISERABLE Y DEPRIMIDO

Los síntomas del síndrome de abstinencia representan la etapa dos de tu trauma por separación, una continuación de tu angustia psicobiológica que comenzó con un rompimiento. La abstinencia cobra su cuota con el tiempo, desgastando y agotando los suministros de energía.

«Tuve problemas para arrastrarme al trabajo», comentó Roberta. «Tenía una sensación de vulnerabilidad horrible todo el tiempo, como si algo malo que estuviera programado fuera a suceder en cualquier momento. Estaba estresada y lista para caer. Incluso pensé que podría tener el síndrome de fatiga crónica o mononucleosis, o alguna otra enfermedad misteriosa. Pero mis análisis de sangre dieron negativo».

La pérdida continua del apetito, el insomnio intermitente, la hipervigilancia, la implacabilidad y la búsqueda de tu pareja perdida son todos signos de estrés postraumático.[22] Muchos informan haber tenido también sueños intensos que los dejan llenos de ansiedad o de profunda desolación al despertar.[23] Experimentar uno o todos estos síntomas no significa que vayas a desarrollar un caso completo de *trastorno de estrés postraumático*. El cuerpo está dotado de mecanismos de autocorrección (mediados por la corteza frontal izquierda),[24] y muchos de estos síntomas desaparecerán. Mientras tanto, la experiencia puede ser abrumadora.

LA ETAPA DE SÍNDROME DE ABSTINENCIA ES POSTRAUMÁTICA[25]

El abandono no es como un accidente automovilístico del cual uno comienza a recuperarse inmediatamente. Es más como pasar semanas o meses en un campo de batalla, bajo un ataque constante. Las repercusiones dolorosas de tu pérdida se sienten una y otra vez siempre que tu recelosa amígdala activa la liberación de hormonas del estrés.

El abandono plantea una complicación adicional: la reapertura de viejas heridas. Para aquellos que vivieron algún tipo de separación en la infancia, pasar por la etapa de abstinencia significa lidiar con las reverberaciones emocionales de las heridas recientes y pasadas de manera simultánea. Estas se fusionan en un prolongado estado de emergencia emocional,[26] un tiempo tumultuoso e intenso de gran estrés.

Como dijo Richard: «Estamos rodeados de sangre, violencia, muerte y desmembramiento de nuestra vida».

Al escuchar esto, Keaton bromeó: «¿No crees, Richard, que eso es un poco sutil?».

Tu relación perdida ayudó a regular muchas funciones psicobiológicas. Es casi imposible decir cuántos aspectos de tu salud hormonal y emocional dependían de ella, ya que gran parte de esto sucedió detrás de tu atención consciente. Pero, de hecho, te había entrelazado con esa persona de maneras complejas.

La relación cumplía con innumerables necesidades que te ayudaban a mantener tu estado de equilibrio. Incorporaste a tu ser querido en tus pensamientos y planes e hiciste innumerables ajustes en tu comportamiento para lograr una relación lo más equilibrada posible.

A medida que tu apego se fue formando con el tiempo, lograste lo que los investigadores llaman un *estado de sintonía*.[27] Estar en sintonía significa que tus pupilas y las de tu pareja se dilaten en sincronía, hacen eco de los patrones del habla, los movimientos e incluso los ritmos cardíacos y electroencefalográficos. Como pareja, funcionaron como un sistema mutuo de biorretroalimentación, estimulando y modulando los biorritmos de cada uno.

Incluso se habían acostumbrado a las *feromonas* del otro, sustancias químicas que los seres humanos (y otros animales) emiten al aire.[28] Un pequeño órgano dentro de la nariz humana (el órgano vomeronasal) detecta su presencia. Este órgano es distinto del órgano olfativo para la olfacción. La detección de las feromonas mutuas representa un sexto sentido que se ha encontrado para regular los ciclos menstruales y desempeñar una función en la atracción humana. No hace falta decir que tu relación mantuvo tu bienestar social, emocional y *físico* en todos los niveles.[29]

Ahora que la relación ha terminado, los diversos procesos que esta ayudaba a regular están en desorden. Es durante la abstinencia cuando los efectos comienzan a expresarse de forma acumulativa, creando una sensación de agitación creciente.

Es difícil aislar la manera como se ve afectado un solo sistema del cuerpo, ya que los sistemas corporales interactúan para formar una red compleja. He intentado hacerlo con el sistema opioide del cerebro (se ha encontrado que la angustia por separación conduce a una reducción de ciertos opioides y a síntomas de abstinencia similares a los de la abstinencia de la heroína) y con las hormonas del estrés (que afectan el apetito, el sueño y otros estados de alerta y preparación para la acción). Pero, de hecho, las hormonas del estrés también influyen en muchas otras funciones, como el sistema inmunológico, el proceso de crecimiento, el envejecimiento, la memoria, los niveles de energía y los estados de ánimo. La excitación sostenida de la respuesta de lucha o huida del cuerpo está asociada a la ansiedad. En personas diagnosticadas con depresión se encuentran niveles más elevados de las hormonas del estrés glucocorticoides y CRF.[30]

Los niveles hormonales, de neurotransmisores, opioides y otros bioquímicos por lo general vuelven a los valores iniciales a medida que se avanza en las etapas de recuperación.[31] Mientras tanto, no te queda otra opción que lidiar con el estado de excitación sostenida de tu cuerpo, junto con los desafíos prácticos que enfrentas. No es de extrañar que estés temporalmente agotado, estresado, que te sientas miserable y deprimido.

Durante la etapa de abstinencia, luchas en una batalla mental agresiva y enorme, usando tanta energía como si realmente estuvieras luchando con un enemigo poderoso.

ASUNTOS INCONCLUSOS DEL PASADO

EL NIÑO INTERIOR ABANDONADO

Cuando estaba pasando por mi propia etapa de abstinencia, descubrí que ninguna de las publicaciones profesionales y de autoayuda que había leído a lo largo de los años describía la intensidad emocional de mi experiencia. Me di cuenta de que tendría que escribir mi propia historia para llegar a lo más profundo de esta crisis emocional única. Lo que salió de mis esfuerzos fue una historia titulada *Black Swan* (Cisne negro). Esta fábula adulta describe a una niña que ha sido abandonada en una roca.[32] Representa mi propio abandono, así como los ecos de todas mis pérdidas pasadas. Está imbuida de todo lo que aprendí a lo largo de años de trabajo con niños que vivían la agonía intensa del abandono, así como de las verdades emocionales compartidas por los muchos sobrevivientes de abandono adultos que he conocido y con los que he trabajado.

La fábula representa una amalgama de esas experiencias y contiene 12 lecciones de recuperación a partir del abandono. Comencé a compartir esta historia personal con mis clientes adultos y descubrí que resonaba con ellos. La publiqué y se ha convertido en un elemento básico de mi trabajo. La siguiente es una sinopsis de *Black Swan*.

Una niña va de paseo por el bosque con su padre. Se encuentran con una enorme roca posada sobre un arroyo de una pequeña isla. El padre levanta a la niña sobre la roca y le promete que recogerá algunos arándanos para el almuerzo.

«No tardes», suplica la niña, mientras observa a su padre desaparecer en el bosque. Después de un tiempo, se pone frenética y lo llama, pero él no regresa. Pasa la noche encima de la roca, inmovilizada por el miedo.

A la primera luz de la mañana, ella se arriesga a caer de la roca para adentrarse en el denso bosque en busca de su padre, que se había marchado de allí para morir.

La narración de historias apela a la imaginación, la creatividad y los poderes curativos contenidos en todos nosotros. Cada uno de nosotros ha sido esa niña en la roca. Las circunstancias de su niñez tal vez no hayan sido tan dramáticas como las del personaje de la niña, pero sus sentimientos pueden haber sido igualmente intensos.[33] Todos nosotros hemos tenido que bajar para encontrar nuestro propio camino fuera del bosque.

Mantener la imagen del niño abandonado en nuestra mente ayuda a recuperar la parte necesitada, indefensa, asustada de nosotros mismos y a reconocer los sentimientos que casi todos hemos olvidado o negado.

La abstinencia de Alma

«No era consciente de ello en aquel entonces, pero pasé por el síndrome de abstinencia cuando era niña», refirió Alma. «Mi madre volvió a trabajar de tiempo completo después de que mi padre murió. Su empleador sabía que tenía una hija, pero de todos modos la mantenían trabajando muchas horas. Regresaba a casa agotada y yo estaba hambrienta, sola y aburrida, esperándola».

«Cuando mi padre aún vivía, solíamos pasar tiempo juntos, ir a lugares. Yo era el centro de atención. Pero todo eso terminó. La pérdida me afectó de una manera que no tenía ni idea. Yo era solo una niña tratando de llenar el tiempo en espera de algún contacto humano, de que alguien se llevara mi vacío. Mi madre regresaba a casa del trabajo con el ceño fruncido, traía una pizza o preparaba un tazón de cereal para cenar. Luego se iba a la cama, yo iba a mi habitación y miraba las paredes».

«Con el tiempo, mi madre se volvió a casar y muchas cosas cambiaron, pero estar sola, esperándola, esos son los recuerdos que me vienen a la mente ahora que mi Jacob se ha ido».

Al igual que Alma, tú puedes encontrarte volviendo a tener sentimientos de soledad, frustración y necesidad emocional que se derivan de tiempos anteriores a tu pérdida.

En el capítulo anterior describí los sucesos de la infancia que a veces crean heridas que se vuelven a abrir durante la etapa de rompimiento. Lo que sigue son las pérdidas en la infancia que tienen más probabilidades de resurgir durante la abstinencia. La mayoría de ellas describen momentos en que las personas con las que contábamos para obtener amor, atención, orientación y cuidado eran inaccesibles emocional o físicamente.

ESCENARIOS DE ABSTINENCIA EN LA INFANCIA[34]

- Enfermedad de uno de los padres.
- Muerte de un familiar cercano, uno con el que contabas para recibir atención y apoyo emocional.
- Pérdida de un abuelo amado.
- Los padres preocupados por pelear, discutir o su divorcio.
- Una tragedia en la estructura familiar: el padre o la madre se mudan.
- Hermano mayor **(que ha sido un defensor**, un modelo a seguir o un protector) **se va de casa**.
- Adicción al trabajo de uno o ambos padres.
- Alcoholismo en el sistema familiar.

- Familia caótica: a veces, cuando más se les necesitaba, uno o ambos padres estaban distraídos.
- Mudarse: romper lazos sociales, ser un niño nuevo en la cuadra una y otra vez.
- Inversión de papeles: tú te ocupabas de las necesidades emocionales de tus padres, y no al revés.
- Padres que lidian con conflictos o aflicciones prolongados; te abandonaron emocionalmente.
- Depresión o enfermedad mental en la familia.
- Nacimiento de otros hermanos, lo que te relegó a un segundo plano emocional.
- Muerte o enfermedad de un hermano, lo que absorbió toda la atención de los padres.
- Padres cuyo comportamiento se define como egocéntrico, narcisista, trastorno límite de personalidad o insensible.

Es posible que estos y otros sucesos hayan hecho que te sintieras privado de la atención y el cuidado que necesitabas. Algunos de ellos pueden haber dejado una huella profunda en tu memoria emocional.[35]

Los investigadores han encontrado que la separación de los animales recién nacidos de sus madres, incluso por un breve período, crea cambios bioquímicos que tienen efectos de por vida en el cerebro del animal.[36] Los bebés separados de sus madres muestran cambios significativos en la estructura y función del *locus ceruleus*, una estructura que también se encuentra en el cerebro humano. Cuando estos animales alcanzan la edad adulta, el órgano está subdesarrollado y produce menos norepinefrina. La norepinefrina es uno de los mensajeros químicos (neurotransmisores) que ayuda a regular el estado de hipervigilancia del cerebro durante una amenaza percibida. También desempeña un papel en la ansiedad y la depresión.

Un estudio siguió a un grupo de monos macacos bebés a los cuales separaron de sus madres de forma intermitente e impredecible durante un período de meses.[37] Cuando adultos, respondían a situaciones nuevas con comportamientos que se parecen mucho a la ansiedad y la depresión humanas. El investigador Myron Hofer los describe juntando sus manos y sentándose en posiciones encorvadas pasivas. Creaban una atmósfera de tensión dentro del grupo y no estaban interesados en explorar sus alrededores.

En contraste, los monos del grupo de control [que se separaron de sus madres sobre una base rítmica y predecible (en otras palabras, los monos sabían qué esperar)] no exhibían comportamientos ansiosos o de depresión en ambientes novedosos cuando adultos. El trabajo de Hofer apoya los extensos estudios anecdóticos en humanos que muestran que los traumas de separación en la infancia suelen conducir a cambios duraderos. Estos niños crecen y se convierten en adultos que tienden a estar ansiosos en situaciones nuevas y tienen problemas para formar apegos seguros.

REPERCUSIONES POSTRAUMÁTICAS

Ya sea que tengas o no recuerdos vívidos de tus pérdidas o separaciones anteriores, desarrollaste patrones de comportamiento (defensas automáticas) diseñados para enfrentarlos. En el capítulo anterior sobre el rompimiento, examinamos los patrones de comportamiento que indicaban el trauma posterior a los abandonos de la infancia. Ahora vamos a concentrarnos en los patrones de tu vida adulta que pueden haber surgido de momentos en los que te sentiste privado de necesidades importantes.

PATRONES DE ABSTINENCIA EN ADULTOS

Problemas de dependencia y codependencia

Para algunas personas, la abstinencia infantil afectó cómo se relacionaban con quienes les ofrecían apoyo emocional, los tipos de dependencias que formaron y la calidad de sus relaciones. Es posible que hayan buscado a otros para llenar su vacío emocional, para aliviar sus sentimientos de soledad y frustración. Muchos reportan sentir un vacío crónico.

Solo éramos mi madre y yo, explicó Richard. Mi padre se fue antes de que yo naciera; nunca lo conocí. Me aferré a mi madre; hacía todo lo posible para mantener su atención constante. Cuanto más intentaba ella ignorarme, más intentaba yo llamar su atención. Siempre me pedía que saliera a jugar, que la dejara en paz. «Ve y haz algo útil con tu vida», me decía.

Pero a pesar de que era bueno para los deportes y había muchos niños en la cuadra con quienes jugar, regresaba a la casa para estar dondequiera que estuviera mi madre.

Nunca me di cuenta de que esto era un problema hasta que el consejero escolar pidió vernos a mi madre y a mí. Yo me había convertido en un chico con serios problemas de conducta en la escuela, no me concentraba en mis tareas, me distraía fácilmente, no seguía las instrucciones, ese tipo de cosas. Finalmente, el consejero señaló que yo estaba solo en la escuela, que tenía problemas para estar lejos de mi madre. «¿Lo estoy? ¿Los tengo?», respondí. No tenía ni idea.

Creo que estar cerca de mi madre y volverla loca era realmente todo lo que tenía en cuanto a seguridad, familia, vida emocional. Así que, en abstinencia, siempre estaba demasiado angustiado para concentrarme en la escuela o centrar mi energía en cualquier otra cosa.

La necesidad de automedicarse

Muchos sobrevivientes del abandono que pasaron por momentos de abstinencia infantil desarrollaron la necesidad de encontrar conductas para reconfortarse a sí mismos. Estos patrones los llevaron a comer, beber, comprar, trabajar y complacer a otros en exceso, así como a otras formas de gratificación personal diseñadas para mitigar su hambre emocional.

«Cuando era adolescente», informa Bárbara, «no me cansaba nada: amigos, novios, zapatos, ropa, aretes, fiestas, conversaciones, sexo, refrescos, helados. Yo era una gran consumidora compulsiva de todo. En la universidad, me endeudé seriamente por comprar mercancía de Macy's. Creo que todavía estoy pagando esa deuda. Pero cuando me casé con Howard, finalmente me sentí motivada a poner un alto. Era hora de tomar el control».

«Pero ahora tengo esos viejos sentimientos de aislamiento y soledad otra vez, los que solía intentar llenar con todo eso. Doy vueltas por el centro comercial, sintiéndome perdida y aturdida, sin saber qué más hacer conmigo misma».

Preparándose para volver a ser abandonado

Por mucho que intentes evitarlo conscientemente, podrías estar involucrándote en relaciones que se parezcan a las de tu infancia. Esto es lo que Freud llamó *compulsión a la repetición*.

Muchos sobrevivientes del abandono han aprendido a aceptar como normales aquellas relaciones que nunca les brindarán el apoyo que necesitan. Algunos pueden haberse conformado con un compañero de vida que les ofrece muy poco en cuanto a gratificación emocional. Tú eres quien más se entrega y eres más tolerante, y a cambio obtienes muy poco, más allá de la crítica y la distancia emocional.

Los viejos sentimientos familiares de que *simplemente no eres suficiente como persona* aún persisten. Sin querer, has recreado los escenarios de tu infancia. La dinámica es la misma, e incluso algunos de tus comportamientos son los mismos; solo la utilería y los participantes han cambiado.

Patricia es un ejemplo. Cuando Patricia era niña, a su madre le diagnosticaron esclerosis múltiple y quedó confinada en su habitación la mayor parte del tiempo, no tanto por su debilidad física sino porque estaba muy deprimida por la enfermedad crónica. Si bien aún podía moverse, se perdió las obras de teatro y los conciertos escolares, así como las ceremonias de graduación de Patricia. A medida que la EM avanzó, Patricia se hizo cargo cada vez más del cuidado de su madre y pasaba cada vez menos tiempo con sus amigos o participando en actividades escolares.

El padre de Patricia había dejado a la familia años antes del diagnóstico de su madre y hacía tiempo que había formado una nueva familia. Cuando Patricia se acercó a él para pedirle apoyo emocional, se retiró sintiéndose como una de las sobras, como si ella hubiera abusado de su tiempo.

Patricia siguió cuidando a su madre y nunca fue a la universidad, a pesar de sus excelentes calificaciones. A los 18 años, consiguió un trabajo en una compañía de seguros y, a los 19, después de que su madre murió, se casó con Barry, quien había sido su ídolo romántico en la preparatoria. Barry era un atleta estrella, popular y muy parrandero. Diez años después de contraer matrimonio, Barry era un alcohólico que apenas tenía trabajo.

«Poco tiempo después de habernos casado», comenta Patricia, «me di cuenta de que su manera de beber estaba fuera de control. Comenzó a llegar tarde, borracho y actuando de forma ofensiva. Tanto así que todo lo que tenía que hacer era verlo alzar una bebida, y me sentía traicionada y abandonada de nuevo».

A medida que su alcoholismo avanzaba, Barry se convirtió en un fantasma que despertaba las necesidades de amor y cercanía más profundas de Patricia, pero no podía satisfacerlas. (Este es un ejemplo de la paradoja simbiótica de la que hablé en el capítulo 2; Patricia se sentía más dependiente cuando Barry la rechazaba).

«La parte patética de esto», dice Patricia, «es que dejé que este patrón continuara. Finalmente empecé a ir a Al-Anon, lo cual me ayudó. Aprendí a manejar mejor la situación y a hacer algunos cambios. Los viejos sentimientos de abandono todavía estaban allí, un dolor constante y persistente. No fue hasta que empecé la recuperación a partir del abandono cuando comencé a salir de la abstinencia del amor y aprendí cuáles eran mis necesidades reales y cómo atenderlas».

Lagunas mentales

Muchas personas son capaces de percibir la huella emocional de experiencias anteriores en sus patrones. Pero cuando tratan de recordar qué los condujo a ellos, encuentran grandes lagunas en su memoria. ¿Por qué parece que olvidamos algunos de los momentos más traumáticos de nuestra infancia?

Mi novia rompió conmigo hace más de un mes, relata Sanford, y realmente estoy teniendo problemas para sobrellevarlo. Este abandono se siente como algo viejo, como algo pútrido que se ha estado descomponiendo dentro de mí durante años. Estoy seguro de que debe remontarse al hecho de la muerte de mi madre cuando yo tenía 3 años, pero no recuerdo nada al respecto.

Mi abuela me dijo que mi madre estaba totalmente dedicada a mí. Supuestamente, yo gritaba cada vez que mi madre intentaba dejarme con una niñera. Supongo que odiaba estar separado de ella. Su muerte debe de haber sido bastante traumática, pero no lo recuerdo, ni a ella, excepto por su fotografía.

Mi padre me cuidó después de que ella murió y, según se dice, estuvo como ido durante mucho tiempo. Al parecer, tuvo que contratar varias niñeras, una tras otra, porque yo las sacaba de quicio. Supongo que era difícil de tratar, me desquitaba con todo el mundo.

Debo de haberme sentido asustado de que mi madre ya no estuviera, pero no recuerdo nada de eso.

La dificultad para recordar el pasado es una frustración enorme. Los sentimientos conocidos de vacío, ansiedad, miedo y pánico aportan una intensidad emocional que parece estar fuera de proporción con el suceso reciente. Sin embargo, tal vez no recuerdes ningún suceso anterior decisivo. Quieres darle sentido a la intrusión del pánico y dominar tus emociones. «Siento como si me hubieran amputado grandes fragmentos de los recuerdos de mi infancia», comentó Sanford.

¿Qué explica estas lagunas en los recuerdos infantiles?

Minilección sobre la memoria. Estudios recientes han demostrado que las hormonas del estrés desempeñan un papel importante en la formación de recuerdos y los lapsos que hay en ellos.

Primero haremos un repaso de nuestra minilección de ciencia sobre el cerebro emocional. ¿Recuerdas el *hipocampo*, la pequeña estructura en forma de caballito de mar dentro del cerebro emocional? A diferencia de su compañera, la amígdala, que controla la manera en que formamos las respuestas emocionales, el hipocampo[38] registra los detalles del recuerdo del suceso real: el hecho de que estabas en un automóvil, que el automóvil se estrelló, que alguien resultó herido, que llegó una ambulancia a la escena, y así por el estilo. El hipocampo luego transmite los hechos a otras partes del cerebro para su almacenamiento en la memoria a largo plazo.

¿Por qué las experiencias más tempranas de la infancia son las más difíciles de recordar?

La respuesta tiene que ver con el hecho de que el hipocampo completa su desarrollo más tarde en la infancia que la amígdala. En la edad adulta, cuando vives una emergencia emocional como un abandono, se desencadenan fragmentos de memoria emocional de, por ejemplo, el nacimiento. Pero debido a que el hipocampo aún no está completamente desarrollado al nacer, no tiene un recuerdo correspondiente del suceso real, ningún contexto en el cual ubicar la memoria emocional que tiene de cómo se sintió.

Hormonas del estrés y recuerdos perdidos.[39] ¿Qué sucede con las lagunas en la memoria que ocurren *después* de que se ha desarrollado el hipocampo? Aquí es donde entran en juego las hormonas del estrés. Dependiendo del tipo, la intensidad y la duración de la crisis, las hormonas del estrés pueden aumentar la memoria o alterarla.

Ya hemos visto cómo el estrés (por ejemplo, el estrés de los abandonos de la infancia o la edad adulta) desencadena la liberación de las hormonas del estrés CRF (factor liberador de corticotropina) y ACTH (hormona adrenocorticotrópica).[40] Estas conducen a su vez a la producción de glucocorticoides. Dependiendo de la magnitud e intensidad del estrés, se ha encontrado que estas hormonas *impiden* la función de la memoria del hipocampo. Joseph LeDoux explica que las mismas hormonas del estrés *intensifican* la impresión de la memoria emocional de la amígdala e inscriben de forma indeleble las emociones del suceso en la estructura profunda del cerebro.

El resultado es que recoges el equipaje emocional pero no los detalles de dónde o cómo lo adquiriste.

Así que pruebas la psicoterapia, la hipnosis, la interpretación de los sueños, los gritos primarios y la regresión a vidas pasadas. Pero algunas experiencias simplemente no pueden recuperarse. A causa de las hormonas del estrés, la función de la memoria del hipocampo se vio afectada y los detalles del suceso nunca se registraron. Te dejan para lidiar con la ansiedad intrusiva que flota libre de su contexto. Esta ansiedad crónica es uno de los síntomas postraumáticos del abandono infantil.

El fenómeno opuesto, la memoria aumentada, también se explica por el estrés. Se ha encontrado que la adrenalina, otra hormona involucrada en la respuesta al estrés, *aumenta* la memoria del hipocampo.

«Sigo repitiendo en mi mente el momento exacto en que Gabby dijo que no iba a volver», dice Keaton. «Es como si hubiera ocurrido ayer. Todos los detalles aún están grabados en mi mente. Sigue volviendo a todo color, quiera o no pensar en ello».

Todos hemos escuchado a personas decir que pueden recordar exactamente dónde estaban cuando se enteraron de los ataques terroristas del 11 de septiembre de 2001; no solo de los sentimientos, sino de los *detalles* del contexto. Este es un ejemplo de memorias vívidas, posiblemente debido a la adrenalina que corría por nuestro cuerpo cuando nos enteramos de los ataques por primera vez.

Este factor de adrenalina puede ayudar a explicar otro síntoma común: la necesidad de dar una explicación detallada del suceso traumático. Descartar los detalles menos relevantes parece estar más allá del control del narrador.

«Cuando tengo que explicarle a uno de nuestros viejos amigos dónde está Lonny», dice Marie, «trato simplemente de hacer un resumen: "Nos separamos. Él me dejó". Pero antes de darme cuenta, estoy dando detalles de los que no había planeado hablar. Puedo ver que la otra persona se está sintiendo incómoda. Pero parece que no puedo detenerme, me involucro tanto en la historia. Es como si no pudiera presionar el botón de pausa. Me veo obligada a volver a contar los detalles de nuevo».

¿Podría la memoria aumentada cumplir una función en tu recuperación? Revisar mentalmente lo que sucedió es una de las maneras en que tratamos de dar sentido a las cosas que nos molestan profundamente. Repasamos los detalles para adaptar el suceso a nuestra perspectiva de la realidad, para obtener cierto dominio sobre el impacto emocional que este tiene sobre nosotros. Al repasar el punto central de la pérdida, recuerdas *por qué* te sientes tan fuera de control, que algo traumático sucedió *en realidad*. Normalmente, las personas tienen lagunas y recuerdos muy detallados. Es posible que tengas un recuerdo intensificado del abandono reciente y la intrusión emocional generalizada de una pérdida anterior.

Estos viejos sentimientos intrusivos sirven a un propósito en tu recuperación. A medida que las viejas heridas vuelven a abrirse, finalmente puedes abordar las necesidades, los anhelos, las frustraciones y las promesas rotas que has llevado contigo. Este es uno de los regalos ocultos de la etapa de abstinencia: poder hacer contacto con tus necesidades y sentimientos básicos. A continuación, aprenderemos cómo beneficiarnos de este proceso.

Muchos de los que han sido abandonados creen (al igual que muchos terapeutas) que, a menos que puedan recordar el pasado, quedarán atrapados para siempre con los sentimientos de sus traumas pasados. Si bien es una opinión ampliamente profesada, no es cierta. Tal vez *no* tengas una memoria de contexto de tu pasado, y la falta de ella puede ser frustrante para tu mente racional, sin duda, pero tienes una memoria emocional, y eso es todo lo que necesitas para ponerte en contacto con tu niño abandonado y beneficiarte del siguiente ejercicio de *Akeru*.

RECUPERACIÓN *AKERU* DE LA ABSTINENCIA

APRENDE A FLUIR *CON* LA ENERGÍA DE LA RECUPERACIÓN

«Sentía un tirón constante en el estómago, este dolor por Gabby», dijo Keaton. «Supongo que, si todavía hubiera estado bebiendo, habría intentado tratar el dolor con alcohol, solo para calmarme. Pero necesitaba encontrar una forma menos destructiva de apagar esta antorcha».

La etapa del síndrome de abstinencia es impulsada por la energía del apego, el impulso de vinculación. El hecho de que el objeto de tu apego ya no esté disponible para ti no significa que tu necesidad de vinculación desaparezca. Por el contrario, jala con toda su fuerza para recuperar lo que has perdido.

Durante la abstinencia, sientes la potencia de este instinto con mayor intensidad porque se está viendo frustrado. De hecho, en ningún momento es más evidente esta fuerza de apego que cuando estás en un síndrome agudo de abstinencia de amor. Por más doloroso que sea, necesitas este *tirón*. Proporciona el impulso para tu recuperación, una vez que aprendes a redirigirlo.

Cuando tu necesidad de apego se satisface, cuando encuentras un objeto, se fusiona una vez más con el fondo de tu conciencia emocional. Su energía funciona para ti, pero ya no puedes escuchar el zumbido de su motor. Cuando esta energía se ve frustrada, la urgencia no disminuirá sino hasta que encuentres algo más a lo que unirte, hasta que se reinvierta en otra parte.

«No fue hasta que me hice muy buen amigo de alguien con quien había salido en el pasado», comentó Keaton, «cuando el sentimiento desgarrador en mis entrañas me dio un respiro. Ella y yo estábamos pasando por lo mismo, y empezamos a pasar mucho tiempo juntos. Ser capaz de conectar con ella me ayudó un poco; se llevó algo de ese sentimiento. Pero solo éramos amigos, no era lo mismo que encontrar a *la* persona».

Siempre estamos buscando a una pareja ideal que satisfaga nuestras mayores necesidades. Esta búsqueda nos lleva al segundo ejercicio de *Akeru*, que está diseñado para ayudarte a encontrar a esa persona ideal. Para empezar, ese alguien eres tú. Formar una relación significativa *contigo* mismo te ayuda a dar otro paso en la dirección de la autosuficiencia y sirve de base para un nuevo nivel de conexión con los demás.

Recuerda que uno de los significados de *Akeru* se refiere al espacio vacío que se crea cuando alguien se va. Este espacio vacío genera dolor, sin duda, pero cuando sabes cómo dirigir tu energía, se convierte en un depósito de nueva vida. Tu tarea consiste en utilizar la energía del apego para satisfacer tus necesidades más íntimas: los sentimientos que surgen de tus viejas y nuevas heridas de abandono.

Nadie espera que hagas esto por ósmosis. El proceso implica un ejercicio práctico llamado *Yo Grande, Yo Pequeño* que, en incrementos constantes, crea un vehículo para la sanación emocional. La técnica es fácil; los resultados, notables.

Yo Grande, Yo Pequeño se basa en el primer ejercicio, *Vivir el momento presente*, agregando un componente importante de la atención plena llamado *bondad amorosa* (crear sentimientos de compasión hacia uno mismo y hacia los demás). *Yo Grande, Yo Pequeño* emplea los principios de bondad amorosa al hacer que la persona se involucre en sentimientos y acciones afectuosas, inicialmente hacia su propio ser emocional.

Estudios recientes muestran que la bondad amorosa, cuando se practica con regularidad, tan solo durante 7 minutos cada vez, afecta el bienestar y la función cerebral en formas adicionales a las que ya he explicado.[41] Por ejemplo, se dice que mejora el tono del nervio vago del cerebro, lo que nos ayuda a calmarnos después de estar estresados; modera la amígdala; mejora la respuesta inmune; reduce la inflamación; disminuye el dolor de espalda; facilita la sincronización de las oscilaciones (ondas gamma) que ayudan con los sistemas reguladores, y promueve la conexión social, por mencionar algunos de los beneficios que se están explorando.

La bondad amorosa también mejora tu equilibrio emocional, como vimos en el capítulo anterior. En los estudios cerebrales que utilizan imagen por resonancia magnética funcional (IRMf), Richard Davidson demuestra que cuando se pide a una persona que muestre compasión hacia sí misma o hacia otros, se activa la corteza frontal *izquierda* (asociada con las emociones positivas).[42] Participar en un diálogo enriquecedor con nuestro niño interior proporciona un nuevo nivel de sanación para el cerebro emocional.

Por consiguiente, al mismo tiempo que hacemos algo por nuestro corazón roto, estamos haciendo algo por nuestro cerebro, algo que proporciona beneficios continuos.

SEGUNDO EJERCICIO DE *AKERU*:
«CREAR UN DIÁLOGO ENTRE YO GRANDE Y YO PEQUEÑO»

Yo Grande, Yo Pequeño es el segundo ejercicio de *Akeru*.[43] Utiliza tu imaginación para redirigir tu energía de apego frustrada hacia una nueva y poderosa conexión de autocuidado. Tan desalentador como suena, el ejercicio es fácil de hacer. El éxito no requiere una comprensión esotérica de las prácticas de meditación, psicodinámica o neurociencia. Tampoco se basa en los recuerdos cristalinos de tu infancia. Dadas las dificultades de la memoria que hemos discutido, tratar de reconstruir los recuerdos de la infancia suele ser una pérdida de tiempo, esfuerzo y dinero, incluso para las almas más decididas.

Lo único que debes traer a este ejercicio son tus sentimientos. Y gracias a la amígdala, la mayoría de los sentimientos primarios de impotencia, dependencia, pena, miedo y esperanza aún están ahí, almacenados en los circuitos del cerebro emocional. Para bien y para mal, muchos de ellos se han despertado nuevamente.

La urgencia que sientes proviene de tu yo más primitivo, que está asustado, se siente solo y trata con desesperación de que su presencia sea tomada en cuenta. Tu tarea es *adoptar* a este niño abandonado, rescatarlo.

TERAPIA DE LA SEPARACIÓN

Yo Grande, Yo Pequeño te implica en un proceso terapéutico conocido como *terapia de la separación*. Paradójicamente, la separación da inicio al proceso que lleva a formar una relación cariñosa con tu núcleo emocional. La idea es separar al niño abandonado del yo adulto para que puedas satisfacer mejor sus necesidades y cuidar de sus sentimientos más profundos. Esto establece un marco de bondad amorosa. En un principio crearás sentimientos de amor hacia tu yo emocional, los cuales se extenderán luego para abarcar a los demás.

Esto lo harás al iniciar y mantener un *diálogo continuo* con tu niño interior. Mis clientes y los asistentes al taller reportaron notables cambios emocionales y de comportamiento como resultado, así que ten paciencia conmigo si alguna parte de esto te parece embarazosa o incómoda. Te guiaré paso a paso a través del proceso. El objetivo es establecer una relación de cuidado activo entre tu yo cognitivo adulto y tu núcleo emocional.

Una vez que establezcas esta relación, podrás administrar tus propias necesidades y sentimientos emocionales, sin tener que seguir buscando a tu jefe, tus amigos o tu expareja para tranquilizarte. El ejercicio te permite asumir la responsabilidad de crear tu propio sentido de seguridad, en lugar de buscarlo externamente. Aprendes a desarrollar la autosuficiencia emocional y la seguridad en ti mismo.

El diálogo entre *Grande-Pequeño* fue desarrollado por el psicoanalista Richard Robertiello y su colega Grace Kirsten. Se describe en detalle en su libro innovador, *Big You Little You: Separation Therapy*. El libro analiza las bases teóricas de las técnicas de separación, así como una guía para su uso. Lo que sigue es una versión muy abreviada y revisada del ejercicio de Robertiello y Kirsten.

Diálogo con el yo interior

Paso 1: Tu primera tarea es crear una imagen vívida de tu niño abandonado, esa parte tuya recién despertada. Recuérdate como un niño muy pequeño (de unos 4 años) y usa esa imagen para personificar tu núcleo emocional. Imagina que tú, el adulto, puedes retroceder y observar a este niño como si fuera un ser separado, parado afuera de ti. Esto permite que exteriorices a nivel cognitivo las necesidades afectivas que este niño representa y que están escondidas dentro del cerebro límbico. Robertiello y Kirsten recomiendan que te imagines a este niño parado a un metro y medio de distancia en el lado más débil. Si eres diestro, eso significa el lado izquierdo. La idea es recordar que el yo infantil es, de hecho, más vulnerable y dependiente que el yo adulto.

El niño ha estado durante mucho tiempo dentro de ti, dándote a conocer sus necesidades en forma de una ansiedad intrusiva que puede interferir en tus relaciones y en tu vida. Al crear una identidad separada para este niño, creas un contenedor seguro para tus sentimientos más profundamente ocultos, donde puedes traerlos a una mayor conciencia y finalmente atenderlos de manera efectiva.

La idea es atribuir todos tus sentimientos —aquellos de los que tienes conciencia y los que esperas descubrir— a tu yo infantil. Cuando te sientas inseguro, es el niño dentro de ti quien se siente inseguro, el niño que está desesperado por obtener aceptación y aprobación. También es el niño el que teme correr riesgos y cuya ansiedad puede liberarse de su fuente y atenuar tu estado de ánimo o abrumarte con sentimientos de necesidad. En lugar de enojarte por tener estos sentimientos (eso abandonaría al niño), tu tarea es aceptar y cuidar finalmente esta parte abandonada de ti mismo. Aprender a sentirte cómodo con (y confortar) tus sentimientos incómodos es un gran paso.

Es fundamental que evitemos culpar de nuestros comportamientos autodestructivos a los sentimientos de nuestro niño interior, sin importar lo intrusivos e incómodos que sean. Los sentimientos son involuntarios. Los sentimientos nunca son el problema; nos son *dados*. Es la manera en que los manejas lo que puede causar el problema. El autosabotaje es el dominio, no del niño *interior*, sino del niño *exterior*: el saboteador interno, oculto, que presentaré en el capítulo sobre la ira. El niño exterior, y no el niño interior, es la parte que *actúa* tu inseguridad e ira de manera inapropiada e interfiere en tus relaciones. La atribución de este comportamiento autodestructivo a tu niño exterior deja a tu niño interior en libertad de recibir todo el amor y la aceptación incondicionales.

La terapia de la separación requiere que los *sentimientos* se mantengan separados del *comportamiento* —lo interior de lo exterior— de modo que puedas dejar a tu niño interior libre de culpa de cualquier sabotaje a ti mismo que tus sentimientos puedan haber desencadenado. La idea es animar a este yo infantil a expresar todos sus sentimientos, incluso aquellos poderosamente negativos, como la desesperación y el pánico. Aceptar y administrar estos sentimientos es la mejor manera de mostrar amor incondicional hacia ti mismo. El proceso revierte el odio hacia uno mismo: una forma virulenta de abandono de sí. Aprendes a completar tu propio ciclo emocional en lugar de abrumar a otros con tus necesidades emocionales.

Paso 2: Ahora visualiza a tu yo adulto. Forma una imagen en tu mente de la persona en la que deseas convertirte.

«Me costó mucho trabajo visualizar a mi yo adulto», comentó Keaton. «No me sentía muy cómodo con él. De hecho, ni siquiera me gustaba. Me había decepcionado muchas veces».

La dificultad de Keaton es común. Muchos luchan al principio cuando intentan verse a sí mismos como un adulto fuerte y capaz, pero la ciencia reciente muestra que un esfuerzo como este vale la pena. La creación de la imagen mental del yo grande, que personifica a tu yo adulto, estimula las células cerebrales que los neurocientíficos llaman *neuronas espejo*, descubiertas recientemente.

Las neuronas espejo desempeñan funciones notables en las que se ha centrado la atención hace apenas poco tiempo. Son instrumentales en el desarrollo de la empatía[44] y el aprendizaje de nuevas habilidades. Cuando se observa a alguien haciendo algo, o se le visualiza haciéndolo, el sistema de neuronas espejo activa las mismas áreas del cerebro que se iluminarían si realmente estuvieras llevando a cabo esa acción. Permiten que el cerebro cree un facsímil neurológico, una prueba de ensayo, lo que aumenta las habilidades en esa área como si la estuvieras realizando en la realidad. Lo mismo ocurre cuando observas a alguien expresar una emoción, o cuando una persona se imagina que tiene esa emoción. El sistema de neuronas espejo se estimula y te permite experimentar esa emoción. Esto aumenta tu rango emocional y fortalece tu capacidad de empatía. Debido a la plasticidad del cerebro, esta estimulación puede promover un desarrollo neuronal significativo.

El ejercicio requiere que te visualices como un adulto más fuerte mostrando cariño y compasión hacia tu niño interior. Creas imágenes mentales de ti mismo realizando actos efectivos de autocuidado, en tu propio beneficio. A medida que practiques este ejercicio, fomentarás tu amor propio, lo que hasta ahora había pertenecido a la categoría de *es más fácil decirlo que hacerlo*. El ejercicio también tiene un beneficio práctico, ya que aumenta el conjunto de habilidades, la confianza y la preparación que requieres para al final dar seguimiento y lograr tus objetivos.

Para crear una imagen mental de tu yo adulto superior, podrías comenzar por imaginarte haciendo algo en lo que sabes que eres razonablemente bueno y luego construir a partir de allí. Keaton pudo superar sus dificultades al recordarse en una noche en la que jugaba una mano de póquer ganadora con mucho esfuerzo y se sentía confiado y competente.

Marie recordó haber hecho una lasaña una noche y servirla con confianza en una habitación llena de amigos, sintiéndose amada, centrada y dueña de sí misma. Piensa en los momentos en que sabías que estabas en tu mejor momento, eras más competente e independiente. Forma una imagen compuesta de estos recuerdos positivos, así como de tus futuras aspiraciones, que incluya todo lo mejor de ti y de la persona en que te estás convirtiendo. Imagina a este yo adulto superior atendiendo tus propias necesidades con un cuidado exquisito. Continúa haciendo agregados a esta imagen a medida que crezcas.

Paso 3: Ahora estás listo para iniciar un diálogo entre la imagen adulta de ti mismo y el niño, entre el Yo Grande y el Yo Pequeño.

Al crear una imagen de tu yo infantil y tu yo adulto potencial, has formado un triángulo. Tú, el individuo que escribe el diálogo, está en la parte superior del triángulo. El niño está en la parte inferior izquierda, y el adulto, en la parte inferior derecha. Permanecerás en la cima como un observador objetivo, donde puedes mediar en el diálogo entre estas dos figuras, entre sus necesidades más urgentes y el adulto capaz en el que puedes convertirte.

El rol para el yo adulto: El trabajo de tu yo adulto es validar los sentimientos de tu niño interior y proporcionarle todo lo que necesita: un sentido de pertenencia y amor, ser admirado y escuchado, ser liberado de la culpa y la carga. Tu yo adulto debe actuar como un buen padre para un hijo querido.

El rol del yo infantil: A su vez, el niño expresará sus sentimientos y buscará ayuda en el yo adulto. Cuando comienzas a ver a tu niño como una figura separada, este revela sus necesidades, temores, esperanzas y sueños fundamentales, muchos de los cuales han estado enterrados durante mucho tiempo. Este ejercicio está diseñado para sacarlos a la luz.

El rol de la persona: Como mediador del diálogo, estarás conduciendo una especie de juego de roles de una sola persona. Desde luego, le das voz tanto al yo infantil como al yo adulto. Cuando hables por el niño, adopta el lenguaje y la actitud de un niño. Cuando hables en nombre del adulto, adopta el lenguaje corporal de un adulto fuerte y sensible cuyo objetivo principal es ayudar al niño.

Tu tarea es ser más consciente de lo que estás sintiendo. Atribuir estos sentimientos al niño. También estás apoyando al adulto que se esfuerza por ser fuerte y emocionalmente protector de sí mismo.

Persona

Pequeño **Grande**

Diálogo diario

Para obtener el máximo beneficio de este ejercicio, al principio practícalo diariamente. A medida que el tiempo pase, consulta a tu niño interior al menos tres veces por semana, en particular cuando te encuentres con un bache emocional en el camino. Tu Yo Pequeño está allí lleno de emociones; necesita conectarse, necesita que tomes acciones positivas en su nombre.

Tu yo adulto inicia el diálogo saludando al niño calurosamente y le pregunta sobre sus sentimientos. Yo Grande extrae lo que realmente está molestando a Yo Pequeño al hacer preguntas y mostrar un interés sincero en comprender y ayudar.

Al principio, los diálogos pueden ser largos. El niño suele tener mucho que decir. Más tarde, los diálogos se vuelven más centrados y directos. Tu enfoque general es asegurar al niño que todo estará bien. Conforme expresas tus planes para hacer mejoras, la fortaleza y la confianza de tu persona adulta se refuerzan. Tu objetivo es poner a tu niño de buen humor si es posible.

Evita hacer declaraciones exageradas que no podrás cumplir. Nunca rompas una promesa a un niño, y menos a tu niño interior. Lograr que tu Yo Pequeño confíe en ti y exprese sus sentimientos es la forma más efectiva de curar sus heridas.

El diálogo siguiente es una versión condensada de uno de los primeros diálogos de Roberta:

GRANDE: ¿Qué pasa, Pequeña?

PEQUEÑA: Estoy triste.

GRANDE: Dime qué te está molestando. Quiero ayudarte.

PEQUEÑA: Creo que ayer cometiste un error en el trabajo y me temo que tu jefe se enojará conmigo. No me gusta que me griten. Estoy asustada.

GRANDE: Lamento que tengas miedo. Si mi jefe grita, me quedaré cerca de ti y eso me ayudará a manejarlo mejor. Yo te cuidaré sin importar lo que pase. De ahora en adelante haré mi mejor esfuerzo para protegerte y que el jefe no te haga sentir tan mal.

Roberta pudo mantener a su yo adulto y a su yo infantil separados en roles distintos, funcionando como dos figuras independientes. Los sentimientos de la niña han sido validados y reconocidos por la mujer adulta, que adquiere confianza y habilidades a lo largo del camino. La adulta está motivada a cambiar su comportamiento.

«Hacer este ejercicio me sorprendió», dijo Roberta. «No tenía idea de que mi situación con mi jefe estaba provocando estos sentimientos en mi interior. El hecho de escuchar a Pequeña emerger con sus sentimientos me ayudó a sentirme muy conectada, y de alguna manera más fuerte. Nada se resolvió al hacer el ejercicio, al menos no en cuanto a la manera de manejar a mi jefe. Pero sabía que algo bueno estaba sucediendo dentro. Sentí la presencia de Pequeña todo el día y me descubrí siendo más protectora conmigo misma, más dueña de mí, cuando finalmente me acerqué a mi jefe».

Este ejercicio no garantiza que terminarás el diálogo con todos tus conflictos resueltos. Entablar un *diálogo con el ser interior* no es diferente de iniciar cualquier otro tipo de diálogo; es un proceso continuo cuyo resultado está lejos de ser predeterminado.

Trabajar con el niño que llevamos dentro en realidad es apoyar el crecimiento del adulto. Al supervisar a tu niño, tus sentimientos ya no se fusionan contigo, sino que se llevan a la conciencia.

Tener compasión hacia ti mismo te permite funcionar en un nivel superior de adulto. De hecho, cuando te encuentras manejando mal una situación estresante, es porque has permitido que el niño regrese furtivamente al interior. Tu objetivo es asegurarte de que tu niño y tu adulto permanezcan en roles separados para que el yo adulto pueda supervisar sus necesidades emocionales: una buena terapia mental.

Muchos informan que al principio su yo adulto no sabía qué hacer.

«Mi niña era tan difícil, mi adulta estaba completamente perpleja», comentó Jill. Este es uno de sus primeros diálogos:

PEQUEÑA: Me siento gorda y fea, ¡y todo es tu culpa, Grande!

GRANDE: Lo siento, Pequeña. Pero realmente sé cómo te sientes.

PEQUEÑA: No me digas esa estupidez de «Sé cómo te sientes», Grande. Tú eres la que se come todo. Yo soy la que padece todo el sufrimiento. Quiero verme bien y no me dejas.

GRANDE: Eso debe de hacerte sentir triste y sola.

PEQUEÑA: Bueno, haz algo al respecto, Grande. Haz una dieta y síguela, para no tener que sentirme tan mal y tan fea.

GRANDE: Lo intentaré, Pequeña. Sé cómo te sientes.

PEQUEÑA: Olvida eso de intentarlo. Eso solo significa que nada va a pasar. Siempre me decepcionas.

GRANDE: No es todo culpa mía, Pequeña. A ti es a la que le encanta el azúcar.

PEQUEÑA: No me culpes, Grande. Siempre comes demasiado, y yo soy la que tiene que pagar por ello. ¡Te odio por engordarme!

En este caso, Jill está teniendo problemas para mantener separados los roles de Grande y Pequeña, ya que están comenzando a invertirse. Grande está empezando a actuar como una hermana enojada en lugar de una adulta protectora, y Pequeña está reaccionando a esto.

Es común dejar que las líneas entre estos roles se desdibujen cuando se está aprendiendo este ejercicio. Si el diálogo se vuelve molesto o improductivo, depende de ti, el mediador, detenerlo. Revisa los roles del adulto y del niño, y retoma el problema no resuelto más tarde, tal vez adoptando una actitud diferente con los sentimientos de Pequeño.

«No sabía cómo manejar a Pequeña», explicó Jill. «Cada vez que me acercaba a ella, se comportaba de una manera hostil y sumamente exigente. Grande era muy débil. Pero al menos descubrí que tenía mucha ira dentro, ¡ira contra mí misma! Sabía que lo único que podía hacer era continuar el diálogo todos los días. Pequeña no cambió su tono en absoluto, pero mi yo adulta se fortaleció cada vez más».

A medida que Jill continuaba con sus diálogos diarios, su capacidad para permanecer en el rol de adulta en respuesta a la actitud de Pequeña mostró una mejoría constante. Con un poco de práctica, su yo adulta asumió un rol de manera más efectiva. He aquí un ejemplo:

GRANDE: También quiero que seamos delgadas, Pequeña. Pero voy a necesitar que me hables cada vez que te sientas necesitada o ansiosa.

PEQUEÑA: ¿Qué tiene que ver eso?

GRANDE: Me importan tus sentimientos, Pequeña.

PEQUEÑA: Lo único que me importa es que te pongas delgada y bonita para no sentirme tan gorda y tan fea.

GRANDE: Exactamente, Pequeña. Y me preocupo tanto por ti y por esos sentimientos que finalmente estoy decidida verdaderamente a lograr esto por nosotras. Me ayuda cuando me lo recuerdas. Mientras tanto, voy a recibir ayuda para perder peso.

PEQUEÑA: Ya era hora de que admitieras que no puedes hacerlo sola. Eres demasiado débil.

GRANDE: Por tu bien y por el mío, me estoy volviendo más fuerte.

Obtendrás mejores resultados si comienzas escribiendo el diálogo. Escribir te ayuda a ti, la persona, a mantener los roles de Grande y Pequeño claramente definidos y te mantiene enfocado. Escribir es una forma de *actuar*, te involucra en el ejercicio de una manera más profunda, del mismo modo que tomar notas te ayuda a concentrarte en una conferencia.

Este ejercicio proporciona una buena ronda de terapia física para el cerebro. Piensa en la plasticidad del cerebro, su capacidad para crear conexiones neuronales nuevas. Al hacer que escribas sobre tus sentimientos de esta manera, el ejercicio promueve el crecimiento en diversas áreas del cerebro involucradas en la planificación ejecutiva, la codificación del lenguaje, la memoria emocional, la imaginación y el razonamiento. Estás activando tu sistema de neuronas espejo, y fortaleciendo también las redes neuronales que coordinan la emoción, la cognición y el comportamiento intencional, y activando todo un complejo grafomotor de conexiones neuronales que conducen desde el cerebro a los tendones y músculos de tu brazo y mano hasta los dedos.[45]

A pesar de la aversión que muchas personas tienen a escribir, los resultados valen la pena. Es muy diferente de la redacción de ensayos. Cualquiera puede hacerlo. Es rápido porque la idea no es reflexionar de forma crítica sobre lo que está sucediendo en la página, sino simplemente escribir la conversación rápidamente. Nadie va a leer el diálogo a menos que quieras que lo hagan; no necesita ser legible o coherente. Mientras escribes, tus sentimientos guiarán tu pluma a través de la página con presteza.

Algunas personas que han estado haciendo el ejercicio durante varios años informan que pueden realizar el diálogo en silencio, dentro de su mente. La escritura, sin embargo, implica un entrenamiento mental más riguroso.[46]

Ya sea que estés escribiendo, hablando o imaginando el diálogo, es importante evitar que las necesidades y los sentimientos del niño vuelvan a deslizarse dentro de tu inconsciente, donde pueden subvertir sus esfuerzos para convertirte en el adulto fuerte y capaz que sabes que puedes ser.

Cuando no puedas ponerte en contacto con el niño, vuelve al paso 1 y crea una imagen visual nítida del niño. Imagínalo fuera de ti y luego comienza a escribir un diálogo para extraer los sentimientos. El proceso a veces requiere mucho esfuerzo. Como cualquier padre sabe, encontrar maneras de relacionarse con un niño necesitado es un verdadero desafío. Quizá tengas que hacer uso de toda tu paciencia, pero sigue empujando suavemente, sigue haciendo preguntas y sigue mostrando cuánto te importa.

Recuerda que Pequeño puede sentirse abandonado fácilmente. Necesita sentirse atendido todo el tiempo. Eso significa hablar con Pequeño como una práctica continua.

«Encontré que mi niño estaba demasiado enojado como para compartir sus sentimientos», expuso Keaton. «Había sido descuidado durante demasiado tiempo. Pero seguí animándolo. Finalmente, Pequeño explotó:

PEQUEÑO: ¿Por qué debería decirte algo? No te preocupes por mí. ¡Solo estás haciendo un ejercicio estúpido! ¡No me has prestado atención en toda mi vida! Así que no finjas ahora que te preocupas por mis sentimientos. ¡Solo volverás a olvidarte de mí y fingirás que no existo!

GRANDE: Lamento haberte descuidado por tanto tiempo. Pero realmente quiero saber lo que estás sintiendo. Quiero consolarte. De verdad me importa. No te descuidaré esta vez.

PEQUEÑO: Ya es demasiado tarde. Nunca te hablaré.

«Desde luego que eso fue una fanfarronada», dijo Keaton al grupo. «Ahora no puedo hacer que Pequeño se calle».

La Pequeña de Marie expresó una ira parecida por haber sido abandonada.

PEQUEÑA: Me siento tan molesta, Grande. ¡Dejaste que Lonny se fuera! ¿Cómo pudiste perderlo? Es incluso peor que cuando murió mamá. Estoy sola de nuevo.

GRANDE: Sé lo mal que estás, Pequeña. Pero a pesar de que Lonny se fue, siempre estaré contigo. Nunca te abandonaré.

PEQUEÑA: Pero extraño a Lonny.

GRANDE: Lo sé, Pequeña, y yo también. Pero al menos sabes que te amo y que siempre te amaré.

PEQUEÑA: Pero no confío en ti. ¡Me dejarás de nuevo!

Recuerda que el propósito del diálogo no es resumir un problema en una conversación de dos minutos. Se trata de crear canales de comunicación abiertos que conduzcan a cambios con el paso del tiempo.

Al igual que la terapia física, este ejercicio funciona de manera gradual, fortaleciendo tu capacidad de amar y de cuidarte de manera efectiva, poco a poco. Estás fortaleciendo tu centro, realizando Pilates emocional.

«Después de hacer este ejercicio varias veces, me puse más y más en contacto conmigo misma», dijo Marie. «No comenzó como una historia de amor, pero se convirtió en una. Me siento muy cariñosa conmigo misma y más fuerte como adulta, también».

«Hubo momentos en que Pequeña se volvió realmente imposible, exigente e inconsolable, y fue cuando supe que le pasaba algo realmente importante».

De hecho, muchos clientes informan que el niño hace demandas irrazonables. Después de todo, es solo un niño, asustado de estar solo y lleno de necesidades. Depende de Grande satisfacer las demandas de Pequeño y explicarle a Pequeño con suavidad, pero con firmeza, por qué algunas cosas no pueden ser. Veamos el diálogo de Marie.

GRANDE: ¿Qué pasa, Pequeña?

PEQUEÑA: No confío en ti, Grande.

GRANDE: ¿Por qué no?

PEQUEÑA: Porque me has hecho pasar por demasiadas cosas horribles. Quiero que me prometas que nunca volverá a pasarme nada malo.

GRANDE: *Puedo* prometer que nunca más dejaré que nada se interponga entre tú y yo.

PEQUEÑA: No, Grande, quiero que me prometas que nadie me dejará de nuevo. Quiero que prometas que vas a encontrar a alguien que siempre me amará, para que nunca tenga que pasar por esto otra vez.

GRANDE: No quiero hacer promesas que tal vez no pueda cumplir, Pequeña. Si pudiera controlar estas cosas, lo haría. Pero la verdad es que no hay garantías en la vida cuando se trata de sentimientos o del comportamiento de otras personas.

PEQUEÑA: Pero quiero que me protejas de que me lastimen de nuevo.

GRANDE: Una cosa que puedo garantizarte es que nunca te abandonaré y haré lo posible para encontrar a alguien que sea leal y devoto, para ayudar a que te sientas más segura y a salvo.

PEQUEÑA: Quiero que me lo prometas.

GRANDE: Puedo prometer que no importa lo que suceda con las otras personas en mi vida, siempre te amaré. Nunca te dejaré.

Algunas personas informan que su Yo Pequeño intenta que hagan cosas que su yo infantil quiere mucho más que su yo adulto. Se convierte en una lucha de poder.

El Pequeño Keaton estaba realmente enojado conmigo porque no lo dejaba tener un perro, explicó Keaton. Por supuesto que no podía contarle a nadie más sobre esto porque sonaría como alguien con un trastorno de personalidad múltiple. Pero estábamos teniendo una pelea, el Pequeño Keaton y yo. Tenía que decirle a Pequeño una y otra vez que el dueño no permitía mascotas. Requirió mucha escritura y muchas hojas de papel convencer a Pequeño, para que se calmara.

Por supuesto, Pequeño me hizo prometer que haría otras cosas para compensarlo. Y era mejor que las llevara a cabo, o él me estaría criticando todo el día. Pequeño se ha vuelto tan real que no puedo imaginarme dándole la espalda de nuevo, temo que me mataría.

Después de hacer el ejercicio por un tiempo, el yo infantil comienza a sentirse como una presencia real, con su propia personalidad. A algunos les gusta recordar que Grande y Pequeño son simplemente imágenes; otros prefieren pensar en ellos como personas reales. Se refieren a Pequeño con todo tipo de nombres como Bobbie Pequeño (*versus* Bob Grande), o términos genéricos como *niño interior, yo interior, sentimientos básicos, yo primario* o *núcleo emocional.* Independientemente de cómo te refieras a estas figuras, después de hacer el ejercicio varias veces, los cambios profundos comienzan a tomar forma.

Marylou se involucró en la recuperación a partir del abandono para lidiar con sus viejas heridas de abandono. La acosaban sus demonios de la infancia, como los llamaba, debido a que su padre había abusado de ella sexual y físicamente, y su madre era fría, distante y severamente punitiva. Entonces Marylou comenzó a hacer el ejercicio con grandes esperanzas y expectativas de alivio. Las cosas resultaron muy diferentes de lo que ella esperaba. Después de tres semanas, Pequeña le pidió que fuera a la tumba de su abuela.

GRANDE: Está a 400 millas de distancia, Pequeña.
PEQUEÑA: Pero quiero ir. Ella es la única que nos ha amado.
GRANDE: Pero tengo que trabajar, Pequeña.
PEQUEÑA: Quiero que te tomes un descanso y me lleves allí.
GRANDE: Tal vez cuando lleguen mis vacaciones te lleve.
PEQUEÑA: No puedo esperar tanto, Grande. Quiero ir ahora. Quiero recordar cómo se sintió tener el amor de la abuela, hablar con ella. Quiero recuperar su amor.

GRANDE: ¿Qué te parece si te leo esta noche, Pequeña, o hago otra cosa que te guste? Entonces sabrás cuánto me importas. Eso es lo que realmente cuenta.

PEQUEÑA: No, quiero visitar a la abuela. La extraño, y quiero estar cerca para poder hablar con ella.

GRANDE: Pero en realidad no quiero ir a Massachusetts solo para hablar con la abuela, Pequeña.

PEQUEÑO: Quiero que lo hagas. Si te preocupas por mí, lo harás.

Marylou describió cómo Pequeña la molestaba todos los días hasta que finalmente accedió a hacer el largo viaje para visitar la tumba de su abuela. Mientras hacía los planes para el viaje, recordó que una vieja amiga de la preparatoria todavía vivía en Massachusetts, así que se puso en contacto con ella y hablaron de los viejos tiempos. Hicieron planes para reunirse para cenar.

Entonces Marylou fue a Massachusetts. Durante el viaje en auto tuvo la necesidad de escuchar a Pequeña una vez más. Pequeña le pidió que comprara algo para plantar en la tumba de la abuela. Marylou estuvo de acuerdo con esto, esperando que fuera suficiente para satisfacer a Pequeña.

En la tumba, Marylou tuvo una experiencia muy emotiva. Pequeña le recordó los momentos en que estaba acurrucada en el regazo de su abuela, sintiéndose apreciada y en paz con el mundo. Recordar esto le mostró a Marylou cómo actuar con más cariño hacia su niña interior.

Marylou se sintió agotada, pero con un sentimiento de alivio emocional y con ganas de reunirse con su vieja amiga. Juntas, planearon un viaje a Noruega, el primer viaje de Marylou al extranjero, para visitar la tierra natal de su familia.

Durante los talleres para recuperarse del abandono, los asistentes suelen centrar sus diálogos en los problemas que tienen dentro de sus relaciones. Sus parejas pueden mantenerlos a distancia, alejarse o no comprometerse. Estas circunstancias demasiado comunes provocan temores de abandono, que pueden desequilibrar la relación y ponerlos en una desventaja emocional.

El diálogo ofrece una salida inmediata de la dolorosa dinámica de estira y afloja. Comienzas con la premisa de que no es responsabilidad de nadie más hacer que te sientas seguro. Como tu pareja obviamente no está a la altura de la tarea, ahora depende de *ti*. Solo *tú* puedes hacerlo; es tu responsabilidad: de tu Yo Grande a tu Yo Pequeño. El diálogo te permite darte confianza y seguridad directamente a ti mismo, lo que deja a tu pareja fuera del círculo, lo que alivia un poco la presión. Tu nuevo poder personal crea un cambio drástico que a menudo puede darle un giro a la relación.

Después de asistir a un taller, los miembros siguen apoyándose mutuamente al crear grupos de apoyo continuo en línea.[47] Inez le envió un correo electrónico a su grupo posterior al taller Kripalu con un informe de avance:

Al llegar a casa, John estaba en su habitual desapego, actuando como si estuviera cansado de mí. Se suponía que nos reuniríamos esa noche, así que Pequeña y yo pasamos todo el día trabajando en mí y practicando cómo lidiar con John.

Cuando fui a encontrarme con él esa noche, tenía a Pequeña escondida dentro de mí como una niña amada a la que había puesto en primer lugar en mi vida. Respiramos profundo (ella y yo) y nos acercamos a John, exudando confianza y energía positiva deliberadamente. Comencé a actuar como una persona completamente calmada. Pero lo que comenzó como una actuación se hizo real y se sintió muy bien.

Podría decir que John estaba sorprendido, sin saber qué hacer con mi nueva yo. Después de un rato, comenzó a mostrar más interés. Disfruté de su compañía, pero de alguna manera logré mantenerme autónoma. Pequeña y yo tenemos que estar juntas a partir de ahora o las cosas volverán a donde estaban. Tengo que permanecer a cargo de mí misma.

Inez recibió felicitaciones de sus compañeros del grupo.

Para que sea efectivo, el diálogo debe ser una parte continua de tu vida. A medida que sigas practicando, podrás resolver los asuntos pendientes de manera gradual —las lesiones causadas por pérdidas y abandonos anteriores, así como las crisis actuales— y al mismo tiempo estarás ayudando a tu yo adulto a ser más fuerte y eficiente.

Cuando estés ansioso por tu relación, recuerda que la inseguridad no tiene que ver con una ruptura entre tú y tu pareja, sino con la ruptura entre tu Yo Grande y tu Yo Pequeño. El diálogo corrige el problema desde sus raíces. Es la forma más rápida de calmar la ansiedad y fortalecer al yo adulto para que sea emocionalmente autosuficiente y asuma el control.

Este ejercicio de *Akeru* no intenta eludir el dolor del abandono, sino que trabaja *con* él, utilizando el poderoso impulso hacia el apego del síndrome de la abstinencia para formar un vínculo entre tu yo adulto y tu yo infantil. En lugar de distraerte de estos sentimientos, este ejercicio los utiliza como combustible para el crecimiento. Conforme fortaleces a tu yo adulto y satisfaces las necesidades de tu niño, has dado un paso gigantesco en la dirección de convertirte en una persona emocionalmente sana y autosuficiente.

La terapia de separación funciona. No es difícil de aprender, y en el camino te conviertes en tu propio terapeuta y mentor. Y funciona para todos. Todos tenemos un niño que a veces necesita validación y cuidado.

RESUMEN DE LA ABSTINENCIA

La abstinencia es cuando todas las conexiones con nuestro amor perdido se rompen. Intentamos avanzar con cables sueltos colgando, expuestos y con chispas. Estábamos tan medicados por la relación, que no nos dábamos cuenta de lo intrincadas que se habían vuelto nuestras conexiones. Solo ahora podemos distinguir cuáles de los cables son parte de una conexión saludable con nuestro ser querido y cuáles se basaban en el miedo o la necesidad excesiva de complacer. A medida que sanamos, probamos los cables sueltos por medio de la búsqueda espiritual, terapeutas, padrinos o madrinas, amigos y encuentros de prueba con personas nuevas. Con el tiempo, descubrimos las conexiones con una verdadera nutrición y relaciones saludables.

Nuestros sentimientos básicos, la parte más antigua y perdurable de nosotros mismos, están despiertos y vivos. Todo lo demás es arrancado. El niño en la roca clama por lo que se ha perdido. Es este niño el que siente el doloroso desgarre en los tejidos del apego, la frustración y la intensa necesidad de reconectarse. Cuando le damos voz al niño, finalmente podemos supervisar las necesidades, los temores y los anhelos más íntimos de nuestro ser. Revertimos el autoabandono. Al mantener al niño libre de culpa por nuestros actos de autosabotaje y aceptar todos sus sentimientos, inculcamos el amor propio incondicional.

Durante la etapa del abandono, somos como el pollito sin su cascarón, todavía húmedo, frente al mundo, sin cubierta protectora. Es la prueba definitiva de supervivencia. Estamos libres de los vínculos restrictivos de seguridad. Ya no estamos sedados por nuestras relaciones anteriores, emergemos desnudos y vivos, con nuestras necesidades expuestas y nuestros sentimientos puros, para forjar nuevas conexiones.

La abstinencia es cuando te conviertes en ti mismo por primera vez. Es la individuación.

NOTAS

[1] Jaak Panksepp afirma que las «principales características de la adicción a los narcóticos... dependencia, tolerancia y abstinencia» son sorprendentemente similares a las de la vinculación social, «específicamente los sentimientos de apego, alienación/destete y angustia de separación que surgen de la desconexión de los vínculos sociales». En Panksepp, Nelson y Bekke-

dal, «Brain Systems for the Mediation of Separation Distress and Social Reward», p. 82. Con respecto a la angustia de la separación, afirma: «Ningún otro comportamiento se modifica de manera tan poderosa y consistente por las bajas dosis de agonista del receptor de opiáceos». En Panksepp, Siviy y Normansell, «Brain Opioids», p. 6. Myron Hofer dice que las ratas emiten un grito de socorro cuando están totalmente aisladas. Cuando la madre escucha el grito, llega a la jaula y lame a la cría, y el llanto de angustia se apaga. Pero si se inyecta a la cría de rata con un bloqueador de opioides (naloxona), lamer no detiene el llanto. Es el opioide secretado por el acto de lamer lo que calma el estado de angustia, no el lamer en sí. Véase Hofer, «Hidden Regulators», p. 23. Véase también Benton y Brain, «The Role of Opioid Mechanisms».

[2] Baumeister sugiere que el dolor a menudo toma la forma de una depresión particularmente severa: «no [solo] como una reacción a la pérdida de la persona sino como una reacción a la pérdida de un *vínculo* con otra persona». Véase Baumeister y Leary, «The Need to Belong».

[3] Véase Vormbrock, «Attachment Theory as Applied to Wartime and Job Related Marital Separation».

[4] Véase Robertiello, *Hold Them Very Close, Then Let Them Go*.

[5] Una relación primaria ayuda a regular muchos factores psicológicos y fisiológicos ocultos. Estos «reguladores ocultos» se almacenan en la memoria como «representaciones mentales que se construyeron originalmente sobre interacciones de la primera infancia que habían sido reguladoras en términos del funcionamiento de todo el sistema». En Hofer, «Hidden Regulators», p. 222.

[6] El enigma del estrés que causa un aumento o disminución del apetito se discute en Sapolsky, *Why Zebras Don't Get Ulcers*. Consúltese también la sección «Pérdida de peso» en el capítulo 3 de este libro.

[7] Véase Restak, *Brainscapes: An Introduction to What Neuroscience Has Learned about the Structure, Function and Abilities of the Brain*.

[8] Véase Winnicott, «The Capacity to Be Alone».

[9] Colin, *Human Attachment*, p. 294.

[10] Este término me lo presentó Dexter Griffith Jr., mi hermano y consultor de autoconciencia.

[11] Ser abandonado puede parecerse a la condición de «impotencia aprendida». Los animales que han estado expuestos a factores estresantes incontrolables tienen problemas para hacer frente a otro tipo de tareas posteriores, como competir por alimentos. En esto, pueden compartir muchas de las mismas características que los seres humanos cuyas vidas han sido estresadas por «estar fuera de control». Sapolsky, *Why Zebras Don't Get Ulcers*. Véase Seligman, *Helplessness: On Depression, Development and Death*.

[12] Jaak Panksepp especula sobre futuros medicamentos psiquiátricos para afecciones de soledad (que van desde «la depresión inducida por pérdida, hasta la desesperación de la soledad cotidiana»). «El desarrollo de un ligando oralmente efectivo (un agente neuroquímico que se adhiere a los receptores neuronales) para los receptores de oxitocina (asociados con los vínculos sociales) en el cerebro debería ser un poderoso alivio de la soledad y otras formas de angustia por separación, al igual que los opiáceos son eficaces, pero sin las características adictivas clínicamente problemáticas de los narcóticos». Nelson Panksepp y Bekkedal, «Brain Systems», p. 85. Véase también Andre, *Positive Solitude*, y Storr, *Solitude: A Return to the Self*.

[13] Véase Sapolsky, *Why Zebras Don't Get Ulcers*, cap. 7.

[14] La hormona adrenocorticotrópica (ACTH) actúa como un bloqueador natural de los opioides. Los opiáceos como la heroína, la morfina y la metadona disminuyen la libido, retrasan la eyaculación y contribuyen a la impotencia en los hombres. Esto podría explicar por qué el estrés en que se incurrió durante la crisis de abandono (con mayores niveles de ACTH), al bloquear el efecto opioide, puede inducir una mayor expresión sexual. Véase Serra, Collu y Gessa, «Endorphins and Sexual Behavior».

[15] Además del anhelo generalizado y el deseo de estar en abstinencia sexual, muchos sobrevivientes del abandono expresan el deseo de practicar sexo oral con sus exparejas. La separación es una crisis emocional lo suficientemente poderosa como para reactivar los recuerdos emocionales relacionados con la amígdala, que provocan que una persona vuelva a experimentar algunas de sus primeras necesidades instintivas, que incluyen el reflejo de succión. La succión del bebé involucra la lengua, los labios y el borde interno de la boca, todas estas áreas son sumamente táctiles. El reflejo de succión es innato y ayuda a iniciar el vínculo entre el bebé y su cuidador. El bebé mama el seno de la madre y ella, a su vez, siente el alivio de su seno hinchado y los placenteros estímulos asociados con la experiencia. Es esa unidad sublime lo que anhelamos a lo largo de nuestra vida y lo que más nos falta cuando estamos pasando por el abandono. El componente de la fantasía sexual oral es solo un aspecto del problema más amplio del anhelo físico. El reflejo de succión se establece prenatalmente, como se sugiere en Smotherman y Robinson, «The Development of Behavior before Birth». Consúltese también a Wolff, «The Serial Organization of Sucking in the Young Infant».

[16] Sapolsky explica el impacto de las hormonas del estrés en el apetito y la pérdida de peso en *Why Zebras Don't Get Ulcers*. Herbert Weiner describe la «secreción rítmica de corticosteroides en humanos... [con] cinco a siete explosiones de cortisol [hormona del estrés] durante un período de 24 horas». Explica que «los corticosteroides se secretan durante experiencias específicas, a menudo en situaciones que amenazan la vida [o la percepción de, como en el caso del abandono], así como en situaciones experimenta-

les en las que la descarga eléctrica impredecible o incontrolable [que es análoga al dolor por abandono] es inevitable». Véase Weiner, *Perturbing the Organism*, p. 207. A saber, el sentimiento de «no tener control» y «devastación ineludible» es comúnmente reportado por los sobrevivientes del abandono.

17 Bowlby, *Loss: Sadness and Depression; Attachment and Loss, III.*

18 Véase Sapolsky, *Why Zebras Don't Get Ulcers*, y Goleman, *Emotional Intelligence.*

19 Véase Kübler-Ross, *On Death and Dying*; Bowlby, *Loss: Sadness and Depression; Attachment and Loss, III*; Ainsworth, «Attachments and Other Affectional Bonds across the Life Cycle»; Colin, *Human Attachment.*

20 Según Myron Hofer, el duelo implica la pérdida de la «imagen mental de la persona». Hay «varios cambios cognitivos y físicos en el duelo [que] son sorprendentemente similares a los observados en la privación sensorial aguda». Véase Hofer, «Hidden Regulators», p. 222.

21 La hipervigilancia está mediada por la norepinefrina, «cuyo papel es inhibir la actividad neuronal de fondo en las áreas sensoriales de la corteza para que si se produce un estímulo [una amenaza], la relación señal-ruido aumente y las neuronas sensoriales sean más propensas a responder a la [amenaza]». Véase Kagan, *Galen's Prophecy*, p. 52.

22 Pert, *Molecules of Emotion*, p. 143.

23 Los abandonados informan que tienen sueños con temas de ilusiones en los que el objeto perdido regresa, así como una cascada de otros sentimientos intensos (miedo, pérdida, tristeza, excitación sexual, anhelo emocional, sensación de fatalidad inminente, pánico) asociados con el abandono, todo lo cual se desarrolla en la extraña historia-drama del guion de los sueños. Allan Hobson analiza un patrón de electroencefalograma llamado *ondas PGO* (ondas ponto-genículo-occipitales) durante el sueño REM, que envía descargas a través de varias porciones del cerebro, y con ello estimula las áreas visuales y motoras que causan las alucinaciones características del estado de sueño. Las ondas PGO también atraviesan el sistema límbico centrado en la amígdala, y causan la alta intensidad emocional (incluido el miedo) del contenido del sueño. Su investigación parece corroborar las teorías de Carl Jung en las que los sueños reflejan recuerdos, pensamientos y sentimientos guardados en la memoria, ordenados y recuperados para relacionarse con la experiencia actual (es decir, abandono). En Hobson, *The Dreaming Brain.*

24 Robert Gossette, mi mentor de investigación, hizo hincapié en este punto; él me guio a muchos recursos primarios con respecto a los sistemas psicobiológicos citados a lo largo del texto. Véase Gossette y O'Brien, «The Efficacy of Rational Emotive Therapy in Adults: Clinical Fact or Psychometric Artifact?».

25 Las secuelas de los síntomas se analizan en Van der Kolk, McFarlane y Weisaeth, *Traumatic Stress*. Goleman, en *Emotional Intelligence*, describe la excitación prolongada posterior al trauma del sistema nervioso simpático como una desregulación del sistema límbico.

26 El estrés sostenido se explora en Sapolsky, *Why Zebras Don't Get Ulcers*, y Goleman, *Emotional Intelligence*.

27 Hofer describe las *interacciones de los reguladores ocultos* que los bebés experimentan como sincronía, reciprocidad y calor (o disonancia o frustración). Estos procesos regulatorios persistentes constituyen el *modelo de trabajo interno* de nuestros apegos y explican la respuesta de «protesta y desesperación» ante la pérdida. En Hofer, «Hidden Regulators». Nathan Fox descubrió que los niños están en sintonía con sus padres por la respuesta de la sonrisa y el ritmo cardíaco. Véase «Behavioral Antecedents of Attachment in High-Risk Infants», p. 401. Tiffany Field demostró que los niños se sintonizan de manera similar después de estar involucrados con un grupo de compañeros. Sus ritmos circadianos comienzan a sincronizarse cuando juegan juntos. Los fines de semana los ciclos se aproximan más a los ciclos de sus padres. Del mismo modo, los integrantes de una pareja desarrollan patrones concordantes de interacción: sus pupilas se dilatan (como resultado de la excitación autónoma) y sus patrones de habla también se vuelven similares. Las parejas crean sintonizaciones conductuales y fisiológicas a lo largo del tiempo, creando un balance entre equilibrio e intimidad. Véase Field, «Attachment as Psychobiological Attunement: Being on the Same Wavelength», pp. 445–448.

28 Véase Kodis, Moran y Berliner, *Love Scents: How Your Pheromones Influence Your Relationships, Your Moods, and Who You Love*, y Monti-Bloch y B.I. Grosser, «Effect of Putative Pheromones on the Electrical Activity of the Human Vomeronasal Organ and Olfactory Epithelium».

29 Muchos investigadores convergen en este punto. Según Hofer, la «interacción madre/hijo... [es] reguladora de varios sistemas». Véase Hofer, «Hidden Regulators», p. 209. Jaak Panksepp afirma que «los distintos sistemas neuronales parecen mediar la angustia por la separación». Véase Panksepp, *Advances in Biological Psychiatry*, p. 269. Paul McLean sugiere que el sistema de afiliación/apego se encuentra dentro de la circunvolución cingulada. Véase McLean, *The Triune Brain in Evolution*, p. 8.

30 Tres neurotransmisores están más asociados con la depresión: la norepinefrina (NE) está involucrada en despertar el sistema de autodefensa de tu cuerpo y mantener su elevado estado de vigilancia. Subjetivamente, experimentas esto como ansiedad y agitación. La NE se agota por situaciones estresantes y el resultado es depresión mezclada con ansiedad. La dopamina es un neurotransmisor conocido por mediar en el sistema de recompensa y placer del cerebro, y se cree que se ve afectado tanto por el miedo como por el dolor. La serotonina se asocia con la autoestima, el estado de ánimo y la angustia emocional.

Véase también Flach, *The Secret Strength of Depression*; Pert, *Molecules of Emotion*; Kramer, *Listening to Prozac*; Sapolsky, *Why Zebras Don't Get Ulcers*; Beck, *Anxiety Desorders and Phobias*; Healy, *The Antidepressant Era*. Véase también Marano, «Depression: beyond Serotonin».

[31] Véase Weiss, «Stress-Induced Depression: Critical Neurochemical and Electro-physiological Changes». Además, los efectos de la noradrenalina y la adrenalina secretada durante el estrés son contrarregulados por los opioides enkaphalin y endorfina. Véase Weiner, *Perturbing the Organism*, p. 201.

[32] Para la alegoría de la niña en la roca, véase Anderson, *Black Swan: The Twelve Lessons of Abandonment Recovery*.

[33] Otra alegoría útil del miedo y la tristeza es Hurnard, *Hind's Feet in High Places*. Antonio Damasio sugiere que las emociones primarias como el miedo y la sensación de pérdida están basadas en la amígdala, mientras que las emociones secundarias, como el remordimiento y los celos, involucran las cortezas prefrontal y somatosensorial. Véase Damasio, *Descartes' Error: Emotion, Reason, and the Human Brain*, p. 134. Para comprender el origen de los sentimientos, consúltese LeDoux, *Emotional Brain*, pp. 50–57.

[34] La investigación de Virginia Colin sobre el apego inseguro temprano muestra que la pérdida infantil empeora el dolor de los adultos. En un estudio, se comparó un grupo de control de adultos que pasaban por un proceso de separación con sujetos cuya infancia reflejaba apegos ansiosos. Se encontró que el grupo de control sufría menos angustia en el momento de pérdida. La separación infantil, la pérdida o las amenazas de abandono se asociaron con un aumento de la ansiedad y la depresión muchos años después, cuando murió el esposo de la mujer adulta. Véase Colin, *Human Attachment*, pp. 302, 338. Si se manipula una rata durante las primeras semanas, secretará menos glucocorticoides (asociados con ansiedad y estados depresivos) en la edad adulta. (Por cierto, se ha descubierto que los optimistas tienen menos glucocorticoides durante el estrés). Véase Hofer y Sapolsky.

Michael Lewis afirma que no es la pérdida de la madre lo que produce perturbaciones posteriores, sino que la pérdida de esta constituye una pérdida de un contacto social significativo. «Los niños no poseen preferencia por la forma social... Cuando los monos sin madre son criados juntos... les va muy bien». Véase Lewis, *Altering Fate: Why the Past Does Not Predict the Future*, pp. 144–149. Para obtener más información sobre la teoría del apego, véase Spitz, «Hospitalism: An Inquiry into the Genesis of Psychiatric Conditions in Early Childhood»; Ainsworth, «Infant-Mother Attachment»; Vormbrock, «Attachment Theory»; Parkes y Stevenson-Hinde, *The Place of Attachment in Human Behavior*. Para encontrar una descripción general sobre este tema, consúltese Talbot, «Attachment Theory: The Ultimate Experiment». Para obtener perspectivas alternativas, véase Harris, *The Nurture Assumption*, y Gladwell, «Do parents Matter?».

[35] Kagan explora a los niños «inhibidos» y «no inhibidos» en *Galen's Prophecy*. Allan Schore teorizó que el cerebro humano se desarrolla (circuitos corticoimbios) como resultado de las experiencias de niño a cuidador. Véase Schore, *Affect Regulation*.

[36] McKinney habla de la exposición de bebés animales a separaciones tempranas de sus madres en «Separation and Depression».

[37] Véase Hofer, «An Evolutionary Perspective», p. 32.

[38] Para una buena visión general de la investigación relacionada con la memoria, véase Hall, «Our Memories, Our Selves». También véase LeDoux, «Emotion, Memory and the Brain». Richard Restak afirma que las fibras de los cuatro lóbulos convergen en la región del hipocampo (la «estación de relevo para la memoria»). Véase Restak, *Brainscapes*, p. 14.

[39] Consúltese Kandel, *Essentials of Neural Science and Behavior*. También véase Sapolsky, *Why Zebras Don't Get Ulcers*; LeDoux, *Emotional Brain*, y LeDoux, «Emotion, Memory and the Brain».

[40] En estudios que exploran el impacto de «separaciones repetidas» en bebés animales, los investigadores encontraron que «la ACTH puede retrasar la extinción de un comportamiento previamente reforzado, mientras que el cortisol tiende a facilitar la extinción y el reaprendizaje». Véase Coe y otros, «Endocrine and Immune Response to Separation and Maternal Loss in Nonhuman Primates», p. 178.

[41] Esta es un área de investigación nueva y continua. Para algunos de los estudios sobre este tema, está por verse que se consideren el placebo, el sesgo de los participantes y muchas otras preguntas relacionadas con el rigor científico, pero Daniel Goleman informa que la evidencia de cambios cerebrales permanentes parece fortalecerse. Algunas referencias incluyen Goleman, *Destructive Emotions*, pp. 3–19; Goleman, *The Brain and Emotional Intelligence: New Insights*; Kabat-Zinn y Davidson, *The Mind's Own Physician*; Davidson, «Cultivating Compassion: Neuroscientific and Behavioral Approaches», y Salzberg, *Real Happiness: The Power of Meditation*.

[42] Reportado en Goleman, *Destructive Emotions*. Otra área de la corteza que se puede manipular de manera benéfica, en este caso quirúrgicamente, está bajo estudio en la actualidad. Los neurocirujanos han podido inducir emociones positivas al implantar electrodos en el área 25 dentro del área subgenual. Mayberg, por ejemplo, ha demostrado que manipular esta área puede sacar a las personas de episodios depresivos mayores intratables. En Mayberg y otros, «Deep Brain Stimulation for Treatment-Resistant Depression». Véase también Johansen-Berg y otros, «Anatomical Connectivity of the Subgenual Cingulate Region Targeted with Deep Brain Stimulation for Treatment-Resistant Depression».

[43] Kirsten y Robertiello, *Big You Little You: Separation Therapy*.

[44] Las neuronas espejo, descubiertas en 1992 por Giacomo Rizzolatti, mapean imágenes pictóricas de la corteza visual en su contraparte motora en la corteza premotora, y con ello permiten que tu cerebro ensaye los pasos motores con solo observarlos (e imaginártelos). Al visualizarte involucrado en un comportamiento habilidoso (similar a un niño que observa a sus mayores sacar un pez del mar), las neuronas motoras simulan mentalmente la acción, y le permiten «practicar» y aumentar tu competencia en el conjunto de habilidades involucradas. Véase Iacoboni, *Mirroring People: The New Science of How We Connect with Others*, pp. 126-179.

[45] Susan Vaughan dice: «Cuando aprendemos... formamos nuevas vías al arborizar nuestros árboles neuronales existentes y ello hace brotar nuevas ramas (dendritas), lo que da lugar a nuevas conexiones neuronales... El entrenamiento cerebral (reconexión de estructuras cerebrales aberrantes) requiere tiempo y la repetición de los ejercicios útiles». Los investigadores fusionaron quirúrgicamente dos de los dedos de un mono, de modo que los dos funcionaron como uno. «Después de la fusión, las áreas de representación cortical del tercer y cuarto dedos habían perdido toda demarcación entre sí, fusionadas en una...». Véase Vaughan, *The Talking Cure*, pp. 69-71. Esto sugiere que cuando practicamos un régimen de ejercicios a diario, estamos generando nuevas conexiones neuronales.

[46] Barohn, «Journaling: When the Pen Really Can Be Mightier».

[47] Proporciono orientación práctica paso a paso a lo largo de este proceso en *Taming Your Outer Child* y en *The Abandonment Recovery Workbook*. Enseño el diálogo Grande-Pequeño experimentalmente en el ambiente seguro, solidario y de intercambio de los talleres de recuperación por el abandono.

Capítulo 4

Etapa tres: Internalización del rechazo

¿QUÉ ES LA INTERNALIZACIÓN?

Internalización significa incorporar una experiencia emocional, convertirla en parte de uno mismo y dejar que cambie nuestras creencias más profundas. Es un proceso insidioso. No nos damos cuenta de lo mucho que nos afecta.

La internalización del rechazo es la manera en que el cuerpo incorpora la herida del abandono. Lo has tomado en serio. Al internalizar el rechazo, te haces daño.

Durante la etapa de internalización, el yo busca desesperadamente su amor perdido y luego vuelca su ira y frustración contra sí mismo. La herida se convierte en un sistema independiente donde se incuba la baja autoestima y se encarna el miedo.

El yo es la principal herramienta para funcionar en el mundo. Disminuirlo es abandonarnos.

La internalización es la etapa más crítica del proceso de abandono, cuando la herida emocional es más susceptible a la infección. Si la herida no se atiende, puede dañar la autoestima. Es un momento para tratar las bacterias virulentas del rechazo que han debilitado a la persona momentáneamente.

Al igual que con el rompimiento y la abstinencia, durante el proceso de internalización, las viejas heridas se vuelven a abrir, y derraman sus toxinas en la nueva llaga. Pero ahí reside su beneficio. El abandono es una herida acumulativa: los rechazos pasados y presentes se fusionan. Es un momento para limpiar las inseguridades, los sentimientos de inutilidad y la vergüenza que se han ido acumulando desde la infancia.

Tu tarea es dragar la parte inferior del pantano y revisar la suciedad cuidadosamente para salvar lo que es importante. Es el comienzo de la reconstrucción.

LA TERCERA ETAPA DEL ABANDONO: INTERNALIZACIÓN DEL RECHAZO

LA INTERNALIZACIÓN DE BÁRBARA

Bárbara era ama de casa y madre de cinco hijos, todos menores de 10 años, cuando su esposo la dejó por otra mujer, alguien a quien había conocido en su trabajo.

«Cuando le pedí a Howard que me contara sobre ella», comenta Bárbara, «me dijo que era una colega, como si eso lo explicara todo. "¿En qué me convierte eso?", le pregunté. Pero ya sabía en qué. En un ama de casa dependiente sin identidad fuera de él o de nuestra familia, en eso. Habíamos estado casados por 13 años y medio. Nunca se me ocurrió que Howard quisiera irse. Yo simplemente no tenía suficiente sofisticación cosmopolita para mantener su interés. Después de todo, había estado en casa con los niños todo este tiempo, mientras él dejaba su huella. Debo de haber sido la imagen del ama de casa hogareña, rodeada de ropa sucia, entrenamientos de futbol y niños gritando».

«Supongo que confiaba en esas perfectas bases para pay y esa mermelada casera para mantener el interés de Howard. Pensaba que era la esposa ideal porque planchaba sus camisas y mantenía sus calcetines ordenados. Pero me doy cuenta de que cometí un gran error al permitir convertirme en su sirvienta. Eso debe de haber sido también todo lo que significaba para él como compañera de cama. Toda esa vida sexual; siempre significó mucho para mí, pero para él debe de haber sido como el ejercicio físico. Yo había sido solo un receptáculo».

«Sé que sueno amargada. Eso es algo en lo que Howard solía atraparme: la negatividad. Él no tenía ese problema, podía dejar ir las cosas fácilmente. De hecho, nunca se quejó de la forma en que dirigía la casa, aunque sé que probablemente pude haber hecho un mejor trabajo. No creo haberle gritado a mis hijos más que cualquier otra madre, pero Howard no tenía manera de saberlo. Probablemente no podía soportarlo, pero calló como el perfecto caballero que siempre fue. Si tan solo me hubiera dado cuenta de que algún día se cansaría de todo y de mí, habría hecho las cosas de otra manera».

«Fui lo suficientemente ingenua como para creer que todo lo que necesitaba de mí era que mantuviera el hogar. Pero él estaba afuera en el mundo, teniendo contacto con mujeres más interesantes de manera constante. Yo debía haberlo sabido. Se cansó de mí, aquella a la que domesticó. Claramente quería una pareja más igualitaria. En realidad, pensé que era su igual, pero no puedo competir con el tipo de mujer profesional con la que Howard está ahora».

«Cuando llama, primero pregunta por los niños y luego si ya encontré un trabajo. Sé que necesito trabajar para que todos podamos sobrevivir financieramente. Pero estoy tan petrificada que no puedo hacer nada. Estoy segura de que mi título universitario es obsoleto después de todos estos años. ¿Quién me va a contratar? Necesitas experiencia laboral para conseguir un trabajo decente».

«Tengo miedo, y sé que Howard debe tener razón: soy yo quien se metió en esta situación, deseando tener todos esos hijos, escondiéndome detrás de las necesidades de la familia».

El relato de Bárbara sobre su historia incluye muchas de las fases asociadas con el proceso de internalización: la autocrítica, la introspección dolorosa, la inseguridad acerca de su papel, la tendencia a idealizar al que se ha ido, los sentimientos de insuficiencia e invisibilidad sexual, la impotencia sobre las circunstancias de su vida y el inventario de elecciones que ahora lamenta.

No todos hacemos comentarios autodenigrantes en voz alta como lo hace Bárbara, pero muchos sobrevivientes del abandono reportan sentimientos similares a los de ella. En cierto modo,

Bárbara tiene la suerte de ser consciente de ellos. A medida que comience a trabajar en su recuperación, esta conciencia la ayudará a identificar y desafiar estos pensamientos negativos. Para la mayoría, el proceso de internalización ocurre en un nivel personal muy profundo, en la privacidad de sus pensamientos más íntimos. La baja autoestima cobra su cuota en silencio y durante un período prolongado. Se convierte en una fuga invisible que vacía la autoestima desde dentro. Es probable que tus amigos y familiares no se den cuenta de que estás atravesando la parte potencialmente más perjudicial del proceso de duelo.

La internalización del rechazo es la tercera fase del abandono, pero su proceso funciona a lo largo del ciclo de duelo. La internalización se produce cada vez que te enojas o te frustras contigo mismo por dejar que tu pareja se vaya. Y es doloroso. La ira contra ti mismo explica la intensa depresión asociada al abandono. Es uno de los distintivos de esta parte del ciclo del dolor.

Conocí a Bárbara unos dos meses después de mi propia experiencia de abandono. A medida que observaba su progreso, me encontré luchando en el mismo arrebato de sentimientos inútiles y baja autoestima. Esta suciedad de la internalización puede reclamar la autoestima de cualquier persona, al menos temporalmente. Yo estaba decidida a que no obtuviera la mía.

Traté de abrirme paso a través de los embrollos de la propia desaprobación mediante la racionalización. No tenía nada de qué avergonzarme, me dije a mí misma. Tenía un empleo remunerado. Mi carrera estaba intacta. Había criado a una familia con éxito. De hecho, mi hijo menor entró a la universidad el mismo mes en que mi esposo me dejó, y logré sobrevivir al aislamiento repentino. Intenté asegurarme de que estaba bien, pero era difícil convencerme. Me encontré divagando en una casa vacía que un mes antes bullía con la actividad de una familia amorosa.

Sabía que no había hecho nada malo. Había amado y cuidado a este hombre en todas las formas posibles. Había sostenido las cosas en mi lado de la historia; incluso había mantenido un peso ideal después de todos esos años. Había prestado especial atención a mi ropa, maquillaje, cabello. De hecho, me tranquilizaba mirándome en el espejo; ahora me veía mejor que antes. Además, era más sabia, más exitosa, más experimentada. Entonces, ¿por qué de repente no eran suficientes mis logros? ¿No significaban nada?

Pero estaba demasiado familiarizada con los humos tóxicos que salen de la herida de abandono. Esos gases incoloros e inodoros pueden filtrarse de manera silenciosa en la conciencia, incluso cuando piensas que estás manteniendo una actitud positiva. Como terapeuta, sabía que tenía que liberarme del miasma de la baja autoestima. Comencé a descubrir nuevas técnicas que incluyo en este programa, que me ayudaron a reanimarme. Intenté nuevas actividades y rompí con viejas rutinas familiares. Comencé a viajar y a visitar amigos que no había visto en mucho tiempo. Finalmente, encontré mis raíces, me centré de nuevo y restauré la imagen de mí misma.

Asombrada por el esfuerzo que requería, llegué a apreciar verdaderamente el poder del proceso de internalización. Aprendí por mí misma que las afirmaciones no eran suficientes para evitar el impacto del abandono y su daño potencial.

Una de las tareas principales para recuperarse del abandono es evitar que los sentimientos de baja autoestima se adhieran al sentido del yo. Descubrí que esto no se puede hacer solamente con pensamientos racionales. Reforzar la autoestima requiere un enfoque más dinámico. Debe ir *con* el enfoque interno de esta etapa en lugar de hacerlo en *contra*. Si la internalización te obliga a volverte introspectivo, aprovecha tu fuerza centrípeta para traer luz y visión contigo. Tu objetivo es llevar los sentimientos positivos hacia el *interior*.

Voy a llevarte en un viaje por el proceso de internalización y te guiaré por los sentimientos y situaciones que es probable que encuentres en el camino. Explicaré las maneras significativas en que el duelo por abandono se diferencia de otros tipos de duelo, así como algunos de los cambios bioquímicos y hormonales que se producen en esta etapa. También te ayudaré a identificar los asuntos pendientes de pérdidas anteriores y describiré algunos de los escenarios infantiles que pueden haber afectado tu autoestima. En todo momento, reforzaré tu tarea central: utilizar este momento de enfoque interno para incorporar sentimientos y experiencias positivas en tu sentido del yo. Finalmente, te presentaré el tercer ejercicio de *Akeru*, que aborda las lesiones a la autoestima que te han estado frenando. El objetivo es emerger de este tiempo introspectivo con un sentido del yo más fuerte y más capaz para la vida y el amor que antes.

ANATOMÍA DEL DUELO POR ABANDONO

Hasta ahora, muchas de las emociones de las que hemos hablado —la devastación, la conmoción y los sentimientos de abstinencia— son sentimientos que compartimos con quienes lloran la muerte de un ser querido. Durante esta tercera fase crítica, las circunstancias especiales del abandono se hacen más evidentes, lo que lo diferencia de otros tipos de duelo.

Cuando pensamos en el duelo, pensamos en una experiencia profundamente emocional, universal a la condición humana.[1] El proceso de duelo se ha estudiado ampliamente y sus etapas se han descrito y definido de manera clara. Abarca culturas, géneros, edades y estratos sociales. Incluso vemos evidencia de estas etapas de duelo en otros miembros del reino animal.

Como sociedad reconocemos el dolor por una muerte. Pero el dolor por ser abandonado aún no se ha reconocido del todo. Cuando la madre o el esposo de un amigo mueren, esperamos un período de duelo prolongado. Ofrecemos apoyo social y espiritual a los dolientes. No existen rituales sociales para consolar a los sobrevivientes del abandono. Tu pena puede ser igual de intensa y duradera, y también debilitante financiera y emocionalmente. Imagínate a la mujer a la que le queda una botella de leche en el refrigerador, y tiene tres niños hambrientos, no tiene medios para mantenerlos y un esposo que acaba de abandonarlos por otra mujer. Sus preocupaciones van más allá de lo práctico; está sintiendo un dolor complicado mezclado con rabia, un sentimiento de traición y el estigma de ser abandonada.

En verdad, el duelo por abandono no se ha reconocido plenamente como una forma legítima de duelo. A diferencia del duelo por la muerte, que recibe una gran atención por parte de los profesionales, el abandono ha sido el hijastro descuidado de la psicología.

Sin embargo, como cualquier duelo que involucre la pérdida de un ser querido, el abandono es un proceso que sigue su propio camino. Debido a que muchas veces no se reconoce, los pacientes suelen ocultarlo, almacenando sus sentimientos en lo más profundo, donde estos sentimientos los devoran en silencio, sin el conocimiento de amigos y familiares, y algunas veces incluso de ellos mismos. Muchos informan lo aislados que se sienten, lo difícil que es hacer que otros entiendan lo que están pasando. Sin embargo, este duelo puede dar origen al miedo y la tristeza, y disminuir la autoestima y la energía vital durante mucho tiempo. El duelo por abandono no resuelto puede interferir con las relaciones futuras.

Un miembro de un taller del New York Open Center ofrece este testimonio:

«Me cuesta imaginar que algo que sucedió hace diez años todavía pueda molestarme», comentó John. «Pero después de que mi esposa rompió nuestro compromiso, no sabía qué hacer con todo el dolor. Supongo que se quedó conmigo».

«En ese momento era difícil estar solo, incluso peligroso [tenía pensamientos suicidas], pero odiaba depender de mis amigos. Me cansé de interpretar a la víctima, así que aprendí a guardar para mí lo que me estaba pasando. Hice lo que todos los libros de autoayuda decían que hiciera: traté de soltar y avanzar, y de encontrar la felicidad desde el interior. Me volví tan bueno en fingir que todo estaba bien que pensé que ya lo había superado. Solo para asegurarme de estar bien, evitaba las relaciones para no tener que recordar los sentimientos. No tenía idea de que estaba sufriendo. ¿Qué podría hacer sino tratar de ignorarlo? Por eso es que ahora me persiguen después de diez años, porque estoy tratando de encontrar a alguien con quien estar».

Al ocultar su dolor, John se había convertido en uno de los muchos sobrevivientes del abandono. No tenía una lesión obvia, pero su duelo no reconocido lo agobió silenciosamente durante una década. Se había vuelto *abandonofóbico*.

Para comprender mejor lo que está pasando, es importante reconocer las características especiales del duelo del abandono.

¿QUÉ HACE QUE EL DUELO POR ABANDONO SEA DIFERENTE?

Lesiones personales

El quid de la diferencia entre el luto y el duelo por abandono tiene que ver con el hecho de que alguien a quien amas no ha muerto, sino que ha optado por terminar su relación. Tu pérdida se experimenta como una afrenta a tu valor personal, en lugar de un acto de la naturaleza.

Cuando alguien importante para nosotros nos rechaza, todo nuestro sentido del valor como persona se pone en tela de juicio. Ser descartado y ofendido crea una lesión narcisista.[2] Una lesión narcisista es una bofetada en la cara, una afrenta a nuestro orgullo, a nuestro sentido del yo más personal, una herida punzante que puede dejar una huella profunda. A veces, incluso las pérdidas aparentemente insignificantes, como no ser ascendido o sentirse rechazado por un amigo, plantean preguntas sobre nuestra autoestima. Cuando el abandono implica perder a la persona más importante de nuestra vida, el impacto puede ser devastador.

«Después de que Lonny se fue», dijo Marie, «no solo lo extrañé a él y extrañé nuestra vida juntos, sino que también me sentí mal por mí. De repente lamentaba ser yo. Sentí cómo mi confianza se iba directo al caño».

Marie está describiendo la fuga invisible de la autoestima que es el sello distintivo de esta fase. Silenciosa e insidiosamente, la duda de ti mismo te quita el sentido de tu valor interno. Inconscientemente, empiezas a interpretar experiencias nuevas como evidencia de tu insuficiencia personal.

La lesión de tu sentido del yo es lo que diferencia al dolor del abandono de todos los demás dolores.

El dolor del duelo[3]

Una de las ideas falsas más comunes que enfrentan los sobrevivientes del abandono en medio de su duelo es que sus sentimientos son injustificados, que el sufrimiento de una muerte es de alguna manera peor. El abandono y la muerte nos afectan de diferentes maneras, pero es imposible decir que uno es más doloroso que el otro. La intensidad y la longevidad del dolor están relacionadas con la naturaleza de la relación, las circunstancias de la pérdida y la estructura emocional y constitucional.

«Fui al funeral del esposo de una amiga», dijo Bárbara. «Cuando vi que todos se reunían a su alrededor, me di cuenta de que estaba tan afligida como ella. Pero no había dignidad en mi duelo. Tuve que mantenerlo oculto, mientras participaba en una efusión pública de apoyo para ella».

«Parece que solo con la muerte puede uno sentir tanto dolor».

Pérdida

Lo que tienen en común ambos tipos de duelo es la *pérdida*. De hecho, las etapas de duelo por abandono se superponen con las etapas de duelo de Kübler-Ross y Bowlby.[4] Independientemente de si tu pérdida es causada por abandono o por la muerte, la pérdida de un ser querido interrumpe toda tu vida. Es posible que sientas la pérdida a mitad de la noche cuando te despiertas solo o cuando tu automóvil se descompone y no hay nadie que lo recoja en el taller. La pérdida de una pareja es como la pérdida de una parte de uno mismo. Es como una amputación psíquica; se siente un dolor fantasma intenso por lo que se pierde. Tanto los sobrevivientes del abandono como los cónyuges en luto deben lidiar con las cargas emocionales y prácticas de enfrentar la vida solos.

Falta de roles sociales y reconocimientos

Lamentablemente, la sociedad no asigna roles de duelo cuando alguien es abandonado. No hay funeral, no hay cartas de conmiseración. Más bien, eres visto como alguien a quien han dejado.

Los sobrevivientes del abandono deben preguntarse si quizá causaron sus propios problemas. Tal vez fue culpa de ellos que la relación terminara, tal vez no deberían sentir tanto dolor, tal vez es un signo de debilidad emocional. Estas recriminaciones dirigidas a nosotros mismos agregan otra capa de vergüenza, y nos fuerzan más al exilio emocional.

«Cuando Lonny se fue, me sentí completamente aislada. No se perdió para sus amigos o familiares», dice Marie, «se perdió solo para mí. Estaba sola en mi pena. Si él hubiera muerto en lugar de irse, entonces todos lo habríamos perdido. La familia y los amigos estarían de duelo por todo el lugar. Mi teléfono estaría sonando. Habría gente apostada en mi casa. Todos se reunirían para apoyarse y apoyarme. Después de todo, yo sería la viuda, la honrada que consigue cerrar el ataúd al final. Y luego habría habido un funeral, una tumba, un ritual para marcar lo triste y trágico que había sido todo».

«Sin mencionar que la casa estaría llena de tarjetas de condolencias y flores, incluso de nuestros conocidos más lejanos. Pero como Lonny no murió, no era apropiado que nadie, aparte de mis amigos más cercanos y mi familia, respondiera a lo que estaba pasando. El resto del mundo me dio la espalda, mantuvo una distancia discreta. Tal vez la gente no quería avergonzarme, o tal vez no eran conscientes de lo que estaba pasando. Ciertamente no fue un asunto público, porque no hubo muerte».

Adormecimiento y *shock*

Los problemas que enfrentan quienes han sufrido la muerte de un ser querido son diferentes de los que enfrentan los sobrevivientes del abandono.[5] Cuando un ser querido muere, nos vemos obligados a hacer frente a nuestra propia mortalidad. La muerte es absoluta, irreversible y definitiva; el anhelo de reunirse con el ser querido que se ha ido está cargado de un sentimiento de completa desesperanza y desesperación. Tenemos mucho miedo a la muerte y la idea de que nunca volveremos a ver a nuestro compañero es tan incomprensible y terrible que al principio nos sorprendemos. Como ya mencioné, el cerebro produce opioides (analgésicos naturales), lo que puede explicar la insensibilidad que reportan los afectados. Esta insensibilización ayuda a los dolientes a sobrevivir al trauma inicial, y para algunos incluso puede crear interludios de alivio del dolor intenso.

Aquellos que han sido abandonados por un ser querido también informan conmoción e insensibilización (como se menciona en el capítulo 2), pero hay diferencias. Los sobrevivientes del abandono no se enfrentan a la mortalidad, sino a la ira y la devastación de *ser abandonados*. Si bien suelen ser insensibles a la vida que los rodea, *rara vez informan estar adormecidos ante el dolor del rechazo*. En su lugar, sienten un dolor constante. Al parecer, este sentimiento anula el efecto de adormecimiento del dolor que producen los opioides del cuerpo.

Ira

La ira es común en ambos tipos de duelo. De hecho, muchos experimentan la muerte de un ser querido como una forma de abandono y expresan abiertamente su enojo por quedarse atrás. Los que han sido abandonados también están enojados, pero para muchos la queja es real. Su ser querido se fue por voluntad propia.

Para agravar las cosas, la pareja que se fue tal vez no se dé cuenta del dolor que sientes. A menudo, ya tiene una nueva vida y quizá un nuevo amor, mientras que tú aún estás sufriendo la peor parte. De modo que, aun cuando la relación esté perdida para ambos, la persona a quien *dejaron* lleva una carga de dolor emocional mucho mayor que quien *se fue*.

Como lo expresó Marie, «Cuando Lonny se fue, perdí lo que más atesoraba: él. Se quedó con todo lo valioso y yo, solo con la pérdida».

Quienes han sufrido la muerte de un ser querido pueden sentir un *dolor complicado* cuando se tienen sentimientos de abandono.

«Mi pareja se había enamorado de otra persona antes de contraer cáncer», escribió Kim al llegar a mi sitio web. «Pero cuando se estaba muriendo, me recibió con los brazos abiertos y la amé y la cuidé hasta el final. Ahora que ella se ha ido, me siento como si algo faltara por resolver, me siento devaluada... abandonada. La punzada del rechazo duele tanto como haberla perdido físicamente».

Negación

Cuando un ser querido muere, la pérdida es absolutamente definitiva. La negación en realidad ayuda a facilitar que la persona entre en un estado de aceptación. Pero con el abandono, la negación es más complicada. Como tu ser querido aún está vivo, puedes tener contacto con él. En algunos casos, podría existir la posibilidad de reconciliación. La negación de los sobrevivientes del abandono, por tanto, se alimenta por una posibilidad realista. Esto crea un tipo de búsqueda más activa y tenaz del objeto perdido (una etapa común a todas las formas de duelo que mencioné en el capítulo 2). Donde hay aliento hay esperanza, un hecho que interfiere con el cierre.

Esta diferencia no hace que el abandono sea más o menos doloroso que otros tipos de dolor, pero significa que los sobrevivientes del abandono pueden permanecer en la negación y posponer el cierre, a veces de manera indefinida.

Cierre

Tú puedes intentar hacer lo que las personas viudas no pueden: que tu pareja perdida regrese. Quienes han sufrido pérdidas a causa de la muerte solo esperan reunirse con sus seres queridos en un plano espiritual. Aceptar que el ser querido ha desaparecido físicamente es un desafío terrible. Muchas personas buscan médiums espirituales en un intento de visitar el otro lado, donde esperan entrar en contacto con él.

Para los sobrevivientes del abandono, es mucho más difícil el proceso de cierre —*dejar ir una relación*— cuando tu pareja perdida sigue viva.

Pérdida del amor

En el duelo por una muerte, el doliente puede seguir amando a la persona que ha muerto, valorándola, quizás incluso sintiéndose consolado por ella. En contraste, cuando un ser querido elige terminar una relación, el amor que una vez sentimos fue el mismo que nos quitaron, tal vez para entregárselo a otra persona. Es una pérdida ambigua.[6] La pérdida del amor y el rechazo son tipos de dolor especiales que afectan tus creencias fundamentales sobre ti mismo.

Daños residuales

Sea que pierdas a alguien debido a la muerte o al abandono, la separación es dolorosa y requiere tiempo para curarse. Un miembro del taller de Manhattan, que sufrió ambos tipos de pérdida, describió las diferencias:

La muerte te separa de tu ser querido con un bisturí. Es un corte limpio; deja una cicatriz, tal vez sea incluso una amputación. Pero el abandono es más como una explosión de metralla en el interior, que afecta a todos tus órganos internos. Crea daños que exudan, se infectan y tardan una eternidad en sanar.

Uno de los objetivos de recuperarse del abandono es reconocer el abandono como un tipo legítimo de duelo. Es un duelo que tiene dos caras. Una es común a todo duelo; todos sienten la *pérdida*. La otra, *el daño narcisista*, lo distingue.

Desde luego, se ha escrito mucho sobre cómo lidiar con la pérdida, y se puede extraer mucho valor del trabajo de los filósofos y sanadores.

Trabajo general de duelo: aceptar el dolor de la pérdida.[7] Una de las tareas principales de los dolientes de todo tipo es *aceptar el dolor de la pérdida*. Incluso los momentos más sombríos de la desesperación son una experiencia universal. Todos tenemos que llegar a un acuerdo con la pérdida en un momento u otro. Ambos, la muerte de un padre o la decisión de irse de una pareja, nos recuerdan la transitoriedad de la vida. Después de todo, nada puede permanecer igual para siempre. Todos los seres humanos son parte de esta fugacidad de la vida. Al final, debemos soltar todos los apegos; todos debemos morir. La aceptación de las pérdidas necesarias es una parte importante, aunque difícil, de la vida. Recuerda que el dolor de la pérdida es una parte natural de lo que significa ser humano. El verdadero trabajo del duelo es aceptar este dolor.

Sogyal Rimpoché, en el *Libro tibetano de la vida y la muerte*, cita a Buda y dice:

Lo que nace morirá.
Lo que se ha unido se dispersará.
Lo que se ha acumulado se agotará.
Lo que se ha construido colapsará.
Y lo que se ha elevado será abatido.
Lo único que realmente tenemos es el momento presente, el ahora.

Reconocer la transitoriedad de todas las cosas ayuda a muchas personas a lidiar con su propia pérdida.[8] Pero los sobrevivientes del abandono, todavía deben lidiar con la herida del ego, esa herida invisible de una lesión autoinfligida.

Cómo revertir la lesión a uno mismo. La naturaleza personal de tu duelo, lo que hace que el duelo del abandono sea diferente a todos los demás, proporciona un incentivo poderoso para comenzar el proceso de sanación. Estarás motivado a encontrar una vida y un amor más grandes que antes, no a pesar del rechazo que hayas sufrido sino gracias a él. El enfoque especial del resto de este capítulo es ayudarte a *revertir la lesión a ti mismo* que define la internalización.

Lo que sigue es un inventario de los procesos asociados con la internalización del abandono, una guía rápida que te ayudará a reconocer sus características y te alertará sobre sus trampas. A medida que te hagas más consciente de las formas en que el abandono puede dañar tu sentido del yo, interceptarás y refutarás sus mensajes negativos activamente y evitarás internalizarlos.

Inventario de la internalización

	Idealizar al abandonador
	Ira impotente
	Aislamiento y vergüenza
	Enjuiciamiento
	Crisis de identidad
	Invisibilidad
	Mantener la lucha

Inventario de internalización

Idealizar al abandonador

Los sobrevivientes del abandono tienden a idealizar a quien los ha dejado, y terminan subestimándose. Esto suele ser lo más difícil de entender para los amigos y la familia. Para muchos, las parejas perdidas adquieren poder debido al dolor que causaron cuando se fueron. Este dolor se convierte en un poder al que temen, una fuerza que los intimida. Estableces un *vínculo traumático* con ellos, un vínculo basado en el dolor emocional.[9] El dolor está mediado por tus opioides endógenos, lo que hace que este vínculo sea más adictivo que otros tipos de vínculos.[10] Es fácil confundirse con la calidad adictiva de este apego e imaginar que tu abandonador es más poderoso y más importante de lo que realmente es.

«De repente, todo en mi vida giraba en torno a Howard», dijo Bárbara. «El sol salía y se ponía si él llamaba. ¡Si tan solo regresara! Qué alivio podría darme, el placer que podría generar. ¡Cuánto dolor y agonía me causó al marcharse! Me sentí completamente derrotada por él. Se volvió tan poderoso. ¿Cómo podía evitar sentirme impresionada por él por un tiempo?».

El hecho de que te hayan dejado te coloca en una posición subordinada temporalmente. Estás asombrado por el poder de la ausencia del otro, emocionalmente abrumado por la fuerza de tu apego a él. Al sentirte en una desventaja emocional, vinculado de manera traumática, adicto a tus opioides y aparentemente impotente para cambiar las cosas, la tendencia natural es crear una jerarquía en la que colocas al abandonador en algún punto por encima de ti, en un pedestal.

¿Cómo se considera la subordinación de uno mismo desde un punto de vista biológico?

Las mujeres con *síndrome premenstrual* comprenden la relación entre el cambio en los niveles hormonales y el sentirse mal consigo mismas. Estudios neurocientíficos revelan relaciones entre las hormonas y el estado de ánimo enfocadas en la sensación de abatimiento y derrota común a los sobrevivientes del abandono. Para entender esta relación, recurriremos al mundo social de los babuinos, nuestros primos ancestrales, que fueron objeto de estudio en las investigaciones realizadas por Robert Sapolsky.[11] Sapolsky estudió a los babuinos en su hábitat natural, y según sus hallazgos, «los babuinos trabajan tal vez cuatro horas al día para alimentarse... Eso los deja con ocho horas al día para ser viles entre ellos: la competencia social, las coaliciones que se forman para atacar en grupo a otros animales, los machos grandes malhumorados que golpean a los más pequeños, los gestos sarcásticos a espaldas de otros, son iguales a nosotros».

¿Qué tienen que ver los babuinos con sentirse derrotado? El estatus social en la sociedad de babuinos se basa en la posición relativa de subordinación o dominación de un babuino respecto de otros. La dominación entre los machos se establece por quién evita el contacto visual con quiénes, quién desquita sus agresiones contra otros sin temor a represalias y quién gana un bocado de comida (o una hembra) en disputa; en resumen, como lo expresa Sapolsky, por «quién fastidia y a quién lo fastidian».

Sapolsky examinó a sus sujetos para determinar los niveles de hormonas del estrés y descubrió que los machos dominantes tenían los niveles más bajos de hormonas del estrés con glucocorticoides. Los miembros subordinados, aquellos que sufrían todo el abuso, acumulaban los niveles más altos.

En condiciones normales, las jerarquías permanecen estables, pero cuando los babuinos sienten dolor, cuando un miembro de la tropa muere o un vínculo importante se rompe, los niveles de hormonas del estrés en los machos dominantes se incrementan casi al doble. Esto se acompaña de un cambio drástico repentino en su comportamiento: los machos dominantes dejan de dominar.

Con el macho alfa debilitado, la jerarquía se tambalea. Machos de los diferentes rangos comienzan a competir por posiciones nuevas. Los niveles de hormonas del estrés en los babuinos individuales aumentan drásticamente cuando luchan contra el avance de los machos de rango *inferior*.[12] Lo más intrigante es que los niveles de hormonas del estrés *no aumentan en absoluto* en los machos que luchan por superar a aquellos que están por encima de ellos en la jerarquía.

Esto implica que los babuinos responden de diferentes maneras al estrés dependiendo de si intentan obtener algo, como un rango social más alto, o defenderse de una pérdida potencial, por ejemplo, de rango.

El equivalente humano de la posición de un babuino en la jerarquía social se traduce más o menos como el *estatus* dentro de las relaciones o qué tan bien puedes afirmar tu valía. Tu capacidad para afirmarte se basa principalmente en cuán relajado y confiado estás, lo que a su vez determina cómo evalúas tu propia valía. La pérdida de tu ser amado es seguida por un incremento de las hormonas del estrés y en el aspecto bioquímico representa lo que experimentas de manera subjetiva: una reducción marcada en tu sentido de confianza. Te sientes impotente, subordinado al que se fue y desanimado con respecto a ti mismo.

La investigación de Sapolsky sugiere que nuestro mejor recurso ante el rechazo y la derrota es luchar por un beneficio mayor en lugar de quedarnos atrapados en comportamientos defensivos, avanzar en lugar de aferrarnos al pasado. Esto refuerza la promesa de beneficiarnos de nuestro abandono en lugar de ser menoscabados por él: *Akeru*.

Cualesquiera que sean los cambios bioquímicos que estén teniendo lugar, tu tarea es mantenerte al tanto de este poderoso proceso. Podrás sentir que tu amor perdido te ha despojado de tu poder porque no puedes controlar a tu ex ni hacer que regrese. Sin embargo, sí puedes c ontrolar tus acciones y fijarte nuevas metas.

¿Por qué tendemos a idealizar a quien se ha ido? Para muchos esto tiene un propósito. Puede ayudarte creer que has perdido a alguien tan especial, tan único, tan superlativo, que lo único que puedes hacer es desmoronarte ahora que ya no está. Elevas el estatus y el poder de esa persona como una forma de justificar por qué te sientes tan devastado. Te convences de que la razón por la que te sientes impotente y dependiente es que has perdido a alguien que era completamente indispensable e insustituible. De hecho, te sentirías de esta manera incluso si tu ex fuera muy normal o estuviera por debajo del promedio.

Para revertir la adoración autodestructiva de los héroes, es útil recordar que este estado es *temporal*, que estos sentimientos son naturales para el proceso y que, si así lo eliges, encontrarás un sustituto que tiene tanto o más que ofrecer. Justificarás la pérdida.

La tendencia de Bárbara a idealizar a otros era parte de un patrón que comenzó en la infancia.

«Siempre he puesto a la gente en pedestales», comentó Bárbara, «y me ponía por debajo de ellos. Tomé la partida de Howard como una señal de que no era lo suficientemente buena para él. ¡Su partida me demostró que él era mejor que yo!».

«Fue difícil luchar contra este poder que él tenía sobre mí. Me decía a mí misma que estaba mejor sin él. Enumeraba sus fallas y enumeraba mentalmente mis propios atributos. Pero era difícil dejar de lado la idea de que *él* era insustituible».

«Finalmente me di cuenta de que era yo en primer lugar quien le otorgaba este poder. Por lo tanto, ¿de quién era el poder? Mío. Mi trabajo consistía en deponerlo de su poder y regresar el poder a mí. Si puedo crearlo, puedo poseerlo».

Siguiendo el ejemplo de Bárbara, tu tarea es seguir la dirección interna de la energía internalizadora hasta la sede de tu propio poder, así como aprender un ejercicio que fortalezca tu núcleo (como hacer Pilates emocional). Cuando te encuentres idealizando a tu pareja perdida, recuerda que eres fuerte. Estás sobreponiéndote a un ataque a tu sentido de identidad. Haz una lista de tus propias fortalezas a idealizar.

Ira impotente

La ira es el tema del próximo capítulo, pero la etapa de internalización del abandono tiene su propio tipo de ira. Tu ira en esta etapa es la ira de la víctima: el dar vueltas inútiles, esos ataques ineficaces contra almohadas, platos y estatuillas. Estos comportamientos indican que te has convertido en el objeto de tu propia ira. Tu ira es una forma de frustración. Estás frustrado por el dolor y la pérdida, y frustrado contigo mismo por sentirte tan impotente y por perder a la persona que amabas.

«Todas las noches, pensando en Travis, apuñalaba mis almohadas hasta la muerte», dijo Roberta. «Me agotaba, golpeando y apuñalando. ¿De qué otra forma se suponía que debía liberar el dolor? Me sentía tan poco valorada, tan impotente, tan insignificante ante sus ojos».

Los sobrevivientes del abandono suelen tener problemas para controlar su agresión durante esta etapa. Es como si su niño exterior, el saboteador oculto que les presentaré en el próximo capítulo, se hubiera hecho cargo. A veces, tu agresión sale en lágrimas. Otras veces, simplemente explota, por lo general cuando menos lo esperas, y a menudo contra personas que no tienen la culpa.

También puedes encontrarte presentando exigencias emocionales poco realistas a los demás. Esperas que los demás compensen en tu vida el cuidado y el amor que tanto extrañas. Esperas que logren lo imposible.

«Una amiga cercana y yo pasamos el día juntas unas semanas después de que Travis se fue», mencionó Roberta. «Le comenté que mi vida había terminado. Y ella alegó que yo era demasiado negativa, demasiado pesimista, que no debía sentirme tan desesperada. Yo sentía que ella estaba negando mis sentimientos. Para ella era fácil descartar lo seriamente devastada que me sentía, no era su vida la que se había arruinado. Pero ¿esto me daba derecho a gritarle en medio del restaurante? Mi amiga trató de calmarme. "Solo estoy tratando de ayudarte", aclaró. Pero su comentario lo único que hizo fue que yo comenzara a gritar de nuevo. En ese momento sentía que mi reacción era totalmente justificada, pero viéndolo en retrospectiva sé que me sentía impotente y que me desquitaba con ella».

Muchos externan su enojo con los demás, con las almohadas o con ellos mismos, porque no se sienten lo suficientemente fuertes como para dirigir su enojo hacia su amor perdido. Se han vuelto aprensivos ante el rechazo, se intimidan con mayor facilidad y temen la reacción violenta y otro abandono. No quieren arriesgarse a sufrir más dolor o lesiones. En última instancia, tienen miedo de perder las posibilidades, por muy escasas que sean, de que su pareja perdida regrese.

Tenía miedo de enojarme con Howard porque no podía soportar perder una gota más de amor. Me estaba arrastrando por unas migajas de su aprobación.

¿Recuerdas a los babuinos que tenían niveles de estrés *más bajos* cuando luchaban por ganar una mejor posición? Piensa en ellos y comprométete a asumir un papel activo en lugar de pasivo en tu propia sanación. Los ejercicios de *Akeru* están ahí para ayudarte. Evita la postura sumisa y resístete a la tendencia a desvalorizarte. En vez de ello, levántate y afirma tu autoestima.

Aislamiento y vergüenza

En el centro de la herida emocional que se crea cuando un ser querido se va, está la *vergüenza*, la terrible vergüenza de haber sido botado.[13]

El rechazo es una puñalada dolorosa que nos corta hasta donde se encuentra la *vena de la vergüenza*, una vena que fluye profundamente, más profundo que el ego. Al pinchar esta vena se liberan los sentimientos de disgusto más potentes, tóxicos y primitivos que tenemos, sentimientos que nos acobardan en silencio. Keaton, sin embargo, rompió su barrera de vergüenza durante un grupo de abandono.

Siempre he tenido esta herida de vergüenza dentro de mí que no quiere sanar. Simplemente sigue tratando de sanar y toda la inseguridad que queda rezuma hacia mi interior, así que se filtra hacia mi próxima relación. La herida se infecta más con cada ruptura. Es un alivio finalmente dejarla supurar aquí.

La vergüenza es lo que nos impulsa a guardar silencio acerca de estos sentimientos. La *pérdida* se puede resolver, se puede mitigar, se puede desplazar, se puede proyectar, canalizar, medicar, atenuar. Pero la vena de la vergüenza, una vez cortada por el abandono, evade todos los viejos remedios convencionales.

Roberta dijo: «Antes de que Travis me dejara, no tenía problemas para ir a un lugar sola. Pero después, no iba sola a un concierto ni me sentaba sola en un restaurante. Me sentía demasiado avergonzada».

¿Qué hacemos con los sentimientos desmoralizantes de vergüenza que se filtran en nuestra conciencia después de que alguien nos abandona, ese silencio condenatorio y esa soledad aplastante? La sanación comienza cuando desafiamos el silencio. Menciona la vergüenza. Sácala del aislamiento. Compártela dentro de un entorno de confianza. De esto se tratan los grupos de abandono. Compartir la vergüenza ayuda a disolverla finalmente.

Al principio, cuando tu mundo parecía romperse, estar solo era un *shock* devastador. Durante el rompimiento, estar solo era una condición desagradable que intensificaba tu dolor. Pero mientras transitas por la etapa de internalización, estar solo se percibe como una evidencia de que no eres digno de amor. Es en este punto cuando la herida se infecta y la soledad se transforma en desprecio por ti mismo. En el aislamiento, la vergüenza tiende a incubarse y crea la herida invisible y rezumante del abandono.

En el corazón mismo de la vergüenza está la creencia de que tú no mereces el amor, *no eres digno de apego*, una creencia fundamental y potencialmente dañina. Por lo común, es un sentimiento que tienen los sobrevivientes del abandono, pero pese a ser tan poderoso, es solo un sentimiento, no un hecho. Proviene de una herida que finalmente podemos limpiar y sanar. Mereces el amor, como todos nosotros.

Enjuiciamiento

Uno de los principales reforzadores de la vergüenza es el enjuiciamiento de uno mismo. La pregunta que la mayoría de las personas no pueden evitar hacer durante esta etapa, sin importar cuán sólida sea su autoestima, es *¿Qué hice para merecer esto?*

Las dudas y recriminaciones que dirigimos contra nosotros mismos suelen ser lo suficientemente contundentes como para anular las afirmaciones que pudieras estar utilizando para mantener a flote tu autoestima: «Sí, soy hermosa; sí, soy maravillosa. De hecho, todo lo hago bien. ¡Y qué! ¿Qué tengo de malo para que alguien quisiera dejarme? ¿Cómo terminé sola?».

Normalmente cuestionamos nuestras creencias acerca de la vida y de nosotros mismos cuando lidiamos con la pérdida. Es una parte normal del proceso de duelo. Pero cuando se trata del abandono, esta introspección puede convertirse en un diálogo interno mordaz.

«Cuando Gabby se mudó», comentó Keaton durante un grupo de abandono, «estar solo se sentía como un castigo, como si fuera culpable de algo. Me sentía tan desmoralizado que quería que les sucediera a todos, para no tener que ser el único perdedor. Esa es una de las razones por las que vine aquí, para estar con un grupo de personas de desecho». Sus compañeros abandonados se rieron.

«En serio, me sentía señalado. Como si realmente hubiera algo malo en mí. ¿Cómo es que otras personas tienen el control de su vida, siguen adelante con sus relaciones y yo no puedo?».

La introspección puede volverse obsesiva durante la etapa de internalización.

«Me quedaba despierta hasta medianoche», informó Roberta, «examinando cada palabra, cada gesto que podía recordar, buscando pistas sobre dónde me equivoqué con Travis. Deseaba ser una persona diferente; deseaba poder hacerlo de nuevo».

¿Por qué nos juzgamos tan duramente a nosotros mismos? Por dolorosos y potencialmente destructivos que sean estos pensamientos, tienen un propósito temporal. Proporcionan una sensación de control sobre lo que ha sucedido. Al considerarnos culpables, sentimos que tenemos el poder de cambiar las cosas que pusieron fin a la relación. Todo lo que tenemos que hacer, razonamos, es corregir nuestras fallas, y podremos recuperar a nuestra pareja perdida. Incluso si no regresa, al menos podremos aprender qué hacer (o qué no hacer) para la próxima vez.

Pero aceptar toda la responsabilidad por el fracaso de tu relación puede conducir a una lesión mayor infligida por ti mismo. A medida que buscas en tu interior las *deficiencias* a corregir, puedes llegar a creer que hay algo *inherentemente* inaceptable en ti. Permanece atento a esta idea nociva, que es un subproducto erróneo y *temporal* de tu pérdida.

Muchos de los sentimientos descritos aquí pertenecen al niño interior, no a tu ser adulto. Es importante que le asegures a tu niño que estar solo es *temporal*. Si eliges estar en otra relación, lo estarás. Tu aislamiento no significa que no seas digno, sino que te encuentras en un período de transición y crecimiento personal profundo.

Crisis de identidad

«Siempre fui parte de una relación», dijo Bárbara. «*¿Ahora quién soy?*».

Una ruptura suele provocar esta pregunta, y muchos sienten que «ser objeto de desecho» los ha marcado. Puedes comenzar a preocuparte por cómo te ven los demás. ¿Creen que tienes algo malo, que tienes un gen defectuoso que te hace desagradable? Algunos comienzan a preocuparse de que estas deficiencias imaginarias se muestren en el exterior.

«Tengo que ir a una boda», dijo Holly cuando vino a verme, «y no tengo con quién ir. Siento que llevaré un letrero de neón que dice: NADIE ME QUIERE. Todos los demás saben qué me pasa, pueden ver por qué estoy sola todo el tiempo, excepto yo».

Las inquietudes acerca de cómo otros nos perciben pueden variar desde estar levemente cohibidos hasta paranoicos.

La historia de Holly había sido de rechazo repetido. Cuando era adolescente, comenzó a creer que la gente hablaba de ella a sus espaldas. Si bien superó el sentimiento generalizado que tenía cuando era adolescente, de vez en cuando este la sorprendía.

«A veces, cuando escuchaba susurros o risas en un autobús o en un elevador, pensaba que se trataba de mí. Supongo que eso suena bastante paranoico, pero me habían lastimado y me había decepcionado tantas veces que realmente pensé que tenía algo notablemente malo que hacía que otras personas no quisieran estar conmigo».

Puedes compararte con los demás y rumiar mentalmente sobre lo que ellos tienen que tú (aparentemente) no tienes. Un miembro de un grupo de abandono por Skype ofrece su testimonio:

Donde quiera que iba, me topaba con parejas que habían estado juntas toda la vida. Si por casualidad sabía que la esposa era una verdadera perra, me preguntaba: ¿por qué a *ella* no la dejan? Me dolía que pese a lo buena que yo había sido con ese hombre, *yo* era la rechazada. ¿Por qué era yo y no ella la que estaba sola, enviada a la prisión del abandono?.

Invisibilidad
Paradójicamente, mis clientes y los asistentes al taller informan que también se sienten invisibles en el ámbito sexual y romántico. Roberta se sentía así.

Primero pensé que iba a morir a menos que pudiera tener sexo con alguien, con cualquiera que pudiera encontrar. Hubiera hecho el amor gustosamente con un árbol. Luego me fui al extremo opuesto. No me atraía el sexo. Estaba convencida de que carecía de encanto sexual, coquetería, carisma, lo necesario para que alguien quisiera estar conmigo. Mi autoestima sexual iba en caída libre. Sentía que Travis, al haberse ido, me había descalificado sexualmente.

Cuando alguien elige romper una relación contigo, esto bien puede hacerte cuestionar tu capacidad para atraer el amor que tan desesperadamente necesitas. El niño interior dice: «Nadie me quiere, no soy lo suficientemente bueno. No soy lo suficientemente especial».

Estos sentimientos pueden remontarse a los tiempos en que luchabas para ganarte el amor o la atención de tus padres. Es posible que te hayas tomado estas experiencias a pecho, y hayas desarrollado dudas arraigadas sobre tu capacidad para atraer y retener el amor y la atención de otra persona. Esto te dejó vulnerable a un rechazo romántico posterior.

Un psicoanalista se refiere a esto como tener una «capacidad limitada para realizar el trabajo de conquista»,[14] el trabajo «necesario para transformar un objeto indiferente en un compañero participante». Esa es una forma muy clínica de decir que sientes que no eres lo suficientemente deseable como para ganarte el amor y la lealtad de alguien.

Cuando un ser querido se va, esta creencia sobre tu «capacidad limitada» se hace evidente. Es como si el rompimiento hubiera confirmado lo que a tu niño le ha preocupado todo el tiempo: que no eres digno, que no eres alguien que valga la pena conservar, que estás destinado a la casa de empeño o al bote de la basura.

Es importante rodearse de amigos y compañeros de grupo afectuosos y cariñosos. Aquí es donde los talleres de recuperación a partir del abandono y los grupos de apoyo pueden proporcionar la retroalimentación positiva y el apoyo esenciales.[15] Puedes buscar otras actividades positivas que afirmen la vida. Participa en un programa de ejercicio, únete a un grupo de encuentros o busca orientación profesional.

Durante la fase de internalización, es probable que no estés emocionalmente listo para involucrarte de manera profunda en una nueva relación. Pero a medida que sigas extendiéndote, pronto descubrirás que no has perdido tu atractivo como persona o como ser sexual. No importa cuán invisible y disminuido te sientas ahora, vivirás para amar de nuevo.

Mantener la lucha

Tu experiencia de abandono puede haberte humillado y puesto de rodillas temporalmente, pero no te ha vencido.

Si la investigación de Sapolsky con los babuinos no fue suficiente para convencerte de ponerte de pie y pelear, considera el trabajo de Steven Maier, Linda Watkins y Monika Fleshner con ratas de laboratorio.[16]

Según estos investigadores, cuando un grupo de ratas macho vive dentro de una jaula, una se convierte en dominante: la rata alfa. Cuando el experimentador introduce una rata extraña en la jaula, la rata alfa la ataca. El intruso se defiende inicialmente, pero al final muestra una actitud de derrota. Cuando la rata alfa ve estos signos externos de sumisión, ya no considera una amenaza a la rata intrusa y la deja en paz.

Los investigadores observaron el efecto que los ataques y las derrotas tenían sobre el sistema inmunológico de la rata intrusa. Se dieron cuenta de que, en las semanas posteriores a la prueba, la producción de anticuerpos (las células inmunes buenas) se redujo de manera considerable.

Los investigadores también estudiaron si esta respuesta inmune debilitada era un efecto del asalto físico (ser mordido y empujado) o el resultado de una derrota psicológica. Estudiaron meticulosamente a un grupo de ratas que no adoptaban actitudes sumisas cuando se les asignaba el papel de intruso, sino que seguían luchando. Su hallazgo notable fue que, pese a que las ratas más beligerantes fueron mordidas repetidamente y recibieron abuso de alguna manera, sus niveles de anticuerpos no se vieron afectados.

Este estudio respalda los datos que los profesionales de la salud humana han recopilado: las personas que no se defienden, que son pasivas durante una crisis, tienen más probabilidades de desarrollar cáncer y otras enfermedades.[17]

El mensaje se lee claramente. Tú puedes y debes luchar contra la idea de que no vales. Date un tiempo a solas para examinar tu vida y reivindicar tu pérdida tomando medidas positivas.

ASUNTOS PENDIENTES DE LA ETAPA DE INTERNALIZACIÓN

Mientras luchaba con mi baja autoestima después de que mi pareja de toda la vida me dejó, comenzaron a surgir viejos sentimientos de una etapa dolorosa y difícil de mi infancia. Todo comenzó cuando mi madre estaba embarazada de su tercer hijo. Yo era la mayor, tenía 7 años y empezaba a engordar.

Es probable que me sintiera emocionalmente relegada a un segundo plano debido a la llegada de un nuevo hermanito. No estoy segura de si hubo un componente fisiológico o genético en mi aumento de peso. Podría haberse debido a la acumulación de glucocorticoides como se describe en el capítulo 3. ¿Estaba alimentando mi hambre emocional con demasiadas galletas con chispas de chocolate? No lo sé, pero independientemente de la causa, me había convertido en una niña sumamente obesa para cuando mi nuevo hermanito cumplió un año.

Esto era algo fuera de lo común en mi familia. Éramos una familia de postal, delgada y hermosa, excepto por mí. Me sentía una monstruosidad. Años más tarde, mi madre me dijo que también había pasado por una etapa de gordura cuando era niña. Se había sentido extremadamente avergonzada de sí misma y rechazada por su propia familia y por el mundo. Debo de haber sido para ella un vívido recuerdo de un momento doloroso de su propia infancia, y me pregunto si esa fue la razón por la cual parecía alejarse de mí.

Para empeorar las cosas, mi boca relativamente pequeña no podía acomodar mis dientes adultos. Un colmillo, sin saber a dónde ir, creció de frente. Con mi diente ahora erecto y mi mentón doble, quería esconderme. Mi madre vino al rescate y me hizo un permanente casero para animarme. No funcionó. Mi cabello se cayó en mechones. Lo que quedó eran patéticos mechones encrespados. Estaba convencida de que mi cabello nunca volvería a crecer y de que sería horrible, una plaga eterna en el retrato familiar. Traté de actuar como si nada de eso me molestara. No quería que otros niños vieran cuánto me dolían sus burlas.

El verano anterior al sexto grado, sorprendí a todos al seguir una dieta estricta. Perdí todo el peso adicional, mi cabello volvió a crecer, mi diente se enderezó y entré al sexto grado delgada y atractiva. Poco a poco, la imagen que tenía de mí misma comenzó a mejorar, pero me costó mucho trabajo. Cuando aprendí a levantarme, traté de ayudar a mis amigas a sentirse mejor consigo mismas también. Nació una sanadora emocional.

Pero a pesar de toda la reconstrucción que hice en ese momento y a partir de entonces, muchos de los viejos sentimientos de gorda salieron a la superficie cuando el que había sido mi pareja durante veinte años me dejó. En el fondo albergaba un odio hacia mí misma que esperaba el momento adecuado para reafirmarse. El rompimiento fue el detonante.

«En mi caso no se trataba de mi apariencia, sino de mi salud», dijo Pamela. «Tenía problemas cardíacos cuando era niña. Pasé la mitad de mi infancia yendo y viniendo del hospital por operaciones. Luego tardaba meses en recuperarme. Miraba por la ventana de mi habitación y veía a los otros niños jugar, me preguntaba por qué era yo la que tenía que estar enferma».

«Creía que estaba marcada por el destino, como si los otros niños fueran mejores que yo. Me sentía insegura e incómoda cuando venían. Pensaba que no era tan fuerte y saludable como ellos, y eso los hacía mejores que yo».

Los niños pueden sentirse disminuidos por cualquier tipo de pérdida: una muerte en la familia, un divorcio, un nuevo hermano con quien tienen que compartir el amor de mamá, problemas de salud, la pérdida de un amigo o un sueño no cumplido. En cada una de estas pérdidas, el niño siente la vergüenza del abandono. Los niños, por naturaleza, ven el mundo desde su propia perspectiva limitada y orientada a sí mismos, por lo que experimentan cada pérdida como un desaire a su valor personal. Sus habilidades intelectuales no están lo suficientemente desarrolladas para distinguir una situación meramente impersonal de una que implica un fracaso de su parte. Entonces se toman casi todas las pérdidas de manera personal. Aunque estas desilusiones, desaires y humillaciones pueden haber ocurrido hace décadas, pueden resucitar ante un detonante de abandono en la adultez.

Escenarios infantiles de internalización
¿Qué experiencias de la infancia contribuyen a la baja autoestima?[18] Las personas en mis grupos de apoyo mencionan con frecuencia a padres que

- las humillaron, criticaron y rechazaron
- les gritaron, les dijeron que eran malas, las ridiculizaron o las humillaron en público
- las descuidaron debido a su alcoholismo, adicción al trabajo o alguna otra adicción
- mostraron favoritismo por otro hermano o las comparaban desfavorablemente con un hermano.
- retenían el afecto como castigo

- las culpaban por sus estados de ánimo y frustraciones
- las señalaban como la razón de los problemas familiares
- las etiquetaban como irresponsables, vagas, tercas, egoístas o desorganizadas
- se preocupaban tanto por ellas que minaron su confianza en sí mismas
- las trataban como a un bebé, sin reconocer su madurez e independencia
- no les daban responsabilidades (no consideraban que tenían un papel integral en la familia)
- les daban demasiada responsabilidad: eran el sirviente de todos los demás, no era lo suficientemente importante por derecho propio
- expresaban decepción por sus logros
- establecían expectativas demasiado altas
- establecían expectativas demasiado bajas
- dirigían la peor parte de su ira hacia ellas.

O tal vez tú:

- te mudabas a menudo
- tenías problemas para obtener buenas calificaciones en la escuela
- tenías problemas físicos o diferencias físicas que condujeron a prejuicios generalizados
- tenías dificultad para hacer amigos
- tenías un hermano con un rendimiento académico sobresaliente con el que te comparaban desfavorablemente
- tenías un hermano que se sentía con más derechos que tú
- tenías malas experiencias con los profesores.

La buena noticia es que, a medida que surgen las inseguridades derivadas de estas y otras situaciones de la infancia, tú estás en condiciones de abordarlas como un adulto racional. Ahora es el momento de replantearse algunas de las creencias acerca de ti mismo que has tenido desde la infancia, limpiar tu herida de abandono y resolver dudas sobre ti que ya no necesitas tener.

Hasta este punto, estas experiencias te han llevado al abandono personal, afectando la forma en que te percibes a ti mismo, las decisiones que tomas y la calidad de tus relaciones. Pero ya no necesitan hacerlo.

La internalización de Holly

Holly, una mujer soltera y contadora en una empresa legal, se describió a sí misma como «la niña del cartel de la herida invisible». Holly hizo esta declaración durante nuestra primera reunión. Estaba respondiendo a mi descripción del proceso de internalización del abandono, pero a medida que su historia se desarrollaba, su baja autoestima indicaba un marcado contraste con su sorprendente apariencia. Tenía una ligera cicatriz cerca del labio superior, que solo lograba resaltar su sonrisa deslumbrante.

«Ha sido la historia de mi vida: no poder encontrar a alguien. A estas alturas, me siento románticamente invisible. De hecho, soy la mujer invisible original. Sé lo que se siente ser excluida y desatendida».

Holly rebosaba inteligencia, belleza y vida, al parecer era capaz de dar mucho amor. Sin embargo, como sucede con tantos sobrevivientes del abandono, su herida invisible se había convertido en una barrera para las relaciones.

A medida que contaba su historia, se hacía evidente el efecto que su historia personal tenía en el aquí y el ahora. Su madre la abandonó al nacer, la trasladaron de un hospital de niños expósitos a un hogar de acogida y luego a otro. Finalmente, a los 3 años fue adoptada por padres ricos y bien educados. La cicatriz en su labio fue cortesía de su madre adoptiva alcohólica.

«Mi padre esperaba que con mi adopción mi madre recobrara la sobriedad. Bueno, no ayudé. De hecho, me convertí en la persona a la que culpaba de sus problemas».

Cuando Holly tenía 6 años, su madre quedó embarazada del bebé que había tratado de tener durante 15 años. Desde el principio, James fue el centro de la vida familiar, lo que arrojó a Holly, ahora una molestia, a la sombra. Fue un triunfador extraordinario y con el tiempo se convirtió en urólogo. Para Holly, la agitación emocional de ser desplazada por su hermano y el alcoholismo de su madre interfirieron con la escuela. Apenas pudo llegar a la universidad, y solo cursó dos años antes de abandonarla para irse de gira con una banda por California.

Regresó cubierta de moretones, la evidencia física de las malas relaciones y la vida difícil. Era seriamente adicta a la cocaína y al alcohol. Sus padres estaban disgustados con ella. No era nada nuevo, pero esta vez le negaron la ayuda financiera. Fue abandonada de nuevo en un sentido real: estaba demasiado grande para ser una niña expósita, pero no demasiado como para sentirse muy, muy sola.

Afortunadamente, el fondo que tocó la impulsó hacia arriba, como un trampolín. Entró en un programa de Doce Pasos. Cuando la conocí, llevaba más de diez años en el programa y sin consumir drogas. Había terminado la universidad, tenía un empleo remunerado y trabajaba como voluntaria en una línea telefónica de prevención del suicidio. Los fines de semana trabajaba como anfitriona en un restaurante. A pesar de su apretada agenda, tenía tiempo para hundirse en el bajón de estar sola en el mundo.

Nunca había tenido una relación duradera y no tenía esperanzas de encontrar una. «Hay algo en mí que hace que la gente siga deshaciéndose de mí».

Aunque la historia de Holly puede parecer extrema, ilustra cómo los traumas de separación pueden dañar la imagen que tienes de ti mismo. Si la pérdida de autoestima es lo suficientemente grave, puede convertirse en una barrera para el amor y la intimidad. No importa lo que Holly intentara hacer para sentirse mejor consigo misma, los recuerdos de ser abandonada trabajaban desde su interior para drenar su autoestima. Esta fuga invisible se convirtió en un escudo. Bloqueó a Holly en cuanto a reconocer sus talentos. También puede evitar que una persona desarrolle su potencial.

Pocos de nosotros experimentamos el tipo de trauma que sufrió Holly, pero la mayoría de las personas sí recuerdan incidentes que les hicieron cuestionar su autoestima y que todavía los afectan hoy. La mayoría de las personas reconoce signos de baja autoestima en ellas mismas y en los demás, entre los cuales vemos:

- Dificultad para afirmarte a ti mismo.
- Sentirte inhibido en ciertas situaciones.
- Indecisión.
- Necesidad excesiva de aprobación.
- Dificultad para tolerar la imperfección en ti mismo o en otros.
- Sentirte inadecuado o incompetente, que no eres lo suficientemente bueno o no estás a la altura.
- Sentirte intimidado por aquellos que parecen tener un ego más fuerte.
- Compararte con otras personas, sintiendo que tienen lo que no tienes tú.
- Ser demasiado sensible a las críticas.
- Evitar la competencia por miedo al fracaso.
- Miedo a actuar: estás convencido de que harás el ridículo.
- Miedo a tener éxito: no querer que otros te envidien, miedo a la reacción competitiva.
- Dejar que la ansiedad por el rendimiento te reprima profesionalmente; no puedes mostrar tus habilidades.
- Pensar obsesivamente sobre cómo te comportaste durante un encuentro social estresante.
- Preocuparte por cómo te perciben los demás.
- Dejar que las inseguridades interfieran con tus relaciones.
- Evitar ser el centro de atención, pero resentir la falta de reconocimiento que recibes.
- Dificultad para expresar ira o sentimientos negativos en forma directa.

- Dificultad para pedir lo que quieres, en particular si es emocionalmente importante para ti.
- Dificultad para aceptar cumplidos.
- Deseo de poder y autoridad, pero tener dificultades para marcar tu territorio.
- Dificultad para acceder al grupo de poder.
- Sentirte pequeño, débil y que se aprovechan de ti fácilmente.
- Rebajarte tú mismo antes de que otros tengan la oportunidad hacerlo.

A algunos de nosotros nos parece muy familiar esta lista. Se ha escrito mucho sobre estos indicadores, y la mayoría requiere muy poca explicación. Pero he dejado algo fuera de esta lista, algo que rara vez se reconoce como relacionado con la autoestima, y sin embargo, es una piedra angular de la baja autoestima.[19] Es la necesidad de *gratificación inmediata*.[20]

¿Tienes problemas para seguir una dieta? ¿La suspendiste antes de tiempo porque no puedes resistirte a comer ese pedazo de pastel de chocolate? ¿Compras cosas que no puedes pagar, bebes ese segundo o tercer trago, o buscas otras soluciones rápidas que ya has decidido que no son buenas para ti a largo plazo?

La dificultad para retrasar la gratificación es común entre los sobrevivientes del abandono infantil. Es una fuente de autosabotaje (el dominio del niño exterior, que se explorará en el próximo capítulo); interfiere con tu capacidad para lograr objetivos a largo plazo, como la impresión que Holly tenía de que podría haberse convertido en doctora como su hermano.

Era tan competente como mi hermano. Pero no quería estudiar todo eso, pasar todos esos años con poco dinero y pocas horas de sueño. Ya me sentía lo suficientemente miserable y además estaba decepcionada de mí misma. Necesitaba algo que me hiciera sentir bien, de inmediato. Por eso fui a California. La banda me hizo sentir como una reina, al menos por un tiempo.

Quienes pueden esperar una gratificación suelen ser aquellos cuya autoestima es buena. ¿De dónde la sacaron? Es muy posible que tengan talento innato y hayan cosechado el éxito que surgió del mismo. Pero tras bambalinas, suele haber un ser querido que los alentaba activamente, recordándoles su valor inherente. Sus familias pueden haber tenido altas expectativas, reforzado su confianza, haberlos hecho sentir merecedores del éxito y capaces de lograrlo.

La verdad es que muchas de las personas que tienen dificultades para retrasar la gratificación el tiempo suficiente para lograr una meta a largo plazo suelen ser tan inteligentes y talentosas como quienes lo hacen con facilidad. Algunos sí tienen éxito cuando aplican sus habilidades y dones. La diferencia es que sienten una urgencia que surge de sus dudas y su hambre emocional. Esta dice: «Necesito una dosis ahora».

¿Por qué necesitan una gratificación inmediata? ¿Y cómo se relaciona con la autoestima?

En el capítulo sobre abstinencia hablamos acerca del hecho de que muchos sobrevivientes del abandono sufrieron períodos prolongados durante la infancia en los que sus padres no estaban física o emocionalmente disponibles. Tal vez recuerdes esa sensación de vacío, aquellas veces en que sentiste que necesitabas algo que no podías obtener o esperabas algo que nunca llegó. No podías obligar a tus padres a cuidarte mejor. Entonces, ¿qué pasó con esa hambre emocional, esos sentimientos de frustración?

Lo más probable es que los hayas internalizado.

Volcaste la frustración hacia ti mismo. Perdiste las esperanzas de atraer la atención de papá o volver a ser el favorito de mamá. Te creías indigno o inadecuado de alguna manera importante. A medida que tus necesidades se hicieron más y más urgentes, aprendiste que había formas de posponerlas temporalmente. Buscaste la solución más rápida y fácil que pudiste encontrar: comida, televisión, masturbación, ejercicio compulsivo, cualquier cosa para sofocar esos sentimientos inquietantes.

A veces, los niños que internalizan el hambre emocional llevan esos sentimientos de frustración a la edad adulta. Se convierten en adultos cuya necesidad de gratificación inmediata interfiere con los principales objetivos de su vida. Se encuentran atrapados en el último peldaño de la escalera del éxito y se culpan por ello.

Si bien algunos sobrevivientes del abandono infantil tienen bajo rendimiento, otros rinden más de lo esperado, se esfuerzan constantemente por compensar lo que creen con firmeza que son defectos. Siempre están trabajando, negándose las recompensas. Tanto los que superan el rendimiento como los que tienen un rendimiento bajo quedan atrapados en un círculo vicioso de autodesprecio que se ubica en el centro de estos extremos.

Muchos sobrellevan sus sentimientos de incomodidad automedicándose con fármacos de todo tipo. Recurren a drogas y actividades para atemperar la urgencia que surge del acopio cada vez mayor de necesidades insatisfechas. Ya sea comida, bebida, ejercicio, trabajo, Facebook o amantes, se vuelven dependientes de cualquier cosa o persona capaz de calmarlos, adormecerlos o distraerlos de su hambre emocional.

El antídoto para estos patrones de dependencia y relaciones codependientes,[21] que se intensifican por sí mismos, es atreverte a nombrar tus objetivos, perseguir tus sueños abandonados y luchar por un estado mental más elevado (inspirado en los babuinos). Aprendes a revertir el *abandono de ti mismo.*

El autoabandono se refiere a amarse a uno mismo *solo lo suficiente* como para darte gratificaciones instantáneas (por ejemplo, caramelos), pero *no lo suficiente* como para posponer esas gratificaciones y dar los pasos necesarios con el fin de conseguir lo que realmente deseas o necesitas: tal vez un cuerpo delgado o una relación amorosa saludable, una carrera exitosa o estabilidad financiera. Perder nuestros objetivos a largo plazo ante la necesidad de soluciones rápidas es una de las principales formas en que nos abandonamos.

Cuando finalmente tomamos en serio el cuidado personal, amándonos de manera sustancial, podemos renunciar a las gratificaciones inmediatas y tomar las rutas más largas que conducen a un logro real. El tercer ejercicio de *Akeru* está diseñado para facilitar este proceso. Nos ayuda a abrir nuevas ventanas de oportunidad, a tomar nuevas decisiones y romper barreras en el camino para alcanzar nuestro verdadero potencial.

TERCER EJERCICIO DE *AKERU*: «CONSTRUIR UN PAISAJE DE ENSUEÑO»

El tercer ejercicio consiste en trabajar *con* la energía implicada en el proceso de internalización. Este ejercicio aprovecha uno de tus recursos más poderosos, tu imaginación. Puedes practicarlo en cualquier momento, mientras conduces tu automóvil o en la caminadora en el gimnasio, siempre que tengas unos minutos para centrar tu atención en tus pensamientos.

Los dos primeros ejercicios de *Akeru* sentaron las bases para este tercer ejercicio. *Vivir el momento presente* te ayudó a usar el momento como una forma de lidiar con el dolor e intensificó tu experiencia del mundo que te rodea. El diálogo *Yo Grande, Yo Pequeño* te pone en contacto con tus sentimientos y necesidades básicos. Aprendiste a amarte y a cuidarte.

Este tercer ejercicio, un ejercicio de visualización, te lleva un paso más allá. Fortalece y mejora tu nueva relación contigo mismo. Si la internalización es un momento de enfoque interior, puedes usar la energía entrante para ayudar a reconstruir tu núcleo interno y crear un cambio positivo en tu vida. La visualización implica el uso activo de tu imaginación.[22] Una vez más, en la recuperación a partir del abandono, la imaginación te conecta con tu poder superior.[23]

Mediante la visualización guiada, debes enfocar tu energía en metas, sueños e ideales, sentando las bases sobre las cuales construirás un nuevo yo. El proceso introduce un conjunto de principios que llamo las *cuatro piedras angulares del yo*.

Es durante la etapa de internalización descrita en este capítulo cuando la lesión que has sufrido a raíz de una ruptura puede afectar tu imagen propia. Lamentablemente, muchas personas intentan luchar contra esta lesión jugando según sus reglas; luchan contra el daño narcisista con defensas narcisistas. Se dicen a sí mismas *soy* importante. *Soy* sexy. *Yo* valgo más que él. *Soy* exitosa. Estas afirmaciones ponen todo el énfasis en tus atributos, en lo atractiva o talentosa que eres.

Pero las *cuatro piedras angulares del yo* no se basan en tus talentos especiales. El punto no es enumerar tus atributos físicos, habilidades o logros profesionales. Los pilares son algo más básico y abordan los aspectos intrínsecos y universales de lo que significa ser un ser humano. Son inalienables y trascienden el ego. Ni la edad ni la discapacidad ni el abandono pueden disminuirlos. Son tus propios principios invencibles de tu yo interior que nadie puede quitarte.

Las cuatro piedras angulares del yo

1. **Enfréntate, acepta y, en última instancia, celebra tu separación como persona.** Cada uno de nosotros es un ser humano completamente separado, sea que estemos en una relación o acabemos de terminarla. Llegamos y nos vamos solos de este mundo.

2. **Celebra la importancia de tu propia existencia. No eres más o menos importante que nadie.** La existencia de cada persona es importante, y depende de ti valorar y respetar la tuya. Independientemente de tu edad, tus atributos o capacidades físicas, la existencia de cada persona es un regalo fugaz y precioso que debe hacerse realidad en el momento.

3. **Encara y acepta tu realidad.** No importa cuán difíciles sean las cosas para ti, es la única realidad que tienes en este momento. Recuerda que la realidad siempre está cambiando y que tú eres la fuerza que la mueve hacia delante. Es posible que no hayas elegido los desafíos que enfrentas ahora, y es posible que no tengas la culpa de las cosas que han salido mal. Pero la situación es tuya. Puedes arremeter contra ella —tratar de cambiar lo inmutable—, o sacar el máximo provecho de ella en ese momento. Esto implica cultivar la aceptación *radical*. La responsabilidad de cambiar lo que está en tus manos te pertenece a ti.

4. **Incrementa tu capacidad de amar.** Creo que la mayoría de las personas usa solo alrededor del 5% de su capacidad de amar. El amor es uno de los poderes más fascinantes que poseemos como seres humanos. No se puede controlar el amor de otra persona, pero se puede incrementar la capacidad propia de dar y recibir amor y todos los beneficios que se derivan de ello.

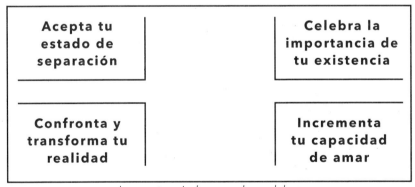

Las cuatro piedras angulares del yo

Construir un paisaje de ensueño

Este ejercicio proporciona el vehículo a través del cual puedes incorporar estos cuatro principios en tu pensamiento y en tus creencias básicas. Consiste en utilizar la imaginación para construir un paisaje imaginario en el que estén integradas las *cuatro piedras angulares.*

Tu objetivo en la recuperación a partir del abandono no es tan solo leer y comprender los pilares intelectualmente, sino adoptarlos y que produzcan un cambio en ti. De esta manera, estás utilizando el proceso de internalización para tu beneficio.

Todo lo que necesitas son unos cuantos minutos. El ejercicio produce resultados rápidos.

En el pasado, me refería a este ejercicio como la «Casa de los sueños», pero a lo largo de años de usarlo en mis talleres, algunas personas me señalaron que les resultaba difícil visualizar una *casa* imaginaria per se por una variedad de razones válidas.[24] Como el ejercicio ofrece tantos beneficios, lo he reestructurado como un *paisaje de ensueño* para hacer que el proceso sea más accesible universalmente.

Para crear el paisaje de ensueño, debes centrar tu atención en el momento presente y prepararte para utilizar tu cerebro imaginativo activamente y estimular la corteza visual espacial y otras áreas del cerebro. La primera tarea es imaginar que tienes a tu disposición recursos financieros ilimitados. El objetivo no es el materialismo sino la libertad de crear sin límites. No es necesario *creer* que alguna vez recibirás estos recursos; solo tienes que *imaginarlos* para que este ejercicio sea efectivo. Fantasear con este material es un entrenamiento mental poderoso.

La razón de imaginar *recursos financieros ilimitados* es ayudarte a ignorar a tus guardianes internos de modo que puedas proyectar lo que realmente necesitas y deseas en tu paisaje de ensueño, sin engañarte a ti mismo. Muchos sobrevivientes del abandono tienen la sensación de que no tienen derecho. Al imaginar *recursos financieros ilimitados*, finalmente pueden explorar sueños a los que no se atreverían a aspirar de otro modo. A muchos les da miedo soñar en grande para evitar sufrir más decepciones. Este ejercicio tiene que ver con trascender eso.

El segundo requisito es que construyas un paisaje de ensueño que obedezca las leyes de la realidad (en otras palabras, no una alfombra voladora). En tercer lugar, debe servir como una estructura de vida, porque te va a contener imaginativamente, junto con tus necesidades, fortalezas, deseos, desafíos, sueños y potencial, todo lo que eres. Incrustas los cuatro principios dentro de esta estructura. Al hacerlo, esta se convierte en un contenedor seguro dentro del cual inculcar el crecimiento y el cambio.

En tercer lugar, este contenedor debe proporcionar *refugio* para que puedas imaginarte permanecer dentro de él sin importar el clima que haga afuera. Debe tener forma y figura porque es algo que tu imaginación va a *diseñar y construir*, no necesariamente con tus propias manos, sino tal vez a través de artesanos y ayudantes que se benefician cuando tú realizas tus sueños. Mientras imaginas el desarrollo de esta estructura, la estás imbuyendo involuntariamente con todo lo que eres y con aquello en lo que te estás convirtiendo.

Tu paisaje de ensueño no tiene que parecerse a una villa de vacaciones estereotípica. Puede ser un cobertizo en una vasta extensión de tierra; un complejo filantrópico que hayas creado para beneficiar a niños u otras personas necesitadas; un rincón renovado de una habitación en la que ya resides. No es necesario que vivas en él durante todo el año, solo un lugar donde puedas permanecer feliz durante el tiempo que desees.

En aras de la simplicidad, me referiré a él como un paisaje de ensueño o una casa de los sueños, pero no dudes en sustituido por cualquier estructura que tu corazón desee. Solo asegúrate de que sea lo suficientemente grande como para albergar a otras personas en caso de que elijas incluirlas y que, al diseñarla, tus guardianes internos no hayan restringido el alcance o el tamaño de tus sueños.

Recuerda, no es necesario tratar de creer que nada de esto se está haciendo realidad. De hecho, la *presión de creer* interfiere en el uso libre de tu imaginación. Creer que «las cosas buenas vienen hacia ti» requeriría *esperanza*, y para muchos sobrevivientes del abandono, la *esperanza* es precisamente de lo que más carecen. Por fortuna, para que este ejercicio funcione, no tienes que convencerte de que realmente recibirás la casa de tus sueños o los beneficios que esta simboliza. Todo lo que se requiere es evocarla y visualizarte dentro de ella en algún momento en el futuro, sentirte tranquilo, amoroso y comprometido en actividades satisfactorias, incluidas aquellas que involucran a otras personas. Crear estas imágenes mentales de ti mismo siendo tan comprometido estimula tus neuronas espejo,[25] las cuales te ayudan a practicar conjuntos de habilidades que maximizan tus posibilidades de lograr algunas de tus metas más difíciles.

Para crear este paisaje de ensueño, solo se necesitan unos minutos, pero los beneficios comienzan casi de inmediato. La actividad está diseñada para ser placentera. Promueve sentimientos de anticipación optimista para lo que es posible, proporcionando su propia recompensa incorporada. El sistema de recompensa del cerebro está relacionado con la dopamina, un neurotransmisor que media la respuesta «tengo que tenerlo» de la adicción a las drogas[26] y es fundamental para transformar el comportamiento en hábitos. La dopamina se produce en previsión de una recompensa.[27] Evocar el paisaje de ensueño provoca, nutre y da placer al cerebro con una expectativa esperanzadora; al hacerlo, rocía el cerebro con dopamina (y opioides) que te ayudan a conectarte con todos los sentimientos positivos, metas y actividades que proyectas involuntariamente en su estructura.

El desarrollo de este paisaje de ensueño es un acto de autoprotección que te despierta a un santuario interno creado por ti mismo y agrega otra capa de beneficio a la atención plena y la bondad amorosa.

La visualización es una herramienta poderosa. Este entrenamiento mental te permite anular las limitaciones del aprendizaje puramente cognitivo. ¿Cuántos teleadictos pueden recitar una lista de riesgos para la salud asociados con la inactividad, pero de todas formas no pueden revisar su estilo de vida? Este ejercicio te lleva más allá de las limitaciones cognitivas y te libera.

Cuando los maestros de karate se preparan para romper un bloque con las manos, dirigen su energía no al bloque en sí, sino al espacio *más allá del bloque*. Del mismo modo, visualizar tu paisaje de ensueño enfoca tu energía en el espacio *más allá de tus propios bloques*, con lo que puedes abrirte paso. Al usar tu imaginación para contemplar tus sueños, estás aprovechando la energía internalizadora y llevando tus poderes visionarios al espacio *más allá* de las dudas más serias sobre ti mismo y tus compulsiones más tenaces, a un terreno interno imaginario donde tus metas son alcanzables.

La evidencia clínica de la efectividad del ejercicio se mide en las mejoras de la vida y proviene de muchas fuentes: mi propia experiencia al usarlo, mis clientes, los asistentes al taller, otros médicos y profesionales de una variedad de campos. Todos informan cambios notables. Dentro de los paisajes imaginarios que creamos, forjamos nuestro nuevo ser y dirigimos nuestra vida en nuevas direcciones.

Es posible que inicialmente te resistas a esta técnica porque requiere un poco de fantasía. Por ahora, deja a un lado tus dudas. Pruébala y luego decide si continuarás, según los cambios que observes en tu forma de pensar y comportarte.

Solo tienes que dejarte guiar a través de la visualización una vez. Después, podrás evocar tu paisaje de ensueño en cuestión de segundos. De hecho, la idea es mantener una imagen del paisaje de ensueño en tu pantalla mental, de modo que puedas regresar a él durante todo el día, como una especie de mantra.

EMPECEMOS

Construir un yo. Comienza cerrando los ojos e imaginando que tienes finanzas ilimitadas a tu disposición. Quizás hayas ganado el premio gordo de la lotería. Recuerda que es importante mantenerte dentro de las leyes de la realidad. Por ejemplo, no puedes revivir a las personas de la muerte ni controlar el comportamiento de otras personas (es decir, hacer que te amen), pero puedes lograr muchas cosas con suficiente dinero.

Imagina el escenario ideal para el paisaje de ensueño definitivo, uno tan satisfactorio en sus detalles que podrías felizmente vivir solo en él si tuvieras que hacerlo.

¿Qué entorno sería adecuado para estos propósitos? ¿Nieva ahí en los meses de invierno? ¿O es tropical? ¿Está en la cima de una montaña? ¿Se ve desde ahí el mar, un río, lago o valle? ¿Está en un bosque denso, en una zona rural de cultivo, en la ciudad? ¿Es un barrio acogedor? ¿Un departamento con vistas gloriosas? ¿Es una comunidad planificada con lujos integrados? ¿Es donde vives ahora o en otro país?

(Haz una pausa y tómate un tiempo para visualizar).

Ahora comienza a pensar en la estructura misma. Recuerda que el dinero no es un problema. Si lo pequeño y acogedor te conviene, que así sea. Si lo que tienes en mente, anímate es una mansión, ¡adelante!

El objetivo es crear un lugar tan ideal para tus necesidades que dentro de él puedas *celebrar tu separación* como ser humano. Tú y Pequeño estarán contentos de pasar tiempo a solas, en paz y felices en este paisaje de ensueño. Tiene todo para satisfacer tanto a tu ser adulto como a tu yo infantil. Si necesitas fosos o cercas de hierro para que tú y Pequeño se sientan seguros, inclúyelos en tus planos. Coloca jardines en la propiedad para satisfacer tus necesidades emocionales y caprichos. Puedes elegir tener una gran propiedad o ubicar tu casa justo en la calle principal de tu ciudad favorita.

(Pausa).

Ahora piensa en el espacio dentro del refugio. ¿Cuánto espacio necesitarás? No importa qué tipo de refugio contenedor hayas diseñado, necesitarás un lugar para almacenar o preparar alimentos y un lugar para protegerte de la lluvia y la nieve. Si es una casa, ¿dónde está la cocina? ¿La sala de estar? ¿Hay biblioteca, capilla, observatorio, sala de meditación? ¿Qué pasa con las escaleras? ¿Hay rincones y rendijas? ¿Cuartos de huéspedes? Tómate unos minutos para pensar en la calidad del espacio interno.

(Pausa).

Piensa en tu lugar favorito dentro de la estructura: su corazón y alma, el lugar donde pasas la mayor parte de tu tiempo, donde te sientes más centrado y cómodo. ¿Es en la cocina, sentado en un mostrador que tiene una hermosa vista? ¿Es recargado contra tu árbol favorito? ¿O sentado en el estudio en la silla más cómoda del mundo?

Una vez que hayas decidido cuál es el centro emocional del paisaje de ensueño —tu lugar favorito— siéntate en él, tranquilo, pero aún totalmente consciente y alerta.

(Pausa).

Imagínate sentado en tu lugar favorito y que una vista cautivadora te atrae hacia el momento presente. ¿Qué puedes ver que te hace sentir tan completamente vivo? Contemplando este panorama, aprecias la *importancia de la existencia misma*. ¿Qué tiene que te cautiva tanto? ¿Un arroyo? ¿Una cascada? ¿Montañas? ¿Una catedral de árboles? ¿Playa? Imagina una vista que te ponga en contacto con la vida misma y te ayude a vivir verdaderamente el momento presente.

(Pausa).

¿Cuál es el sentimiento general del refugio en el que te encuentras? ¿Está lleno de luz? ¿Ofrece privacidad o es abierto? ¿Qué cosas especiales hay en él? ¿Una vieja estufa de leña? ¿Un piano? ¿Conchas marinas? Las comodidades y los placeres que te rodean deben ser muy completos para que este espacio se convierta en el único lugar en el que puedas *aceptar cualquier realidad* que debas afrontar, sin importar cuán difícil sea, incluso la que estás afrontando en este momento. ¿Qué cosas atraen tu atención de una manera placentera, lejos de los pensamientos dolorosos y hacia el momento presente? ¿Un pájaro fuera de la ventana? ¿La fragancia de las flores? ¿El rugido del océano? ¿Una fotografía? ¿Una pintura?

El espacio contiene estos elementos especiales, y la vista más allá abarca elementos maravillosos de la naturaleza. ¿Hay caballos galopando? Todo esto te ayuda a aceptar tu realidad, no importa cuán desafiante sea.

(Pausa).

Crea una imagen de ti mismo dentro de dos años en tu paisaje de ensueño, sintiéndote tranquilo y satisfecho. Es importante que te imagines involucrado en futuros proyectos productivos para estimular esas neuronas espejo. ¿Qué actividades significativas ocupan la mayor parte de tu tiempo? ¿Estás disfrutando del ocio o de un nuevo trabajo emocionante? ¿Estás embelleciendo un jardín? ¿De viaje? ¿Pintando? ¿Cocinando? ¿Organizas reuniones familiares? ¿Obtienes un título? ¿Construyes una nueva carrera? ¿Qué carrera? ¿Pasas mucho tiempo al aire libre? ¿Visitas a tus amigos?

Presta especial atención a evocar imágenes de ti mismo participando en actividades positivas y sintiéndote bien mientras las realizas.

(Pausa).

¿Qué amigos y familiares te gustaría incluir en tu mundo? Imagina que ya han pasado dos años. ¿Tienes quizá una pareja nueva? ¿Tienes hijos? ¿Vives felizmente solo? ¿Alguien, un amigo o pareja, comparte el paisaje de ensueño contigo?

¿En qué habitaciones interactúas con ellos? ¿Sala de estar? ¿Habitación? ¿Alrededor de la mesa de la cocina? Asegúrate de imaginarte interactuando con las personas de la manera en que te gustaría hacerlo: haciendo el amor, acurrucándote, divirtiéndote o disfrutando conversaciones maravillosas. Crea una imagen mental de ti mismo escuchando a los demás atentamente y preocupándote por ellos y por la calidez que generas.

(Pausa).

Imagina que tu *capacidad de amar* aumenta cada día en este espacio. Todas las personas en tu vida sienten tu amor. Tu cariño ocupa un lugar especial dentro de cada una de ellas, conectándolos de manera profunda y significativa. Sientes esta conexión con los que están a tu lado y con los que están lejos.

Esta nueva generosidad de espíritu fluye desde tu creciente capacidad de amar. Se deriva de tu capacidad de *aceptar tu separación* como persona, *apreciar la importancia de la existencia misma* y *abrazar tu realidad.* Imagina dónde están estas personas ahora. ¿En el piso de arriba? ¿Entrando por la puerta del garaje en este momento?

(Pausa).

Ahora evoca todo el paisaje de ensueño, las personas en el fondo, tu nueva ocupación o actividad, el escenario. Reúne todo lo que puedas en una sola imagen.

(Pausa).

Este paisaje de ensueño eres *tú*, el tú en quien te estás convirtiendo. Su arquitectura, adornos y entorno representan tus necesidades físicas y emocionales como ser humano y tus sueños y metas más profundos. Es la dirección en la que estás llevando tu vida.

Para aprovechar al máximo los beneficios de este ejercicio, practícalo de manera constante y frecuente. Puesto que no es necesario reconstruir la estructura cada vez que evoques la imagen, solo te tomará un momento. No necesitas recitar las cuatro piedras angulares. Solo asegúrate de que el paisaje de ensueño que te imaginaste toma en cuenta a cada una de ellas. Celebra *tu sepa-*

ración, el don de la existencia, tu realidad y *tu capacidad de amar* solo por estar contenido dentro de él.

El paisaje de ensueño le da a tu cerebro un ejercicio energético.[28] Para aumentar sus beneficios, debes imaginar con frecuencia que participas en actividades productivas en el futuro. Más allá de activar tus neuronas espejo, tu sistema de recompensa de dopamina y tu corteza prefrontal izquierda, al crear estas imágenes visuales, estimulas la fábrica de la imaginación de tu cerebro —el lóbulo parietal—, así como otras áreas integradoras, incluidas aquellas relacionadas con el enfoque, la resolución de problemas, la planificación y el cálculo espacial, por nombrar algunas.[29] Dada la capacidad del cerebro para desarrollar conexiones neuronales nuevas, este ejercicio seguramente proporciona una alimentación cerebral potente.

Te recomiendo mantener tu paisaje de ensueño en tu pantalla mental durante todo el día, y volver a él de manera imaginativa y activa no menos de tres veces al día durante unos minutos cada vez. Continúa esto por un período de tres meses (y más) para ver cambios reales en tu vida. No hay necesidad de cerrar los ojos. Puedes volver a visitar la imagen mientras viajas en transporte público o esperas en la oficina de correos.

A medida que identifiques nuevas metas, renueva tu paisaje de ensueño para incluirlas, de modo que esté actualizado (o se mantenga por delante) de tus necesidades actuales. Prepárate para la locomoción hacia adelante. Te estás desarrollando rápidamente como persona; tus necesidades están cambiando. Estás afinando tus metas. Puedes decidir trasladar tu paisaje de ensueño a otro país. Hazlo más pequeño o más grande. Agrega una habitación o derriba una. Cambia tu lugar favorito de una habitación a otra. Imaginar estos cambios es una buena terapia física para el cerebro.

Al renovar, te conviertes en un arquitecto virtual. Cuando descubres el mejor lugar para un armario, una escalera, un nuevo sendero de jardín o un huerto, sin saberlo, estás ejerciendo tu capacidad para resolver problemas paralelos en la vida real. Cuanto más vívida sea la imagen, mejor será el entrenamiento mental. Muchos hacen un bosquejo de sus paisajes de ensueño para llevarlos con ellos. ¡Excelente! Recuerda que es importante mantener la imagen en tu pantalla mental e imaginarte activamente dentro de ella al menos tres veces al día.

El paisaje de ensueño aprovecha uno de tus recursos más poderosos: la imaginación. Por medio de ella, te conviertes en el ingeniero y arquitecto de tu propia vida.[30] Como diseñador maestro, creas un lugar seguro y placentero que se adapta a tus principales necesidades, objetivos y deseos. El paisaje de ensueño representa tu verdadero ser y al mismo tiempo te da un lugar para crecer. Crea un sentido de futuro positivo.

La visualización del paisaje de ensueño incorpora la atención plena y la bondad amorosa en una estructura mental interna en la que puedes incubar el amor y avanzar en tu vida.

¿Qué parte de nuestra mente realiza la construcción, el diseño y la resolución de problemas en este ejercicio? Supongo que nuestra fuente de esperanza hace el trabajo de visualización. Esta esperanza, si bien podemos no sentirla durante el abandono, está profundamente arraigada, lista para trabajar para nosotros, y ayudarnos a liberarnos de barreras como la baja autoestima y la complacencia desmesurada. En nuestra imaginación, somos liberados para descubrir el poder superior que tenemos dentro.

¿Dónde ha estado este yo todos estos años? Cuando éramos niños pequeños, recién comenzábamos a descubrir el uso de nuestras extremidades, las usábamos para alejarnos de nuestra madre y explorar el mundo que nos rodeaba. La visualización fortalece esa parte incipiente de nosotros que quiere explorar, ejercer su autonomía, experimentar la libertad de las restricciones de las viejas relaciones y avanzar hacia el futuro.

RESUMEN DE LA INTERNALIZACIÓN DEL RECHAZO

Durante la etapa de internalización, nos encontramos en el corazón del proceso de lesión contra uno mismo. Interiorizamos sentimientos de rechazo y ansiedad por estar solos.

La energía de la interiorización es poderosa. Actúa como una fuerza centrípeta que arrastra los sentimientos de rechazo y deserción hacia nuestro centro, donde se forjan nuestras creencias centrales, donde silenciosamente nos juzgamos como indignos o incapaces de infundir amor.

Cuando éramos niños y nos sentíamos abandonados, éramos menos capaces de luchar contra la falta de confianza en nosotros mismos y contra las ansiedades; éramos menos resistentes emocionalmente y nos herían con mayor facilidad. Interiorizábamos los sentimientos de rechazo. Teníamos miedo de quedarnos solos.

De niños, erigimos barreras improvisadas. Creamos guardianes internos para evitar que el dolor y el miedo nos socavaran profundamente.

Cuando nos convertimos en adultos, la pérdida de nuestro apego al amor despierta a los guardianes internos que han estado impidiendo en secreto que la vida entre. Sentimos todo con entusiasmo una vez más.

Emergemos de la herida del ego, y dejamos de elegir dudar de nosotros mismos o devaluarnos.

Es hora de internalizar los buenos sentimientos, para celebrar el regalo de nuestra propia existencia. La recuperación a partir del abandono contempla una visión que nos permite evitar a los guardianes y reconstruirnos con sueños, metas, aceptación y amor.

La internalización nos lleva a un lugar muy profundo, donde luchamos contra los demonios de la baja autoestima y el miedo.

Es el Getsemaní del alma, del cual emergemos con humildad, fuerza y visión.

NOTAS

[1] Darwin dijo que los síntomas de duelo en adultos son similares a los que ocurren después de la separación de los bebés no humanos de las figuras de apego. Estos síntomas incluyen retraimiento social, tristeza, disminución de la ingesta de alimentos y trastornos del sueño. David Benton y Paul Brain dicen que la angustia de separación y la retirada de un objeto de apego se asocian con llanto, irritabilidad, depresión, insomnio y anorexia. La semejanza de los síntomas sugiere que reflejan mecanismos neuronales comunes (incluida la regulación por medio de opioides endógenos). Véase Benton y Brain, «The Role of Opioid Mechanisms».

[2] Consúltese Kohut, *The Restoration of the Self*, y Kernberg, *Borderline Conditions and Pathological Narcissism*. Véase también Lewis, *Shame and Guilt in Neurosis*.

[3] William McKinney describe dos respuestas a la pérdida comúnmente observadas: protesta y desesperación. La protesta representa una respuesta activa, como el llanto y las manifestaciones motoras de dolor; la desesperación (la etapa que sigue a la protesta) representa una respuesta tranquila y retraída, como volverse inactivo y retraído socialmente. Véase McKinney, «Separation and Depression».

[4] Véase Kübler-Ross, *On Death and Dying*; Bowlby, *Loss: Sadness and Depression; Attachment and Loss, III*; Ainsworth, «Attachments and Other Affectional Bonds across the Life Cycle»; Colin, *Human Attachment*.

[5] Véase Hofer, «Hidden Regulators»; Colin, *Human Attachment*; Vormbrock, «Attachment Theory»; Weiss, *Loneliness: The Experience of Emotional and Social Isolation*, y Weiss, *Marital Separation: Managing after a Marriage Ends*.

[6] Véase Boss, *Ambiguous Loss: Learning to Live with Unresolved Grief*.

[7] Consúltese Bowlby, *Loss: Sadness and Depression; Attachment and Loss, III*, y Kübler Ross, *On Death and Dying*.

[8] Véase Rinpoché, *The Tibetan Book of Living and Dying*. También véase Chodron, *When Things Fall Apart*.

[9] Exploro el vínculo traumático en *Taming Your Outer Child*, pp. 157–162, 254, y en *The Abandonment Recovery Workbook*, pp. 263–264. También véase Hoffman, *Amorous Turkeys and Addicted Ducklings*, y Sapolsky, *Why Zebras Don't Get Ulcers* y *A Primate's Memoir*.

[10] Estudios comparativos mostraron que la mejora de 73% de los pacientes tratados con antidepresivos se duplicó con placebo solamente. Véase Kirsch y Sapirstein, «Listening to Prozac but Hearing Placebo: A Meta-analysis of Antidepressant Medication», y Kirsch, «Reducing Noise and Hearing Placebo More Clearly». Para una refutación, véase Klein, «Listening to Meta-analysis and Hearing Bias». Los tres artículos están en *Prevention and Treatment* (1998).

[11] El estudio del babuino es de Sapolsky, «Social Subordinance as a Marker of Hypercortisolism», pp. 634-635.

[12] *Ibidem*, p. 632.

[13] El gurú del abandono, Peter Yelton, enfatiza la dificultad para mitigar la vergüenza del abandono. Jerome Kagan dice que la vergüenza proviene de dos factores: *1)* cuando un individuo «cree que no había tenido la opción de cometer una desviación de las expectativas» (como perder su relación por el abandono), y *2)* cuando «otros saben de la violación» (como cuando los amigos notan la ausencia de tu pareja y observan que estás aislado). La culpa es más intensa en el desarrollo que la vergüenza porque tiene una base cognitiva. Cuando la culpa y la vergüenza se mezclan, crean la dolorosa condición de tormento (como la que se experimenta durante la etapa de internalización del abandono). Véase Kagan, *The Nature of a Child*, pp. 145–147. Véanse también Lewis, *Shame: The Exposed Self*, y Lewis, *Shame and Guilt in Neurosis*. Para un enfoque de autoayuda, véase Bradshaw, *Healing the Shame That Binds You*.

[14] La cita está tomada de Balint, *The Basic Fault: Therapeutic Aspects of Regression*.

[15] Visita mi sitio web, www.abandonmentrecovery.com, para ver un calendario de los próximos talleres de recuperación a partir del abandono y para aprender cómo establecer o unirte a grupos de apoyo de abandono en curso. Los programas están disponibles en Estados Unidos. Para grupos con intereses comunes, hay un formato fácil de seguir y cincuenta preguntas sobre temas disponibles. Hay mucha ayuda disponible en mi sitio web.

[16] Véase Watkins Maier y Fleshner, «Psychoneuroimmunology», p. 1008. Véase también Schleifer y otros, «Suppression of Lymphocyte Stimulation Following Bereavement».

[17] Véase Eysenck, «Anxiety, Learned Helplessness and Cancer».

[18] Los factores fisiológicos pueden predisponer a una persona a desarrollar baja autoestima o sensibilidad al rechazo. Donald Klein postuló la existencia de factores psicobiológicos que pueden provocar que uno padezca un dolor intensificado en respuesta a la pérdida. Véase Klein, «Anxiety Reconceptualized». Robert Cloninger sugirió que las personas con norepinefrina excesiva tienden a ser sumamente dependientes del apoyo emocional y la intimidad, y responden muy bien a las señales y expectativas sociales.

Véase Cloninger, «Unified biosocial theory of personality and its role in the development of anxiety states», pp. 220-226.

[19] Para libros que tratan sobre el tema de la autoestima, véanse Sanford y Donovan, *Women and Self-Esteem*; Branden, *Honoring the Self*, y Coopersmith, *The Antecedents of Self-Esteem*.

[20] Sol Gordon hizo hincapié en que la «necesidad de gratificación inmediata» es una característica clave de la baja autoestima. Véase Gordon, *When Living Hurts*.

[21] Véase Beattie, *Codependent No More*, y Whitfield, *Co-Dependence: Healing the Human Condition*.

[22] Véase Fox, «The Brain Can Produce Antidepressants with the Right Signal», y Eckman, «Facial Expressions of Emotion: New Findings, New Questions».

[23] Véase Wattles, *The Science of Getting Rich*. Según Candace Pert, la visualización aumenta el flujo sanguíneo hacia una parte del cuerpo y aumenta la disponibilidad de oxígeno y nutrientes para eliminar las toxinas y nutrir las células. Véase Pert, *Molecules of Emotion*, p. 146.

[24] Las razones incluyen lo siguiente: *1)* Acabas de construir la casa de tus sueños real. *2)* Estás afligido por la muerte de un ser querido; la «culpa de supervivencia» te impide dar rienda suelta a tus propias necesidades y deseos egoístas. *3)* Tú o alguien cercano a ti está luchando con una enfermedad que hace que el futuro sea incierto. *4)* Tus experiencias y traumas anteriores crean asociaciones negativas con el concepto de «casa». *5)* Te sientes incómodo con el materialismo inherente a la premisa de la «casa de tus sueños». *6)* Tienes dificultades para suspender tu necesidad de «creer» y consideras que la casa futura es demasiado exagerada para ser «creíble».

[25] Iacoboni, *Mirroring People: The New Science of How We Connect with Others*.

[26] Véase Ruden y Byalick, *The Craving Brain: The Biobalance Approach to Controlling Addiction*.

[27] El comportamiento de búsqueda de drogas es más gratificante que la droga misma (las neuronas de dopamina aprenden a predecir la recompensa). *Buscar la droga* involucra dopamina y *amar la droga* involucra opioides. Graybiel y Kubota, «Understanding Corticobasal Ganglia Networks as Part of a Habit Formation System»; Lehrer, *How We Decide*; y Duhigg, *The Power of Habit*.

[28] Gautam, «The Faculty of Imagination: Neural Substrates and Mechanisms».

[29] Véase Lehrer, *How We Decide*.

[30] Véase Richo, *How to Be an Adult*.

Capítulo 5

Etapa cuatro: Ira

¿QUÉ ES LA IRA?

La ira es una protesta contra el dolor. Es la forma en que nos resistimos, la negativa a ser víctimas de alguien que nos deja, la forma en que revertimos el rechazo.

Quienes conocemos la ira del abandono sabemos que durante este momento central del proceso de sanación la herida está sensible, caliente y adolorida. Nos sentimos perturbados por el dolor persistente mientras eliminamos toxinas en la herida.

Los tejidos en reparación están en carne viva y tensos. Si algo se les acerca, gritamos con ira. Estamos preparados para cualquier amenaza, listos para defendernos de las críticas más sutiles.

Otros tal vez no se den cuenta del alcance y la profundidad de nuestra herida. La rozan sin tener la menor sospecha del dolor que causan. Nos mantenemos en guardia, protectores de nuestro ser emergente.

Nos defendemos de nuevas lesiones con el niño exterior. El niño exterior es la parte de nosotros que actúa por el miedo y la ira de nuestro niño interior. El niño exterior finge ser nuestro aliado, nuestro soldado de infantería, pero en realidad es nuestro guardián. Su misión es luchar contra el cambio y defenderse para no sentir.

Es durante esta cuarta etapa de abandono que nuestras defensas pueden quedar calcificadas. Las personas pueden pensar que son fuertes nuevamente, pero esta demostración exterior de fuerza por lo general es el niño exterior que se atrinchera más firmemente que antes.

El control de los impulsos de nuestro niño exterior es la clave para una verdadera recuperación. Al aprender a reconocer sus rasgos, podemos comenzar a desmantelar nuestras defensas poco saludables. Hasta ahora hemos estado haciendo el trabajo preliminar de la sanación; el trabajo del niño exterior es la próxima tarea de la recuperación. Estamos cambiando nuestro comportamiento.

Todos sabemos que la ira enciende. Bulle y hierve en el núcleo fundido del yo. También despierta al niño exterior, traza sus maniobras a la intemperie. Exponer al niño exterior es el punto de inflexión en el proceso de recuperación, el puente hacia el cambio duradero.

LA CUARTA ETAPA DEL ABANDONO: LA IRA

LA IRA DE ROBERTA

Roberta recuerda vívidamente la noche en que notó por primera vez que su estado de ánimo había cambiado del aislamiento a la ira.

Se estaba preparando para ir a un concierto sinfónico. No había estado dentro de una sala de conciertos desde que atrapó a Travis, el gran maestro mismo, con esa mujer. Deseó haberlo golpeado más fuerte, haberlo derribado con su bolso y romperle la nariz. Según su parecer, se había zafado con demasiada facilidad.

Pero eso había sido hacía seis meses. ¿Por qué ahora se sentía irritada por ir a un concierto? Había aprendido el papel que Travis le exigió y lo había interpretado durante años: estar en el concierto para presenciar los elogios a Travis y prodigar después loas a su interpretación. ¿Cómo lo había soportado tanto tiempo? Ahora se dirigía a un concierto sinfónico nuevamente, esta vez, en el papel anónimo de espectadora.

No es que ella hubiera sido algo más que una espectadora en la vida de Travis: solo que él necesitaba que ella mantuviera alimentado su ego voraz. Desde luego él nunca le devolvió nada. Más bien, le había quitado los últimos cuatro años de su vida, sus mejores años, y no había recibido ningún beneficio por ellos. Había pasado los últimos seis meses en el mismísimo infierno tratando de superarlo. Era hora de poner en orden todo ese miserable desbarajuste. De todos modos, ¿cómo creó Travis tal agitación en su vida?

Se dijo todo esto a sí misma, de pie frente al espejo. En realidad no debería haber aceptado la invitación, pero John tenía un boleto extra, y en un momento de debilidad, la parte de ella que amaba la música le había dicho a John que no podía dejar que se desperdiciara el boleto. Aceptó ir, pensando que ya lo había resuelto. Pero, de repente, le vino a la mente la idea de que entrar en la sala de conciertos definitivamente no la entusiasmaba. No había salido con nadie en mucho tiempo. Bueno, esto no era una cita. Era solo John, un amigo, John no era Travis. No es que no tuviera un aspecto agradable, pero definitivamente no era su tipo; era demasiado básico, le faltaba... no lograba descubrir qué le faltaba. Más valía que John no pensara nada. No, ella no le había dado ninguna señal contradictoria. Solo eran amigos.

Luego llamaron a la puerta: «Flores», casi gritó cuando vio a John ofreciéndoselas. «Sácalas de aquí». John permaneció perplejo en la puerta. Roberta agarró las flores y las metió boca abajo en el bote de basura junto a la puerta.

«Roberta», dijo John.

«No estoy lista para eso», dijo, sorprendida de sí misma por tal arrebato de ira. No esperaba mostrarle este aspecto de sí misma a John. Intentó recuperar el control. «Simplemente no estoy de humor. Deberías saber eso, John. ¿Nadie lo entiende?». Sostenía su cabeza entre las manos.

John seguía inmóvil en la puerta. «Oh, solo entra», dijo. «¡Lamento lo de las flores! No tengo idea de por qué estoy reaccionando así». Pero ambos sabían de qué se trataba. Ella le había contado a John todo sobre Travis, muchas veces.

John metió la mano en el bolsillo y le entregó a la repentinamente llorosa Roberta un pañuelo. «¿Cómo está mi maquillaje de ojos?», preguntó, secándose la cara, tratando de recuperar la compostura.

«Te ves bien», dijo John.

«Eso no es lo que quiero decir», declaró enojada. «¿Tengo los ojos manchados? ¿Quieres que vaya a un concierto toda desaliñada?».

Le entregó otro pañuelo. «Roberta, si no quieres... no tenemos que ir», respondió.

«No, vamos», espetó ella, y agarrando su bolso, cerró la puerta detrás de ellos.

La cuarta etapa del abandono, la ira, es la más volátil. La noche en que Roberta fue al concierto con John, su ira se derramó por los bordes de su herida. Todavía no había aprendido cómo controlar su ira. En su caso, es fácil sentir el dolor y la soledad que acechan justo detrás de su ira. Observa que su ira se dirige hacia afuera, en lugar de hacia *ella misma*. Esto representa un progreso desde la ira contra uno mismo que vimos durante el proceso de internalización. Roberta siente un tipo de ira más efectiva que la empodera, el cual se comienza a sentir durante esta cuarta etapa. En el caso de Roberta, la transición desde la ira de la víctima aún no está completa. Todavía no ha aprendido a canalizar la ira en una dirección positiva, y la desplaza hacia un espectador inocente: John.

A veces pasamos por las cinco etapas del abandono tan rápido que las vivimos casi de manera simultánea. Otras veces, el proceso tarda solo unos minutos, a veces se prolonga durante meses. Sabemos que estamos pasando por el proceso de ira cuando nuestro enojo adquiere un impulso propio.

La ira viene en oleadas emocionales que nos dejan irritables y nerviosos. A veces una oleada es explosiva. La pérdida de nuestras llaves puede llevarnos a una furia ciega. De hecho, cualquier pérdida o desacuerdo personal, real o imaginario, puede provocar un estallido inesperado.

Después del aislamiento del proceso de internalización, el hecho de que podamos expresar ira es una buena señal. Significa resistencia activa a la lesión. La ira nos dice que el yo acosado, bajo el asedio de la recriminación dirigida a uno mismo, está listo para ponerse de pie y luchar de nuevo. Como el yo ya no está dispuesto a asumir toda la culpa, nuestra ira debe encontrar una liberación hacia el exterior. Nuestra ira comienza como una protesta impotente. Atacamos objetos inanimados como almohadas, pero a medida que ganamos fuerza, se vuelve más dirigida. Usamos su energía para romper las barreras del aislamiento. La ira insiste en corregir la injusticia y restaurar su sentido de la autoestima.

Podemos aplicar muchas de las palabras características de este cambio a la escena de Roberta con John. A través de su ira, ella está empezando a *revertir el rechazo* y a quitar a Travis de su pedestal. Su regreso a la escena del concierto es un intento por recuperar su territorio y renunciar a su doloroso apego. Por difícil que sea, está lista para su reingreso al mundo.

Dirigir hacia afuera la energía que subyace a la ira no siempre es un proceso suave. Comienza con ataques y arranques. A pesar de su turbulencia, sentir y expresar ira es una parte necesaria de la recuperación. Es una protesta activa contra las lesiones que exige un cambio. Nos ayuda a comenzar a funcionar nuevamente.

«Creí que me estaba volviendo loca», dijo Marie. «No sabía si llorar o gritar. Tenía problemas para lidiar con todo. En el trabajo, no tenía paciencia en absoluto. Cuando los maestros ven a los estudiantes comportarse de la manera como yo lo hacía, lo llamamos "poca tolerancia a la frustración". De repente, el término se aplicaba a mí. Todos pensaban que había empeorado. Pero resultó que finalmente estaba llegando a un acuerdo con los cambios en mi vida, y el arduo trabajo que tenía por delante para volver a la normalidad».

En su forma pura, la ira es una agresión sin refinar. Actuamos sin pensar, pero nos sentimos justificados. La ira mantiene un diálogo interno que se alimenta de sí mismo y aviva sus propias llamas. Se convierte en una *agresión defensiva* cuando percibimos un ataque personal y usamos la ira para protegernos. La ira se convierte en agresión ofensiva cuando se usa para realizar actos de retribución destructivos.

La ira puede ser tanto destructiva como constructiva. Tu tarea es transformar su energía en una autoafirmación saludable,[1] es decir, tomar medidas positivas en tu propio beneficio.

En medio de la ira, me resultaba difícil creer que la mezcla turbulenta de emociones que sentía podría conducir a la paz o la tranquilidad. Pero había visto que esta energía agresiva tenía un propósito en la vida de los sobrevivientes del abandono con los que había trabajado. Sabía que la agitación que sentía era que la vida me estaba sacando de mi aislamiento autoimpuesto. Significaba que el alivio estaba a la vuelta de la esquina.

Este capítulo te guiará a través de las formas que tu enojo puede tomar durante esta etapa. Al final, podrás reconocer las múltiples funciones del enojo y redirigir su energía para tu beneficio. Más tarde, te ayudaré a identificar las características únicas de tu niño exterior. La identificación de los comportamientos del niño exterior se centra en el impacto de tus viejas pérdidas. Ahora es el momento de abordar ese asunto pendiente, centrarse en el lugar donde puedes estar atrapado en el enojo y romper los patrones de comportamiento que te detienen.

EL MARCO DEL ENOJO

Lo que sigue son sentimientos y comportamientos característicos del proceso de ira.

Marco de la ira	Listo para explotar
	Renovar primero el exterior
	Revertir el rechazo
	Liberar el arrepentimiento
	Renunciar a la autoridad del abandonador
	Revertir la pérdida
	Renegar de la realidad
	Resentimiento
	Venganza
	Reescribir el cierre

LISTO PARA EXPLOTAR

Te sientes irritable, consumido por pensamientos de enojo, incluso listo para explotar. ¿Qué sucede bajo la superficie?

A nivel psicobiológico, la *ira* representa una de las opciones de autodefensa que tiene tu cuerpo. Estás eligiendo luchar en lugar de *huir* o *paralizarte*.

Según Daniel Goleman, la ira se desencadena por la sensación de que estamos en peligro.[2] Las amenazas físicas, así como las amenazas a nuestra autoestima o dignidad, como el trato injusto o grosero, pueden provocar ira. Somos particularmente vulnerables a este tipo de amenaza cuando alguien a quien amamos nos ha abandonado.

Es posible que usemos nuestra mente racional[3] para moderar la expresión de nuestra ira, pero las circunstancias particulares plantean un desafío abrumador. Recuerda que tu cerebro emocional también se conoce como *cerebro mamífero*. Su diseño evolutivo dicta que, en momentos decisivos, primero actuemos y después razonemos. Imagina a la ardilla que da un salto en una fracción de segundo para evadir una piedrita que un niño le lanza con una honda. Tu propio cerebro mamífero está preparado para hacer que te retraigas, salgas disparado, te paralices de miedo o ataques si detectas un peligro inminente. Al inicio de tu rompimiento, casi cualquier afrenta a tu herido sentido del yo puede percibirse como un peligro.

La función de la amígdala en la ira es fundamental. Actúa como un sistema de alarma central del cerebro. Como un perro guardián bien entrenado, transmite mensajes urgentes, alertando a su dueño de cualquier amenaza posible y se prepara para lanzar una defensa. Declara un estado de emergencia emocional cuando detecta la amenaza de otro abandono y exige una respuesta de lucha. Al trabajar más rápido que el pensamiento consciente, la amígdala responde automáticamente.

Dolf Zillmann explica que la ira conlleva dos oleadas de excitación.[4] Al percibir una posible amenaza, la amígdala emite señales para la liberación de hormonas del estrés que desencadenan una acción inmediata y ayudan a mantener tu capacidad de reacción ante otras amenazas.

La primera oleada es una descarga de adrenalina (o descarga de catecolaminas, que implica la liberación de adrenalina y noradrenalina). Sentimos un rápido aumento de energía; en palabras de Zillmann, suficiente para «un curso de acción vigorosa». Esta primera ola de excitación se disipa en pocos minutos.

La segunda oleada implica la liberación de glucocorticoides, que generan energía que durará horas e incluso días. Esto crea lo que Goleman llama un «tono de fondo de preparación para la acción». Este tono de fondo crea una «base sobre la cual pueden desarrollarse reacciones posteriores con particular rapidez».

Goleman explica que «esta es la razón por la cual las personas son mucho más propensas a la ira si ya han sido provocadas o ligeramente irritadas por algo más».

«Extrañaba a Gabby y me sentía mal conmigo mismo, a punto de explotar por cualquier cosa», dijo Keaton. «Un día mi hermana no respondió mi llamada telefónica. Hasta donde sabía, estaba ausente durante el fin de semana, pero yo no quería escuchar explicaciones. Estaba listo para explotar».

Debido a que su herida era reciente, Keaton estaba en un estado de excitación intensificado, un estado de preparación para la acción. Percibió el silencio de su hermana como un rechazo y lo inundó un torrente de enojo que llevaba un impulso fisiológico de atacar.

«Finalmente, mi hermana llamó desde el teléfono del automóvil cuando regresaba del norte del estado. "Solo me estaba reportando", dijo. "Quería saber cómo estabas". Desafortunadamente, ya había dejado un mensaje beligerante en su contestadora automática».

Aun cuando estés concentrado en otra cosa, tu amígdala, siempre vigilante, está ocupada explorando el horizonte de tu experiencia en busca de amenazas emocionales que tengan alguna semejanza aproximada con tus viejos traumas. Como Goleman lo pone, la amígdala juega un tipo de «*Adivina esa canción* neural».[5] Hace juicios instantáneos basados en solo unas cuantas notas de la canción, creando impresiones enteras a partir de unos cuantos signos tentativos. En momentos de excitación extrema, cuando tu tono de fondo se ha configurado para estar preparado para la acción, puedes explotar prematuramente y atacar cosas que más tarde demuestran ser inocuas. Goleman nos dice que cuando tu amígdala ha capturado la corteza prefrontal, como durante un secuestro emocional, tu cerebro cognitivo no puede aprender

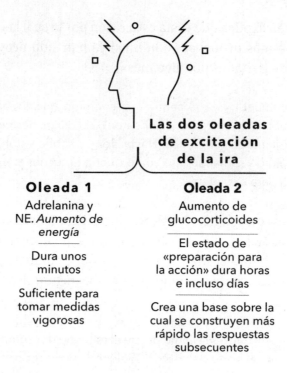

Las dos oleadas de excitación de la ira

Oleada 1	Oleada 2
Adrelanina y NE. *Aumento de energía*	Aumento de glucocorticoides
Dura unos minutos	El estado de «preparación para la acción» dura horas e incluso días
Suficiente para tomar medidas vigorosas	Crea una base sobre la cual se construyen más rápido las respuestas subsecuentes

cosas nuevas y recurre a hábitos sobreaprendidos,[6] cuyos orígenes pueden remontarse hasta la infancia.

«Se suponía que debía encontrarme con mi amiga más cercana para cenar el sábado por la noche», comentó Bárbara, «y ella canceló porque tenía una cita. Yo estaba tan enojada que me estrellé contra un árbol al salir en reversa por el camino de la entrada de mi casa. Eso me enfureció aún más, sentí tanta rabia que salí del automóvil y lo golpeé, lastimándome el pie en el proceso. Todos mis vecinos estaban observando, probablemente tratando de no reírse. No tengo idea de lo que me pasaba, pero resultó que me fracturé el dedo del pie en tres lugares y tuve que usar un yeso».

¿Por qué este temperamento tan irritable? Tu cerebro tiene una vía especial que transmite imágenes y sonidos directamente a tu amígdala, evitando por completo su neocorteza, la parte del cerebro donde tiene lugar el pensamiento consciente. En otras palabras, tu cerebro emocional reacciona a una amenaza potencial en milisegundos, mucho antes de que la neocorteza[7] tenga la oportunidad de recibir y procesar la información sensorial. Tus ojos ven al enemigo y tu amígdala activa una respuesta de *luchar*, *paralizarse* o *huir* mucho *antes* de que tu mente racional tenga la oportunidad de involucrarse.

Mientras que tu cerebro emocional es considerado como el cerebro mamífero, tu neocorteza realiza evaluaciones más refinadas y precisas de amenazas reales o imaginarias. Es la sede del pensamiento racional de los humanos. Los circuitos que conducen hacia y desde tu neocorteza son más complejos y tienen muchas más células cerebrales que los circuitos hacia y desde la amígdala. Los circuitos neocorticales tardan aproximadamente el doble de tiempo en procesar la información entrante. Aunque es más lento, es más preciso.

Una vez que tu mente racional tiene la oportunidad de darse cuenta de que una amenaza potencial es inocua, transmite a la amígdala un aviso de que todos los puntos están seguros e indicándole que deje de reaccionar. Sin embargo, para ese momento ya está en marcha la segunda oleada de excitación, estableciendo ese tono de fondo de preparación para la acción.

Dado que este tono de fondo funciona subliminalmente, sus efectos evaden la conciencia. Tú no te das cuenta de tu estado de excitación elevado. Cuando de la nada aparece una irritación aparentemente pequeña, tu reacción exagerada puede ser una sorpresa total.

«Un día le grité a mi séptima clase, lo cual nunca hacía. Estaba completamente en *shock*», dijo Marie. «No lo vi venir. Primero vino el arrebato y luego me di cuenta de que debía de estar enojada. No me había dado cuenta sino hasta que perdí la compostura. Tenía que sobreponerme a la ira. No quería seguir desquitándome con mis alumnos».

Al igual que Marie, debemos controlar nuestros sentimientos, en particular durante esta crisis emocional sostenida. Puedes contener tus impulsos de arremeter contra quienes no tienen la culpa.

El alcohol solo dificulta más el poder controlar estos impulsos. Es una droga (etanol) en forma líquida que deprime la parte del cerebro que nos inhibe a ejecutar nuestros impulsos destructivos. Es más difícil controlar la ira bajo la influencia del alcohol.

«Me reuní con mis amigos para tomar una copa una noche y uno de ellos me dijo: "Te ves mucho mejor, Roberta". Bueno, pues por alguna razón, eso me enfureció. "¿No lo entiendes?", exclamé. "Estoy tratando de seguir con mi vida, pero ha sido un verdadero infierno. Solo quieres creer que estoy mejor porque todos ustedes están cansados de escucharlo. Así que tengo que fingir solo para hacer felices a todos los demás"».

«Cuando terminé con mi diatriba, todos solo me miraban. Agredir verbalmente como lo había hecho no es mi estilo».

«Al día siguiente, se me ocurrió que más bien se trataba de lo susceptible que me sentía y no de que ellos fueran insensibles. Solo entonces me di cuenta de que tal vez se me había ido un poco la mano».

La herida del abandono todavía está sensible en esta etapa. Una vez que el tono de fondo de tus emociones ha llegado al límite, se necesita cada vez menos (provocaciones cada vez menores) para desencadenar una reacción. Casi cualquier desprecio que tenga un matiz de rechazo puede convertirse en la gota que derrama el vaso. Si estás desprevenido, con facilidad puedes encontrarte atacando a transeúntes inocentes.

Cuando alguien se niega a darte el derecho de paso en la carretera, agarras el volante como un tornillo de banco (un sustituto del cuello del otro conductor).[8] Tu umbral de ira es menor y tu amígdala ha percibido este pequeño incidente de tráfico como una forma de rechazo. Dado el efecto que tiene el alcohol para agravar la situación, evita a toda costa conducir bajo su influencia.

Renovar primero el exterior

El estado de preparación para la acción puede crear un tipo de energía nerviosa que conduce a muchos tipos de acciones, no todas de enojo o agresivas. Muchos de mis clientes expresan su enojo haciendo un cambio importante en su apariencia física.

«Me teñí el cabello», relató Marie. «No más pelo entrecano. Me volví castaña otra vez. De hecho, fui más allá de mi café oscuro natural, hasta el negro profundo. Unas semanas más tarde, me lo corté y compré un par de aretes escandalosos».

Las personas suelen hacer cambios externos mientras hacen otras transiciones importantes. Por ejemplo, las mujeres embarazadas. No es inusual escuchar que una futura madre redecore una habitación o renueve toda la casa en preparación para el dramático cambio de vida por venir. Un colega fue promovido recientemente a director de una unidad psiquiátrica. Si bien su salario no aumentó de manera significativa, fue un nombramiento prestigioso, uno que validaba su experiencia y los largos años de dedicación profesional. Celebró comprando un automóvil de lujo, muy diferente de la vieja carcacha que había estado manejando desde que lo conocía. Se sentía bien consigo mismo y quería mostrarlo en el exterior.

La necesidad de expresar los cambios que se están experimentando de manera tangible es universal. Algunos prueban un peinado diferente o compran ropa nueva. Otros se concentran en sus hogares o se dedican a ponerse en forma. Tan superficiales como puedan parecer estos cambios a primera vista, son una señal de que se están tomando medidas, de que la energía de la ira se redirige hacia el exterior.

Las alteraciones a menudo son simbólicas; preparan el escenario para el cambio y nos preparan a nosotros y a los demás para un nuevo futuro. Una apariencia completamente nueva le dice al mundo: «Aquí vengo. Prepárate. Haz espacio para un nuevo yo».

Estos cambios pueden confundir a tu familia y tus amigos, y tú mismo puedes no ser consciente de qué es lo que está impulsando tu repentino interés en el maquillaje o el paracaidismo. En última instancia, se trata de la necesidad de tomar el control de la transición impuesta cuando tu pareja se fue.

«Decidí que, si el abandono me iba a cambiar», señaló Bárbara, «me aseguraría de que el cambio fuera para mejorar. Comencé a destrozar mi sala por venganza. Recuerda, todavía tenía el pie enyesado. Redecoré toda mi casa con velas, fotografías antiguas de mi familia y algunas de las pinturas que hice antes de conocer a Howard. Luego invité a todos mis amigos a una fiesta y serví *fondue*, un plato que a Howard no le gustaba».

REVERTIR EL RECHAZO

Una de las funciones principales del proceso de ira es ayudarte a *revertir los efectos del rechazo*. En lugar de estar enojado contigo mismo, expulsas sentimientos hirientes y mensajes negativos. En lugar de golpearte e *internalizar* tus dudas, *externalizas* estos mensajes y los llevas hacia fuera. Algunos han comparado este proceso con un volcán en erupción. Solo puedes contener el daño y la lesión durante el tiempo suficiente antes de que los mensajes negativos que has internalizado encuentren su salida.

«Simplemente no podía aceptar una gota más de culpa», dijo Keaton. «Estaba lleno en toda mi capacidad, cansado de sostener la bolsa por todo lo que salió mal. Decidí que parte de la culpa era de Gabby».

La ira es una señal de que estás listo para mantenerte sobre tus dos pies. Desde luego, no todas las expresiones de ira deben ser volcánicas. Puedes usar la energía de tu ira para revisar las viejas creencias detenidamente y reconstruir un sentido saludable de ti mismo.

«No puede ser *todo* culpa mía», continuó Keaton. «No todo fue porque yo no era digno. De hecho, es una injusticia absoluta que Gabby me haya echado así. ¡Tengo derecho a estar enojado!».

LIBERAR EL ARREPENTIMIENTO

El truco es centrar el arrepentimiento en las circunstancias de tu rompimiento y no en las presuntas deficiencias a las que has estado culpando por terminar tu relación.

«Al principio lamenté ser yo, ser alguien de quien Lonny podría dejar de estar enamorado. Pero luego comencé a arrepentirme de haber conocido a Lonny», dijo Marie, «de haberlo amado alguna vez. Todos esos años de feliz vida familiar no parecían valer la pena que sufrí cuando se fue».

Puedes escuchar el tono quejumbroso con que Marie expresa sus remordimientos, pero también percibir que ella está empezando a expresar su ira hacia el exterior. El remordimiento puede durar mucho tiempo cuando todas tus esperanzas y sueños se desmoronan con una relación. Pero a medida que comienzas a expulsar las suposiciones autocríticas que has hecho sobre ti mismo, te liberas de los daños causados por la baja autoestima y la autorrecriminación.

RENUNCIAR A LA AUTORIDAD DEL ABANDONADOR

Otra forma de revertir el impacto del abandono es cuestionar la confiabilidad de la fuente. Es hora de revocar el poder que le has dado a tu abandonador, para mirar de cerca su credibilidad.

«¿Quién era él para dictar si yo era deseable o no?», declaró Bárbara. «¡Valgo demasiado para permitir que el rechazo de una persona tenga

238 • Del abandono a la sanación

importancia! Aunque fuera Howard. De hecho, Howard es un tonto por deshacerse de mí».

Algunos tienen dificultades para hacer la transición de *idealizar* a sus seres queridos perdidos a *renunciar* a su autoridad. Es difícil hacer una evaluación realista del valor propio. Has subyugado tu valor como persona de manera tan completa ante la autoestima del otro que te resulta difícil creer que vale la pena vivir tu vida sin él. Tu tarea es nombrar y revisar tus viejos supuestos.

«Tuve que bajar a mi esposa de su pedestal», admitió Richard, «pero no fue fácil. Su opinión había sido importante para mí por mucho tiempo. Finalmente escuché a mis amigos. Me decían una y otra vez que el simple hecho de que me hubiera echado de su vida no significaba que yo hubiera hecho algo tan terrible o que me faltara alguna cualidad esencial».

Muchos de mis clientes y asistentes al taller informan que sus parejas perdidas se volvieron extremadamente críticas y hostiles mientras se alejaban. Para justificar su deseo de terminar la relación, es común que los abandonadores culpen de la ruptura a la persona que dejaron.

«Gabby debe de haberse sentido realmente culpable por querer dejarme», dijo Keaton, «así que me escribió esta larga carta, contándome todas las cosas que hice para alejarla, todo lo que hacía que no le gustaba, todas las cosas terribles sobre mí que hicieron que ella quisiera irse».

«En ese momento, me tomé todo muy a pecho, creí todo lo que decía y me mortifiqué por ello. Pero estoy empezando a ver que su interminable lista era una forma de encontrar una *excusa* para abandonarme».

Naturalmente, estás tan dolido por el rechazo de tu ser querido que te resulta difícil encontrar la fuerza para luchar contra esos mensajes negativos. El aluvión de críticas te debilitó, lo que hizo mucho más difícil destronar a tu abandonador. Si estás lidiando con este problema, pide ayuda a amigos, familiares o profesionales que puedan brindarte orientación.

Únete a un grupo de apoyo para la recuperación a partir del abandono o asiste a un taller (puedes leer sobre los talleres en mi sitio web, www.abandonmentrecovery.com) donde puedas expresar tus sentimientos completamente, obtener comentarios realistas y resolver estos problemas.

«Me tomó un tiempo entrar en contacto con mi enojo», dijo Marie. «Pero estaba cansada de sentir dolor y estar abatida todo el tiempo. Después de escuchar las historias de otras personas, comencé a ver un patrón en el comportamiento de Lonny: era totalmente egocéntrico e irresponsable. No sé cómo fue que su egocentrismo logró escapárseme mientras estábamos casados. Creo que lo idealicé desde el principio».

«Pero ya no estaba ciega. El hecho de que Lonny se fuera con tan pocas explicaciones sugería que no me consideraba un ser humano. ¿Cómo pudo haberme dejado allí para lidiar sola con las partes rotas de nuestra relación?».

«Estaba furiosa porque me había dejado con todas las preguntas sin respuesta. Si Lonny realmente fuera la persona que siempre había pensado que era, al menos habría intentado advertirme o me habría explicado las cosas con más prudencia. De repente, me pareció un canalla».

REVERTIR LA PÉRDIDA

«No encontré necesario enojarme contra el comportamiento de mi esposa», dijo Carlyle, «a pesar de que ella fue la que me dejó. Pude entender que solo estaba siendo ella misma, haciendo lo que consideraba necesario en ese momento: enojarme no cambiaba nada».

«Algunos de mis amigos insistían en que no podría sanar adecuadamente si no contactaba con lo enojado que estaba con ella. Ellos estaban enojados con ella por lo que había hecho. Pero yo tenía mi propia ira, no estaba enojado con ella sino con la vida. De hecho, me sentía como un oso enojado, gruñendo y echando espuma por la boca por el calvario que me esperaba para comenzar una nueva vida por mí mismo. ¿Por qué lanzar esta furia contra ella, cuando en realidad se trataba de mí: el dolor que sentía, el aislamiento de mi familia, la soledad? Eso es lo que me estaba inquietando, no quién estaba equivocado o quién hizo qué a quién, sino cómo darle la vuelta».

Carlyle no es el único sobreviviente de abandono que puede evitar la necesidad de enojarse con su ser querido perdido y avanzar directamente hacia la reconstrucción de su vida, pero no pertenece a la mayoría. La mayoría siente la necesidad de dirigir su ira hacia quien se fue.

RENEGAR DE LA REALIDAD

Muchos sobrevivientes del abandono tienen problemas para avanzar porque sienten una necesidad profundamente arraigada de renegar contra una realidad no deseada. *Renegar de la realidad* es una forma de ira que pospone aceptar tu situación.

«Lo intenté todo y todavía no podía dejar de estorbarme a mí mismo», comentó Jay. «Estaba atrapado en mi ira. Simplemente no podía superar lo que mi esposa me había hecho».

En el capítulo 4 hablamos sobre la importancia de aceptar la realidad. En el ejercicio de *Akeru* para visualizar un paisaje de ensueño, creaste un hogar en el cual forjar una nueva visión para tu vida. *La aceptación de la realidad* es una de las piedras angulares de esa visión.

La capacidad de aceptar y enfrentar la realidad es crucial para recuperarse del abandono. Para muchos, es uno de los mayores desafíos. Algunos hacen cualquier cosa para evitar aceptar situaciones que no les gustan. Actúan como si al despotricar contra ello, desapareciera. Todos conocemos a personas que se irritan por algo que no pueden controlar. Actúan como si seguir luchando cambiara la realidad. Pierden el tiempo tratando de lograr algo que no tiene remedio y, a veces, abusan de la hospitalidad de sus amigos que intentan apoyarlos, o al menos los cansan con su implacable e inútil protesta contra la realidad de su abandono.

Enfrentar la realidad significa aceptar la pérdida y el dolor que la acompaña. *Renegar* es un intento inútil de eludir la pérdida. A la larga, esta estrategia no puede funcionar. Llegará un día de ajuste de cuentas cuando debas hacer un balance de lo sucedido y lamentar tu pérdida.

De hecho, el abandono te ha colocado en una encrucijada importante. Puedes tratar de cambiar lo inmutable, o puedes enfrentar los hechos. La realidad que enfrentas hoy no es permanente. La realidad está cambiando constantemente. Pero de ti depende hacerte cargo y avanzar.

«Estaba teniendo un momento muy difícil con todo el dolor y la ira. Entonces un día dije: "Enfréntalo, Marie: No tienes lo que más quieres en la vida. Lonny no está aquí. Duele. Enfréntalo, acéptalo y sigue adelante". Tal vez no haya sido un comienzo feliz, pero fue un comienzo».

Christopher Reeve, el actor conocido por interpretar a Superman, brindó un dramático ejemplo de alguien que enfrentó una pérdida con una fortaleza notable. El suyo era un tipo diferente de pérdida: la pérdida de una capacidad física. Sufrió una lesión grave en la médula espinal a causa de un accidente de equitación.

Para Christopher Reeve, la *culpa* era irrelevante. Para pasar un buen momento, tenía que optar por dejar de atormentarse a sí mismo, repasando en su mente una y otra vez el punto exacto en el que él o su caballo hicieron el movimiento equivocado. Tenía que reconocer el hecho de que la vida como la había conocido hasta entonces había cambiado y ahora enfrentaba retos radicalmente diferentes. Para tener serenidad, no podía darse el lujo de gastar su energía en *renegar de la realidad*. Tenía que reconocer la futilidad de protestar contra lo que no podía cambiar y concentrarse en las cosas, por limitadas que parecieran, que sí podía controlar. Al igual que muchos sobrevivientes del abandono, debía enfrentarse al hecho de que la vida que una vez tuvo había terminado. La vida que se veía obligado a enfrentar no era la que él hubiera querido, pero era la única que tenía. Solo podía elegir sacar el mayor provecho de ella en el momento.

Luchar contra la realidad y resistirnos al dolor y a las pérdidas forma parte de nuestros momentos más difíciles. Las cosas mejoran cuando podemos confrontar la realidad y comenzamos a ver qué podemos hacer para mejorarla en el momento presente. Mediante la aceptación radical, podemos centrarnos en hacer que ese día, momento a momento, sea lo más llevadero posible.

Podemos ir más allá de la aceptación de una realidad difícil para celebrarla. Al hacerlo se alcanza un nivel más alto de existencia humana, un estado llamado *amor fati* en latín.[9] Literalmente, significa «amo al destino». Una expresión similar proviene de los programas de recuperación de Doce Pasos: *Querer lo que se tiene*. Para dar el salto psíquico desde renegar de la realidad hasta el *amor fati*, debes hacer el trabajo duro de la aceptación. Déjate llevar y reconoce el crecimiento que tu experiencia de abandono te ha traído.

A diferencia de Christopher Reeve, los sobrevivientes del abandono no suelen compartir sus heridas en público. Compartimos nuestros anhelos, rechazos y dudas solo con nuestros amigos y familiares más cercanos, si es que lo hacemos, o con compañeros del grupo de abandono. En verdad, la lesión física evoca un conjunto de respuestas sociales, el estigma del abandono de otro. Pero lo que sí tenemos en común es haber enfrentado una situación que no hemos elegido. La tarea de aceptación es reenfocar nuestra energía y mejorar nuestra capacidad de vida y amor en el momento.

RESENTIMIENTO

El resentimiento es un enojo de bajo grado que hierve justo debajo de la superficie. Incluso cuando ya comienzas a manejar los episodios agudos de ira, los resentimientos tienden a acumularse. Todos los días lidias con las repercusiones de tu pérdida, las humillaciones de haber sido abandonado, como ir al supermercado o al cine solo.

El resentimiento que sientes varía de una situación a otra. Puede que resientas explicar la ausencia de tu ex y tragarte la humillación cada vez que te encuentras con un conocido de ambos. Otros sienten resentimiento cuando los amigos intentan establecer citas a ciegas para ellos o cuando sortean la dura experiencia de las citas en línea. Luego están todas las tareas mundanas que alguna vez compartiste: sacar la basura y lavar la ropa, sin mencionar la cobertura del alquiler que los dos solían compartir. Hay resentimiento por las solitarias noches de sábado y por la necesidad de llenar un fin de semana que se extiende interminablemente ante ti. Y para algunos, existe el resentimiento ardiente que surge cuando alguien ve a su pareja perdida con un nuevo amante.

«¿Resentimiento? Me dejó con dos hijos», expuso Margaret, «un trabajo mal pagado y un abogado que quiere 5 000 dólares por adelantado. También tengo una invitación a la boda de mi primo, y no tengo dinero para un vestido o el regalo y nadie con quien ir. ¿Cuánto resentimiento más puedo sentir antes de explotar y convertirme en polvo?».

Aunque el resentimiento es un aspecto natural e inevitable del proceso de abandono, puedes usar tu energía para hacer mejoras. El desafío es convertir tu resentimiento en una agresión saludable al encontrar nuevas actividades que sean enriquecedoras y disfrutables.

«Sentí tanto resentimiento que incluso se derramó sobre mis hijos», reconoció Bárbara. «Los necesitaba más que nunca, ahora que me sentía tan sola. Pero al regresar a casa después de trabajar en mi nuevo empleo de tiempo completo, me daba cuenta de que cuidarlos a todos yo sola era absolutamente abrumador».

«Algo tenía que ceder. No quería que me comiera viva mi propio resentimiento. Tendría que cambiar las cosas. Mi primer paso fue llevar a mis hijos a un programa en el YMCA los fines de semana para así poder entrar al gimnasio. Funcionó bastante bien porque terminé conociendo a alguien que me invitó a unirme a un grupo de apoyo para el abandono».

«Poco a poco, mi resentimiento comenzó a disminuir, pero significaba tener que salir y conseguir una nueva vida. Por cada cosa mala, tendría que encontrar algo bueno que ocupara su lugar».

Venganza

Algunos lidian con su creciente resentimiento al imaginar escenarios de castigo divino contra el que se fue. Otros *actúan* estos escenarios. Cuando se trata de un divorcio, un miembro de la pareja puede tomar represalias al imponer sanciones financieras al otro o impedir las visitas. Estos y otros actos vengativos son, en parte, un intento por igualar el dolor y el daño.

Las fantasías de venganza y los actos de represalia pueden ayudar a que te sientas menos como una víctima y más como una fuerza con la que deben relacionarse. Si bien esta es una defensa común y comprensible, también podrías desperdiciar una gran cantidad de energía valiosa en busca de venganza.

«Cuando Carlotta decidió echarme», dijo Jay, «todo lo que pude hacer al principio fue enloquecer contra ella. No sabía de qué otra manera sentirme, en esos días solo estaba enojado. No tenía idea de cómo tener otro sentimiento. Solo conocía la ira. Y no sabía qué más hacer con la ira, excepto desquitarme con ella. Solo me sentía satisfecho cuando Carlotta explotaba. Cuando no me estaba vengando, me estaba emborrachando. No hace falta decir que eso me dejaba fuera de control.

Las cosas se pusieron tan mal que incluso la amenacé físicamente. Una noche, llamó realmente a la policía y logró encerrarme. Sentado allí en la cárcel durante el fin de semana, fui yo el que explotó».

Es un eufemismo decir que a menudo lamentamos las cosas que hacemos en un arranque de ira. Cuando nuestro cerebro emocional percibe una amenaza, automáticamente tenemos un impulso para tomar medidas defensivas, que pueden tomar la forma de agresión. Sin embargo, hay muy pocas situaciones en la sociedad moderna que justifiquen una agresión. Puede que te sientas justificado en el momento, pero 99.99% de las veces lamentarás tu comportamiento.

Según Goleman, «a diferencia de la tristeza, la ira es energizante, incluso estimulante. Es una de las emociones negativas más seductoras. El monólogo interno de justicia propia que la impulsa llena la mente con los argumentos más convincentes para desahogarla».[10] Cuando alguien a quien amamos nos abandona, nuestra ira se alimenta de una herida profunda y personal. Hemos sido perjudicados, forzados al exilio de la relación humana. El caso que construyes contra tu abandono se convierte en una forma de justificar casi cualquier acción de venganza.

Estos pensamientos son el dominio de tu neocórtex, el dominio del pensamiento consciente, que también contiene vías neuronales hacia y desde la amígdala. A medida que un agravio se acumula sobre otro, el impacto se propaga a través de estas vías neuronales, y activa tu cerebro emocional para prepararse para la acción. Entonces, aunque tu mente racional sea capaz de calmar tus reacciones impulsadas por la amígdala, tus resentimientos crecientes pueden avivar tus fuegos emocionales.

«Cuando llegaba a ver a mis hijos los fines de semana», continuó Jay, «pasaba todo el tiempo criticando severamente a su madre. Como era de esperarse, los hacía llorar. Y luego me sentía más decidido que nunca a ponerlos de mi lado. Incluso decidí pelear por la custodia.

Después de gastar miles de dólares en honorarios de abogados, mis hijos le dijeron al juez que no querían herir mis sentimientos, pero que preferían quedarse con su madre».

«Quería hacerles ver que Carlotta era mala por eso, como si fuera su culpa. Hice agujeros en las paredes y rompí cosas. No hace falta decir que estaba tan angustiado por todo esto que perdí muchos negocios. Estaba demasiado frenético y la mayor parte del tiempo tenía resaca, por lo que no podía acabar lo que había empezado con mis clientes».

«Realmente llegué a un punto bajo cuando descubrí que Carlotta estaba viendo a alguien más. Ya había despedido al menos a tres terapeutas y a dos abogados por sugerir que no debería interferir, que necesitaba retroceder. ¿Dejar ir a Carlotta? Creía que era su dueño, que era de mi propiedad, que no tenía derecho a hacer lo que estaba haciendo. Todo lo que quería hacer era ganar, desquitarme, hacer que pagara por mi dolor y mi soledad».

Las represalias no son la única forma de revertir el rechazo. Como Jay descubrió más tarde, existen alternativas que sirven mejor al crecimiento personal. Cuando aprendes a aprovechar tu energía, la ira te moviliza a tomar medidas positivas. Pero su propósito superior es difícil de discernir si dejas tu poder en manos de tu niño exterior. El niño exterior representa los patrones de comportamiento que están profundamente arraigados. Muestra su rostro cuando actúas o te comportas de manera equivocada para lidiar con sus sentimientos.

No fue hasta que me di cuenta de lo que mi ira hacia Carlotta me estaba haciendo cuando pude frenar, continuó Jay. Pero primero tuve que hablar mucho conmigo mismo —dar un vuelco a mi vida—. Debo tener una voluntad de hierro, porque ahora dejé el alcohol completamente. Conocer a Keaton en un taller de abandono fue un golpe de suerte para mí. Me llevó a un par de reuniones y eso me ayudó a comenzar. Ahora tengo un plan de mejora importante para reunir los pedazos de Humpty Dumpty nuevamente.

La buena noticia es que la ira, una vez redirigida, te da la energía requerida para hacer el trabajo de rehabilitación. Tu ira muestra que has elegido defenderte en lugar de *huir* o *congelarte*. Tu energía puede concentrarse en luchar para retomar tu vida. Usa este tiempo de energía creciente, atención fija y conciencia sensorial aguda para asumir el desafío de reconstruir tu vida. La ira, un proceso de preparación para la acción, puede conducir a la *pro*acción.

REESCRIBIR EL CIERRE

Uno de los problemas más molestos para muchos sobrevivientes del abandono es el cierre. A menudo hay muy poco cierre, y la mayoría se encuentra con preguntas agonizantes que no desaparecerán. Una búsqueda continua para comprender qué salió mal alimenta el proceso insidioso de lesión a uno mismo y obsesión. No necesitas permanecer en la animación suspendida, luchando por volver a unir las piezas rotas de tu vida anterior. Ahora que tu ira ha alcanzado una masa crítica, es momento de retomar el control.

Tu tarea es reescribir la historia de tu relación rota en tus propios términos, desde una posición de mayor fuerza, sabiduría y objetividad. En lugar de ser al que han abandonado, *tú* decides cómo terminar las cosas en tus propios términos emocionales. Ya no eres la víctima. Pon tu energía agresiva a trabajar y crea tu propio final.

La mayoría de los sobrevivientes del abandono comienzan imaginando algunos escenarios distintos. Ensayan conversaciones con sus parejas perdidas, dando voz a cosas que nunca tuvieron la oportunidad de decir. Estas pruebas prácticas te ayudan a aceptar facetas no resueltas de la relación que quizá pasaste por alto y que pueden ayudarte a dejar atrás la relación.

Practica estos escenarios de la forma en que te sientas más cómodo. Puedes hablar contigo mismo, escribir cartas a tu pareja perdida o repasar lo que te gustaría decirle con un amigo, un compañero de grupo, un terapeuta o un padrino. Lo importante es considerar todos los aspectos que deben abordarse de modo que te sientas en paz con la relación. Si es necesario, planifica un contrarrechazo, regañando a tu ser querido perdido en una conversación imaginaria. Algunos terminan perdonando a las parejas que perdieron.[11] Al ensayar y tal vez comunicarse con ellos, muchos sobrevivientes del abandono comienzan a confiar más en su capacidad de actuar en su propio beneficio.

Tal vez te resulte útil crear un evento de cierre. Algunos de mis clientes envían una carta cuidadosamente escrita. Otros hacen arreglos para encontrarse con su antigua pareja con o sin la asistencia de un tercero, como un terapeuta o un abogado.

«Mi ira hacia Lonny había logrado salir en pequeñas búsquedas interiores y muchas lágrimas casi cada vez que trataba de sentarme con él para discutir cómo dividiríamos las cosas», dijo Marie. «Pero un día decidí que era hora de decirle con calma lo que pensaba y cómo me sentía. Si me escuchó o si le interesó, no es importante. Lo principal es que describí lo doloroso que era lamentar su pérdida. Le dije lo que pensaba de él exactamente por hacerme pasar por esto. Fue el comienzo de dejar ir».

Como descubrió Marie, tú puedes crecer al expresar tu ira y otros sentimientos complicados hacia tu pareja perdida.[12] Al hacerlo, afirmas tu yo emergente.

LA CAPACIDAD DE SER INDEPENDIENTE[13]

La capacidad de ser una persona independiente nos permite ser quienes somos cuando estamos en una relación. Significa poder estar abiertamente en desacuerdo con la otra persona. Podemos expresar enojo sin temer que la otra persona rompa la conexión. Significa sentirse con derecho. Podemos pedir lo que queremos porque no nos hemos perdido en las necesidades y las expectativas de la otra persona.

La *capacidad de ser independientes* nos ayuda a superar los momentos más estresantes, por ejemplo, cuando nos separamos físicamente de un ser querido después de un rompimiento. *Estar separado* plantea un desafío especial para aquellos que han pasado por traumas de abandono en la infancia. Su *miedo al abandono* subyacente les dificulta estar en desacuerdo o mostrar enojo en sus relaciones. Son personas complacientes. Son codependientes. Tienen la necesidad de ser obedientes, cooperativas y agradables, no solo en presencia de sus seres queridos, sino con casi todos los demás en su vida.

Los sobrevivientes del abandono infantil suelen verse obligados a fusionarse con las necesidades y expectativas de los demás. Emocionalmente, no pueden tolerar ninguna ruptura en sus conexiones, incluso con conocidos casuales. En cambio, acceden a lo que la otra persona espera de ellos. Su propia identidad está sumergida en la necesidad de ser amados y no ser abandonados. Cuando alguien más rompe una conexión, incluso una conexión casual, el rechazo puede ser devastador.

¿Tienes algún problema para separarte de las necesidades y expectativas de los demás? Recuerda que si los niños tuvieron traumas de separación temprana, sus amígdalas están preparadas para buscar signos de una ruptura inminente, lo que reduce sus umbrales de rechazo. El primer paso para conquistar tus miedos es reconocer que los tienes.

Durante la etapa de la ira, tienes la oportunidad de cambiar la forma en que respondes cuando una relación llega a su fin. Comunicarte con tu ser querido perdido —manteniéndote firme y compartiendo tus pensamientos y sentimientos propios— es una forma de practicar el convertirte en una persona independiente.

Este desarrollo es un proceso lento, pero cosecharás las recompensas cada vez que te resistas a la tentación de dejar que tus necesidades sean eclipsadas por las de alguien más.

«Oculté lo mal que me sentía por la manera en que sucedieron las cosas la noche en el concierto con Roberta», dijo John. «Yo actuaba como si eso no me molestara. Después de todo, entendía de dónde venía su ira; yo también había estado allí. Pero me lastimó la forma en que actuó esa noche».

«Sé por experiencia que soy capaz de tener bajo control mis sentimientos, en particular la ira y el dolor. Esta vez, pensé, tal vez debería intentar algo diferente. Tal vez debería decirle a Roberta cómo me sentía».

«Así que le dije: "Roberta, la semana pasada, cuando reaccionaste ante mí como si fuera una molestia, me sentí enojado y me puse a la defensiva. Te digo esto porque me gustaría ser franco contigo sobre mis sentimientos. Esto no es fácil para mí. Soy tan vulnerable como tú"».

«Ella respondió con un simple y breve: "Tienes razón, me porté horrible. Discúlpame". No fue su reacción sino poder decir lo que sentía lo que me hizo sentir mejor. Pude dejar de lado esos sentimientos molestos».

La *capacidad de estar separados* nos permite mantener nuestra propia identidad dentro de una relación. El proceso de ira nos permite romper los lazos que nos han robado nuestra expresión personal. Una vez que estés libre de esos vínculos, puedes comenzar a desmantelar los patrones de complacer a las personas y afirmar tus propias preferencias, necesidades y tu verdad.

VALORACIÓN REALISTA DE TI MISMO: MÁS ALLÁ DE LA RECRIMINACIÓN QUE HACES CONTRA TI

Como miembro activo de Alcohólicos Anónimos, Keaton utilizó su programa de Doce Pasos como ayuda para concentrarse en el comportamiento que estaba dispuesto a cambiar.

Aprendí en AA que la única persona a quien debía controlar era a mí. Pero con Gabby, pese a que lo sabía racionalmente, había sido demasiado controlador. Cuando me involucré en la recuperación a partir del abandono, abordé la inseguridad y la ira que había quedado de mi infancia y que me había hecho actuar durante toda mi vida adulta. Esos sentimientos afectaron la forma en que me comportaba con otras personas.

Así que comencé a hacer las paces, empezando con Gabby, por todas las veces que la manipulé debido a mi propia inseguridad y descargué mi ira en ella. Sabía que ella también era responsable en cierta medida de que las cosas salieran mal. Pero dependía de ella asumir su responsabilidad. Solo hice las paces por mi parte. Me ayudó a sentirme más completo con respecto a la situación.

Al igual que Keaton, muchos sobrevivientes del abandono reescriben el cierre de sus relaciones al reconocer aspectos de su propia personalidad en los que les gustaría trabajar. Hacer las paces y asumir tu parte de la responsabilidad en una relación problemática puede ayudar a resolver algunos de los asuntos pendientes de esta.

EXPRESIONES DE IRA POSTRAUMÁTICAS

Una de las características postraumáticas del trauma por abandono infantil es la dificultad para controlar la forma en que expresamos la ira. Muchos tienen problemas para afirmar la ira de una manera productiva. Cambiamos drásticamente entre reaccionar de manera exagerada o reaccionar de manera insuficiente. Nuestros intentos de contraatacar a menudo fracasan.

«Siento como si hubiera pasado la vida como una gata desungulada», explica Holly. «Sé todo lo que debo decir, pero cuando llega el momento de defenderme, me congelo. Dejo que la gente se salga con la suya; el miedo me impide ponerlos en su lugar. Cuando me siento rechazada, me llega directo a los huesos. No tengo garras para protegerme».

Al igual que Holly, muchos sobrevivientes del abandono infantil son sensibles al rechazo y la hostilidad. Evitan la confrontación, por evitar sus consecuencias emocionalmente cargadas. ¿Por qué? Por el miedo impulsado por la amígdala: miedo a las represalias, miedo al rechazo, miedo al *abandono*.

¿Qué sucede cuando el abandono despierta la respuesta de lucha o huida de tu cuerpo, pero no tienes forma de liberar la creciente tensión? El abandono es un estrés interno, no el tipo de amenaza que te obliga a realizar una acción física como harías para evitar el ataque de un depredador hambriento. Sin embargo, tus hormonas del estrés aumentan, tu corazón se acelera, tus pupilas se dilatan, tu atención se fija y tus músculos para correr se energizan. No obstante, no hay liberación física.[14]

Algunos informan que, de hecho, se pelean físicamente con sus parejas. Pero en su mayor parte, la acumulación de energía agresiva está contenida y luego se desata sobre víctimas insospechadas.

Podrías desatar torrentes de miedo primordial y rabia hacia amigos o compañeros de trabajo por sucesos aparentemente menores. Los episodios hiperreactivos pueden volverse recurrentes por un período y pueden imitar los síntomas del trastorno límite de la personalidad.[15]

Una de las razones por las que con tanta frecuencia los sentimientos agresivos son desplazados se relaciona con la naturaleza especial del dolor del abandono: suele mantenerse en silencio y en secreto. Hay pocos medios socialmente aceptados para expresarlo.

¿Este enojo reprimido es el origen de la afección que se puede diagnosticar también como depresión agitada?

DEPRESIÓN[16]

El marco de la ira no estaría completo sin una discusión sobre la *depresión agitada*: es decir, depresión marcada por la irritabilidad y un umbral bajo para la frustración. A medida que aprendemos más sobre la psicobiología de la depresión, entendemos que la depresión es multifacética. Los efectos se observan en muchos ámbitos (psicológico, fisiológico, neuroquímico e incluso molecular), todos los cuales interactúan para crear una condición compleja que sentimos como *estar deprimidos*.

Ira volcada al interior. Los psicoterapeutas se han referido durante mucho tiempo a la depresión como ira volcada hacia el interior o *enojo en retroceso*. A partir de esta descripción, muchos han concluido que la mejor manera de revertir la depresión es *sacar el enojo*, expresarlo. Si eso funciona o no es un tema de debate, pero un análisis meticuloso muestra que las personas que tienen dificultades para liberar su ira son más propensas a la depresión. También muestran una disminución de la resistencia inmune. Ya hemos hablado sobre cómo someterse en vez de luchar reduce la resistencia inmune de las ratas de laboratorio.

Depresión y hormonas del estrés[17]
Los investigadores han descubierto que las personas diagnosticadas con depresión tienen niveles de glucocorticoides elevados. Estas son las mismas hormonas del estrés que Sapolsky encontró en exceso en la sangre de los babuinos subordinados, aquellos que recibían la actitud hostil de los miembros de mayor rango del grupo. Asimismo, nuestros cuerpos aumentan la producción de glucocorticoides a medida que luchamos con las crisis emocionales de una ruptura. La situación subordina nuestros deseos temporalmente a los de otra persona. Los niveles de glucocorticoides más elevados pueden contribuir al estado temporal de depresión agitada.

Antídotos contra la depresión
Existen antidepresivos y otros medicamentos que pueden resultar beneficiosos para ti, ya que restablecen el equilibrio bioquímico,[18] pero ten en cuenta que producimos bioquímicos asociados con el

bienestar de manera natural. En otras palabras, nuestro cuerpo tiene sus propios mecanismos para restablecer el equilibrio. Como dice Candace Pert, autora de *Molecules of Emotion* [Las moléculas de la emoción]: «Cada uno de nosotros tiene su propia "farmacopea natural",[19] la mejor farmacia disponible al costo más bajo, para producir todos los fármacos que necesitamos para controlar nuestra mente y nuestro cuerpo precisamente en la forma en que fue diseñado para funcionar...». El flujo de nuestras propias drogas endógenas se ve afectado por lo que hacemos, el amor que nos damos a nosotros mismos y a otros, el contacto físico que recibimos y la calidad general de nuestras relaciones.

OTROS CAMBIOS HORMONALES

Además de los glucocorticoides, adrenalina, norepinefrina, CRF y ACTH que se liberan durante una crisis emocional, tu cuerpo sufre otros cambios hormonales como preparación para defenderse sostenidamente.[20] Tu páncreas libera glucagón, lo que eleva tus niveles de azúcar en la sangre, y la producción de insulina se inhibe para conservar la energía. Se libera prolactina, la cual suprime la reproducción. La producción de progesterona y testosterona se inhibe para que la enorme energía requerida para mantener tu capacidad reproductiva pueda desplegarse en defensa propia. La hormona del crecimiento se inhibe, de modo que los nutrientes y la energía que varios sistemas consumen normalmente puedan desviarse hacia una campaña de *lucha o huida*. Se libera vasopresina, una hormona antidiurética, y evacuamos los desechos muertos para que podamos correr a toda velocidad por la sabana o participar en la batalla. Las endorfinas y otros opioides naturales ayudan a mitigar el dolor, y el cortisol ayuda a reparar los tejidos dañados en caso de lesiones físicas. Estos son algunos de los cambios hormonales provocados por la respuesta de tu cuerpo a la crisis emocional del abandono.

El cambio positivo también precipita cambios bioquímicos y hormonales. Tu sistema nervioso simpático se despierta no solo cuando está amenazado, sino también cuando se ve desafiado por cosas que requieren una explosión de energía y un estado de alerta mental elevado, como jugar baloncesto o probar un teorema geométrico. En lugar de ser amenazantes o estresantes, estas actividades por lo general son buenas para tu bienestar mental y físico. Puedes dirigir el estado de preparación para la acción de esta cuarta fase y lograr mucho.

Los estudios de Sapolsky son inspiradores. Recuerda que los niveles de la hormona del estrés de los babuinos aumentaban solo cuando luchaban para evitar perder su rango, pero no cuando luchaban para mejorar su estado dentro del grupo. Cuando luchaban *para ganar algo*, sus niveles de hormonas del estrés no aumentaban. El estudio del babuino sugiere que podemos manejar el estrés (y la depresión que surge de él) transformando la energía de la ira en una actividad dirigida hacia una meta. Recuerda, el objetivo de la recuperación a partir del abandono es beneficiarnos de nuestro abandono en lugar de vernos disminuidos por él: *Akeru*.

Aprender a canalizar la ira

Muchos sobrevivientes del abandono tienen problemas para reconocer la ira y saber qué hacer al respecto una vez que la reconocen.

La poeta Maya Angelou describió lo difícil que era para ella tomar medidas cuando sentía que la gente le quitaba pequeños pedazos a mordiscos. Según su propio relato en *Yo sé por qué canta el pájaro enjaulado*, sufrió muchos tipos de abandono infantil: aflicción y pérdida; reubicación; discriminación; abuso sexual, físico y emocional; traición. Siendo una verdadera sobreviviente del abandono infantil, se mostraba reacia a defenderse cuando se sentía herida. Su estrategia era dejar pasar los incidentes, descartarlos como inofensivos. Puso excusas para el comportamiento de los demás. Finalmente, llegó a un lugar de fortaleza y convicción propia y comenzó a hablar por sí misma. Aprendió a informar a las personas cuando la forma en que se comportaban con ella la hacía sentirse incómoda y a decirles cómo prefería que la trataran. Esta simple comunicación la ayudó a superar el rechazo a gran escala y el miedo al abandono.

Cada momento de la vida, cada interacción humana, es una oportunidad para afirmar tu nuevo yo en desarrollo.

Puedes ver que la ira es un concepto multifacético. Puedes disfrazar sentimientos subyacentes de dolor o miedo, o generar depresión, ansiedad y fatiga. La ira puede hacerse pasar por inhibición, hipersensibilidad o pasividad, por nombrar algunas de sus facetas. O puede expresarse abiertamente en actos de violencia física o palabras hirientes.

La ira se compara con el rugido del león que protege su territorio en la sabana. Este poderoso rugido se desencadena por una sensación de peligro. Indica el momento en que percibe a sus adversarios. Descubriendo sus dientes, el león disfraza este miedo como *fuerza*. Su rugido es una afirmación de poder, lo que significa que tiene una expectativa de triunfo. Pero bajo el rugido más feroz del león está su sensibilidad a una amenaza potencial. Es miedo convertido en agresión, miedo expresado como ira. Es una ira que expresa el apego del león a la vida.

EL PENSAMIENTO RACIONAL TOMA EL CONTROL

He dedicado muchas páginas de este libro a explicar las reacciones automáticas a situaciones estresantes en las que tu capacidad de pensar y planificar una respuesta puede verse abrumada por la reacción instintiva de tu cerebro emocional. Es importante comprender que la amígdala no dicta cada respuesta. Tienes un cerebro superior, el neocórtex, que está equipado para hacer una evaluación razonable de la situación y planificar una estrategia para lidiar con tu ira.

La información sensorial entrante llega al tálamo, donde se ramifica hacia dos áreas diferentes del cerebro. La rama más grande corre no a la amígdala sino al neocórtex. (La más pequeña de las dos ramas corre hacia la amígdala; la información viaja más rápido a lo largo de esta ruta pero es mucho menos precisa). El neocórtex es donde se analiza la información entrante, se recuperan los recuerdos y se compara y clasifica lo que es relevante. En resumen, es donde se piensa, planea y razona.

Mi punto es que tenemos la capacidad de aprender de la experiencia, y el abandono nos ha proporcionado un rico laboratorio de aprendizaje del cual extraer nueva sabiduría. Tu neocórtex trabaja junto con tu cerebro emocional para reevaluar tus suposiciones anteriores y planificar un nuevo curso en tu vida.[21] Los ejercicios de *Akeru* ayudan a modular tus reacciones impulsadas por la amígdala y a fortalecer la mente adulta. Como un adulto más fuerte, puedes derrocar la idealización de tu abandono, levantarte de tu antigua posición de subordinación autoimpuesta y afirmar tu valor propio.

CUARTO EJERCICIO DE *AKERU*: «IDENTIFICAR AL NIÑO EXTERIOR»

El cuarto ejercicio de *Akeru* es una herramienta de concientización diseñada para ayudarte a comprender mejor tus respuestas a emociones poderosas y cambiar tu comportamiento. Te ayuda a sanar las secuelas de abandono de patrones autodestructivos.[22]

Ya hemos hablado sobre el niño interior,[23] esa parte de nosotros que encarna nuestros sentimientos, incluida la frustración, el resentimiento y la ira. El niño exterior[24] representa los sentimientos del niño interior en formas autodestructivas.

Al tomar conciencia de tu niño exterior, finalmente puedes obtener acceso a tus defensas primitivas e inconscientes que interfieren con tus relaciones y tus planes de vida.

En la jerarquía del yo, el niño exterior se intercala entre el niño interior y el adulto:

Adulto
Niño exterior
Niño interior

Si no se le reconoce, el niño exterior puede subvertir las mejores intenciones. Reconocer los comportamientos que provienen del niño exterior te ayuda a cambiar.

Tu niño exterior ha sido el saboteador oculto en tu vida. El niño exterior es la parte que rompe tu dieta y se siente atraído por todas las personas equivocadas. Racionaliza sus maniobras alegando que quiere protegerte. Se hace pasar por tu aliado, pero tiene comportamientos indeseables en lugar de reafirmar tus verdaderas necesidades.

La identificación de tu niño exterior se basa en los ejercicios previos de *Akeru*, dándoles un nuevo nivel de conciencia. En el ejercicio uno, aprendiste a *usar el momento* como fuente de poder personal; en el ejercicio dos, comenzaste un *diálogo continuo* con tus necesidades y sentimientos más íntimos; en el ejercicio tres, aprendiste a fortalecer la relación entre tus necesidades y acciones por medio de un ejercicio de *visualización* que moldeó tu visión del futuro. Este cuarto ejercicio te ayuda a reconocer tus patrones autodestructivos y a reemplazarlos por otros nuevos y saludables.

El primer paso para desarmar las defensas del niño exterior es reconocerlas. Una vez que aprendas a identificar las características especiales de tu niño exterior, expondrás sus operaciones encubiertas y buscarás desencadenantes emocionales que las ponen en marcha. Saldrás con un nuevo nivel de conocimiento que te pondrá en el asiento del conductor.

Tu tarea es aislar y tomar el control de los comportamientos de tu niño exterior, utilizando la misma técnica de separación que utilizaste para crear a Pequeño y Grande.

Forma una imagen mental de tu niño exterior, una imagen distinta de Pequeño o Grande. Mientras que tu niño interior representa tus emociones, el niño exterior las actúa en comportamientos indeseables, en particular, en patrones arraigados que obstaculizan tu crecimiento. Al separar estos comportamientos de los sentimientos que los desencadenan, ganas distancia psicológica, lo que le permite a tu adulto cognitivo tomar el volante de una vez por todas.

Puede requerir esfuerzo establecer una representación clara de tu niño exterior. Pero una vez que aprendas a separar el *comportamiento* de los *sentimientos*, podrás desmantelar las respuestas automáticas y problemáticas ante las muchas tensiones que encuentres.

INVENTARIO DEL NIÑO EXTERIOR

Desde que se le introdujo en la primera publicación de este libro, el niño exterior ha recibido tanta atención (le encanta la atención, incluso la atención negativa) que obtuvo su propio sitio web y su propio libro.[25] Con los años, gracias a las contribuciones de sobrevivientes del abandono de todo el mundo, el Inventario del niño exterior ha crecido a más de trescientos puntos. Lo que sigue es una lista de los primeros cien rasgos originales fácilmente reconocibles. Se presentan al azar, reflejando el pensamiento ilógico del niño exterior. Tu ejercicio diario es utilizar este inventario para conocer a tu niño exterior, detectar su comportamiento y encontrar sus escondites. Recuerda que tu niño exterior es una expresión equivocada de los sentimientos de tu niño interior. Delibera sobre lo que está haciendo tu niño exterior y mantén un inventario activo de sus comportamientos, utilizando la lista como guía.

Cada uno de nosotros tiene un niño exterior único, que depende de nuestras experiencias individuales, nuestros problemas de abandono y sentimientos. La lista de cien rasgos de ninguna manera es exhaustiva. Y no todos los puntos se describen. Cuanto más puedas reconocer a tu propio niño exterior y al de los demás, aportarás más conciencia de ti mismo a tus relaciones.

Puedes encerrar en un círculo los puntos de la siguiente lista que se relacionan contigo, o simplemente leerlos, permitiendo que tu conciencia se desarrolle. La naturaleza aleatoria de la lista está diseñada para pillar desprevenido a tu sigiloso niño exterior. Con suerte, esto te ayudará a reconocer aspectos de tu comportamiento que de otra forma no verías.

Para obtener mejores resultados, lee todo el inventario más de una vez. Es posible que no reconozcas a tu niño exterior a primera vista. Recuerda que tu niño exterior vive en tu mente inconsciente, y debido a que algunas de sus características son poco halagadoras, puede ser difícil reconocer que las tienes. Acostúmbrate a hacerlo hasta que tu niño exterior comience a emerger. Puedes contribuir a ampliar esta lista si descubres rasgos únicos de tu niño exterior y los envías a mis sitios web www.outerchild.net y www.abandonmentrecovery.com: yo los agregaré a la lista maestra. Gracias de antemano por aportar a mi investigación anecdótica sobre el niño exterior y contribuir al proyecto de recuperación a partir del abandono.

La revisión y actualización diarias de este inventario ayuda a desmantelar las defensas de tu niño exterior. Al mantener a tu niño exterior enfocado, irás más allá de donde el 90% de las personas puede ir y comprenderás verdaderamente la dinámica de tu comportamiento.

Cada vez que detectes una idea o rasgo relacionado con tu niño exterior, mantendrás mejor enfocadas tus defensas inconscientes.

Como resultado, podrás elegir respuestas más constructivas al estrés.

Inventario del niño exterior

1. El niño exterior es la parte egoísta, controladora, narcisista y egocéntrica de todos nosotros.
2. El niño exterior abarca todos los signos externos de la vulnerabilidad del niño interior: todas las cicatrices, las verrugas y las defensas que se muestran en el exterior.
3. El niño exterior está en una etapa del desarrollo entre las edades de 9 y 13 años. El egocentrismo es apropiado para la edad del niño exterior.
4. El niño exterior lleva muchos disfraces, especialmente en público. Como los niños exteriores de otras personas por lo general están bien escondidos, es posible que hayas pensado que eras la única persona con un niño exterior.
5. El niño exterior es el Chucky oculto de la personalidad. Incluso las personas más amables que conocemos pueden comportarse como un niño de 7 años con un trastorno del comportamiento en toda regla cuando se sienten lo suficientemente amenazadas.
6. El niño exterior está tan desarrollado como para tener su propio pequeño ego ejecutivo (para nuestro disgusto). Es lo suficientemente mayor como para ejercer su voluntad con fuerza, pero no tanto como para comprender los derechos y sentimientos de los demás. (El niño interior no tiene la edad suficiente para tener su propio ego, por lo que sigue siendo inocente y necesita nuestro cuidado).
7. El niño exterior interviene y se hace cargo, incluso si teníamos toda la intención de manejar una situación particular de una manera madura y adulta. El niño exterior maneja las cosas a su manera, despotricando y perdiendo la calma, y dejándonos la carga de la culpa.

8. El niño exterior puede dominar tu personalidad si has tenido un historial de abandonos repetidos. Muchos sobrevivientes de abandono en la infancia son en su mayoría niños exteriores.

9. El niño exterior hace berrinches y lanza diatribas si se siente menospreciado, criticado, rechazado o abandonado. Si el niño exterior parece estar emocionalmente perturbado, es por lo que has pasado. No culpes a tu niño exterior: no reacciona bien a la culpa.

10. El niño exterior se venga contra el yo. Se ve a sí mismo separado de ti y crea un cisma entre Pequeño y Grande cada vez que encuentra una abertura, como cuando eres negligente con Yo Pequeño.

11. Al niño exterior le gusta culpar a tu pareja de sus fallas. Trata de hacerte imaginar que tus rasgos inaceptables pertenecen a tu pareja.

12. Al niño exterior no le gusta hacer cosas que sean buenas para ti.

13. El niño exterior preferiría hacer algo que te haga engordar o quedar en la bancarrota antes que ser delgado o fiscalmente responsable.

14. El niño exterior es un hedonista.

15. El niño exterior habla de tus amigos a sus espaldas, pero odia cuando los amigos hablan de ti a tus espaldas.

16. El niño exterior prospera en el caos, la crisis y el drama.

17. Al niño exterior le divierte jugar a la víctima.

18. El niño exterior te distrae cuando intentas concentrarte.

19. A un niño exterior le encanta hacerse el mártir.

20. El niño exterior es un desidioso de talla mundial. Su estratagema favorita es la evitación. El niño exterior es un evitador excesivo y compulsivo.

21. El niño exterior hace grandes desastres que tardan una eternidad en limpiarse.

22. El niño exterior hace que llegues tarde a las citas.
23. El niño exterior pierde cosas y culpa de ello a los demás.
24. El niño exterior puede encontrar una excusa para cualquier cosa: es un maestro de la justificación.
25. El niño exterior trata de lucir genial y te hace quedar a ti como un tonto.
26. El niño exterior es el *sí, pero* de la personalidad.
27. El niño exterior es reactivo en lugar de ser activo o reflexivo.
28. El niño exterior explota cuando encuentra dificultades con sus propias habilidades, por ejemplo, cuando trata de armar una parrilla de asado.
29. El niño exterior nunca puede estar equivocado.
30. El niño exterior odia pedir ayuda o que le den instrucciones. Es terco, irritante, ciego y testarudo.
31. El niño exterior actúa como un tirano pero secretamente es un cobarde, temeroso de afirmar sus necesidades.
32. El niño exterior actúa con gracia cuando un amigo le pisa un dedo del pie pero permanece enojado durante los siguientes veinte años.
33. El niño exterior se especializa en culpar; si tiene un sentimiento incómodo, alguien debe tener la culpa.
34. El niño exterior usa el llanto para manipular.
35. El niño exterior critica a los demás para alejar de él la atención de la gente.
36. El niño exterior tiene una risa falsa para ocultar la vergüenza y otros sentimientos que se le escapan.
37. El niño exterior actúa por su cuenta, en lugar de consultarte a ti, el adulto.
38. El niño exterior necesita un control total para evitar *experimentar* los sentimientos del niño interior, en particular el dolor, la soledad, la decepción o la pérdida.
39. El niño exterior no soporta la espera, especialmente cuando se trata de que otra persona te devuelva la llamada.

40. Al niño exterior no le gusta mostrar su vulnerabilidad; mantiene sus heridas ocultas.

41. El niño exterior exigirá, desafiará, engañará, ignorará, rechazará, manipulará, seducirá, pondrá mala cara, se quejará y tomará represalias para satisfacer sus necesidades de aceptación y aprobación. No ve esto como una contradicción.

42. El niño exterior tiene un sentimiento favorito: la ira. De hecho, el niño exterior crece con la ira.

43. El niño exterior tiene un agujero en el bolsillo cuando se trata de ira o dinero. ¡Ambos deben gastarse de inmediato y al diablo las consecuencias!

44. El niño exterior quiere lo que quiere de inmediato. Ayer.

45. El niño exterior quiere ponerse en medio de todo cuando tú intentas comenzar una nueva relación. Se vuelve más reactivo, más exigente, más necesitado que nunca.

46. El niño exterior se puede encontrar en nuestra pareja. A veces nos casamos con una persona que puede representar los deseos de nuestro propio niño exterior. Con suerte, el niño exterior de nuestra pareja no actúa *contra nosotros*.

47. El niño exterior puede encontrarse en el comportamiento de nuestros hijos. Cuando nos enganchamos en luchas de poder con uno de nuestros hijos, nos encontramos luchando contra nuestro propio niño exterior. A veces alentamos en secreto a nuestros hijos a cumplir con las necesidades de nuestro niño exterior. Representan la ira que no queremos reconocer.

48. El niño exterior se enfurece si detecta incluso los signos más sutiles de abandono. Esto deja a Pequeño en peligro, sin protección.

49. El niño exterior se esmera por su interés propio mientras finge proteger a Pequeño, pero solo quiere una cosa: control.

50. El niño exterior es una persona complaciente con motivos ocultos. Dará todo a los demás. ¿Y qué ganas tú con ello? Nada. Te quedas frío y vacío.

51. El niño exterior no tiene la edad suficiente para preocuparse por los demás. Solo tú, el adulto, puedes hacerlo.

52. El niño exterior prueba a las personas en quienes busca seguridad... hasta el límite.

53. El niño exterior prueba a otras personas significativas con juegos emocionales. Su favorito es hacerse el difícil.

54. El niño exterior puede ser muy astuto, dando lo mejor de sí mismo cuando busca una nueva pareja. Puede representar la imagen del altruismo, la decencia, la amabilidad y la tolerancia.

55. El niño exterior también puede ser seductor, divertido, encantador y estar lleno de vida. Cuando logra atrapar a su presa, de repente se vuelve frío, crítico, poco amoroso y se niega a tener relaciones sexuales. El niño exterior hace que sintamos pena por la persona dispuesta a amarnos.

56. El niño exterior es el adicto, el alcohólico, el que agota el límite de crédito de tus tarjetas y rompe tu dieta.

57. El niño exterior disfruta rompiendo las reglas. Tus mejores amigos pueden tener niños exteriores muy dominantes dentro de ellos. Su rebeldía podría ser lo que más disfrutas de ellos.

58. El niño exterior ignora activamente al adulto, en particular cuando este trata de decirle qué hacer. El niño exterior simplemente continúa haciendo lo que quiere hacer.

59. El niño exterior se esfuerza por ser independiente. Tal vez algún día tu niño exterior se vuelva lo suficientemente independiente como para salir de casa, ¡pero no cuentes con eso!

60. El niño exterior gana fuerza durante los períodos inactivos. Por tanto, cuando te sientes vulnerable, tu niño exterior entra en acción, y pone en peligro la nueva relación.

61. El niño exterior trata de vencer la tarea de la intimidad, que es hacer que tu niño interior se haga amigo del niño interior de tu pareja. La intimidad es cuando tú y tu pareja nutren mutuamente a sus niños interiores y no se toman al niño exterior del otro de forma demasiado personal.

62. Al niño exterior le encanta relacionarse con el niño exterior de tu pareja. Al instante entran en luchas de poder. Es inútil tratar de controlar al niño exterior del otro. Tu mejor opción es encontrar algo para que sus niños exteriores hagan en vez de dejarlos que interfieran en la relación. Si no puedes ignorarlos, ponlos a jugar.

63. El niño exterior es *adicto* al abandono, atraído solo por lo que no está disponible. Adora el desafío de buscar amantes emocionalmente peligrosos, aquellos que rechazan y se distancian y no pueden comprometerse. El niño exterior es adicto a la bioquímica y al drama del abandono.

64. El niño exterior tiene *fobia* al abandono: finge estar buscando relaciones, pero en realidad está evitando las relaciones por completo por temor a ser abandonado.

65. El niño exterior piensa que las personas no disponibles emocionalmente son sexys.

66. El niño exterior se siente atraído por la *forma más que por el contenido*.

67. El niño exterior quiere lo que quiere: dulces emocionales. Esto va en contra de lo que es bueno para Pequeño, el cual necesita a alguien capaz de dar amor, cuidado y compromiso.

68. El niño exterior busca a todas las personas equivocadas. No puede resistirse a un amante que no se comprometerá. ¡Hum, sexy!

69. El niño exterior se niega a aprender de los errores. Insiste en hacer las mismas cosas una y otra vez.

70. El niño exterior se desarrolló durante la fase de ira de los viejos abandonos cuando no había nadie disponible para mitigar su dolor.

71. El niño exterior se vuelve más poderoso cuando Grande y Pequeño no están alineados.

72. El niño exterior cree que las leyes y la ética son para todos los demás.

73. El niño exterior obedece las reglas solo para evitar ser atrapado.

74. El niño exterior puede hacer comentarios hirientes pero no sabe recibirlos.

75. El niño exterior puede ser más santo que tú.

76. El niño exterior ama el chocolate y te convence de que es bueno para tu corazón. Al igual que el vino.

77. El niño exterior golpea a los niños interiores de otras personas, especialmente al niño interior de otra persona importante.

78. El niño exterior intimida a tu propio niño interior.

79. El niño exterior intenta obtener su autoestima por derecho propio al buscar a alguien con un estatus social más alto.

80. El niño exterior puede dar un golpe sutil pero poderoso si percibe un *desaire social*, por pequeño que sea.

81. El niño exterior se cubre en público. Algunas personas pueden ocultar mejor a su niño exterior que otras. Desde luego, algunos niños exteriores son más fáciles de ocultar que otros.

82. El niño exterior no puede esconderse de los miembros de tu familia más cercanos: ellos *saben*. No puedes retenerlo para siempre. De eso se trata la intimidad: la exposición de sus niños exteriores.

83. El niño exterior puede expresar enojo volviéndose pasivo. Uno de sus disfraces favoritos es la conformidad. El niño exterior utiliza la conformidad para confundir a los demás de modo que piensen que no quiere el *control*. Pero no te dejes engañar: el niño exterior es un fanático del control.

84. El niño exterior encuentra a alguien a quien dar por sentado y lo trata mal sin tener que temer el rechazo.

85. El niño exterior no entabla relaciones, toma rehenes emocionales, ¡esperando que sus seres queridos lo compensen por heridas y traiciones que se remontan a la infancia! Cuando conoces a alguien codependiente que quiere satisfacer tus necesidades, el niño exterior hace que esa persona se ande con cuidado.

86. El niño exterior protesta contra cualquier cosa que le recuerde estar a punto de desmoronarse.

87. El niño exterior se niega a desmoronarse. A diferencia de Pequeño, el niño exterior se retira, critica y opta por la agresividad.

88. El niño exterior tiene mala actitud. Disfraza el resentimiento de confianza: hacia fuera.

89. El niño exterior es como el molesto hermano mayor que interfiere constantemente con el pretexto de protegerte.

90. El niño exterior no obedece la regla de oro.

91. El niño exterior obedece su propia regla: Haz que los demás te traten como quieres que te traten, y trata a los demás como tú quieras.

92. El niño exterior necesita ser disciplinado, pero no esperes establecer límites sin tener dificultades.

93. El niño exterior provoca enojo de maneras sutiles, y luego acusa a la otra persona de ser abusiva. Al niño exterior le encanta jugar a la fiesta de heridos indignados.

94. El niño exterior se somete para poder enfurecerse por sentirse dominado.

95. El niño exterior sabe cómo ser el héroe.

96. El niño exterior es un maestro en hacer que la otra persona se vea como el tipo malo.

97. El comportamiento del niño exterior va desde un leve sabotaje contra uno mismo hasta la destructividad criminal.

98. El niño exterior puede ganar el control tan temprano que el individuo no desarrolla ninguna empatía o compasión verdaderas por sí mismo o por los demás. El niño exterior extremo es un sociópata.

99. El niño exterior necesita ser entendido, vencido y anulado por una coalición impenetrable entre el niño interior y el adulto.

100. El niño exterior tiene la clave para cambiar, porque de lo que se trata es de comportamiento. El niño interior contempla nuestra verdad emocional pero no puede cambiar el comportamiento. Cuando atrapes a tu niño exterior con las manos en la masa, quítale la llave de las manos y ábrele paso a tu futuro.

El niño exterior es una estrella en los talleres

En mis talleres de recuperación a partir del abandono, en cuanto publico una lista de los rasgos más infames del niño exterior en la pantalla, la gente comienza a identificarse. La sala cruje con la energía del alivio cómico cuando todos comienzan a nombrar esta parte traviesa de ellos mismos. Pronto las personas empiezan a admitir entre ellas cosas que nunca se habían admitido a sí mismas, cada uno superando al otro con la barbaridad de sus tendencias infantiles externas.

Hasta ahora, la agenda del niño exterior estaba encubierta y, de repente, sus defectos de carácter saltan a la vista, un paso importante para descarrilar su subterfugio.

SEPARAR LOS SENTIMIENTOS DEL COMPORTAMIENTO

Identificar al niño exterior te permite realizar con facilidad lo que generalmente es una ardua tarea mental: separar los *sentimientos* del *comportamiento*: lo interior de lo exterior, el estímulo de la respuesta. Esto te ayuda a evitar que el niño exterior permanezca entrelazado con tus sentimientos, por lo que ya no puede controlar tus acciones desde adentro.

Separar los sentimientos del comportamiento es un paso crucial en el proceso de sanación. Muy a menudo las personas usan los sentimientos como excusa para un comportamiento inaceptable.

«Mi hija Cindy tenía la costumbre de gritarme y llorar si no se salía con la suya», contó Bárbara. «Dejé que se saliera con la suya, culpándome de sus arrebatos. Pensaba cuánto la había ignorado últimamente, o alguna otra cosa emocional que se presentara —rivalidad entre hermanos, presión en la escuela—, cualquier excusa útil que ella o yo pudiéramos encontrar. La verdad era que la niña exterior de Cindy se estaba portando mal».

«Entonces me di cuenta de que mi propia niña exterior estaba reaccionando a la niña de ella, y esa es la razón por la que nunca fui capaz de corregir su comportamiento. Mi niña exterior estaba gritando otra vez o sucumbiendo».

Estos comportamientos fueron las respuestas automáticas de Bárbara a sus sentimientos. Su niña exterior estaba enredada con la impotencia y la ira de su niña interior.

«Una vez que logré detectar la interferencia de Exterior», continúa Bárbara, «pude sentarme y separar mis sentimientos de la manera como reaccionaba. Pude ver cómo Exterior quería manejar la situación —gritando—, y cuán impotente se sentía mi Yo Pequeña. Pero ahora yo, la adulta, tenía el control y podía ver que no lograría nada con ignorar la situación o gritar».

«Me senté para precisar mis propios sentimientos. Escribí un diálogo Grande/Pequeña para resolverlos. Pequeña me hizo saber que cuando Cindy comenzó a gritarme, Pequeña se sintió tan molesta e impotente como cuando mi madre solía gritarme. Pequeña me ayudó a entender lo que realmente estaba sucediendo».

«Decidí que no iba a reaccionar ante mi hija como lo había hecho con mi madre, o de la forma en que mi madre solía reaccionar ante mí. Era hora de romper el ciclo. ¡La manera antigua era jugar un papel infantil con mi propia hija! Yo soy la madre. Soy la adulta».

«Después de pensarlo un poco —este era mi yo adulto en control—, se me ocurrió un plan razonable».

«Esperé hasta que Cindy hubiera terminado por completo su berrinche, y luego la invité a hablar. Le dije que estaba molesta por la forma en que nos gritamos y que quería mejorar la situación. En lugar de criticarla, le expliqué con calma que cuando me gritó, sentí que me había faltado al respeto. Le dije que también me importaban sus sentimientos. La ayudaría a encontrar una manera de dejar de hacerlo, por el bien de las dos. Nos ayudaríamos mutuamente a romper estos hábitos. Hicimos un plan juntas».

El pleito de Bárbara con Cindy ilustra lo importante que es asumir la responsabilidad personal de las reacciones propias. Separar los sentimientos del comportamiento —el niño interior del niño exterior— te permite convertirte en un mejor padre o madre para ti y en un adulto más fuerte.

El siguiente desafío es fundamental: desmantelar los viejos patrones. La mayoría de los comportamientos de Exterior están profundamente arraigados. Por ello necesitamos ejercicios que actúen como fisioterapia para que el cerebro los reprograme.

Desde que el niño exterior hizo su debut en la primera edición, he desarrollado una serie de poderosas herramientas que mejoran el comportamiento de manera efectiva y que presento en mis talleres, y sobre las cuales he escrito mucho en otras publicaciones.[26] A continuación, me centraré en una herramienta importante que llamo *pasos de acción*, la cual ayuda a lograr de manera gradual un cambio de comportamiento integral.

PASOS DE ACCIÓN

En última instancia, no dejamos de autosabotearnos por pensarlo, sino *haciéndolo*. A veces podemos hacer cambios a pasos agigantados, pero cuando el niño exterior nos mantiene estancados, los pasos de acción rompen el obstáculo y nos hacen avanzar, paso a paso.

Crear pasos de acción es fácil e implica dar pasitos tan pequeños y placenteros que incluso Exterior (el hedonista) cooperará. Tú realizas cada acción con la intención consciente de mostrar bondad amorosa a Yo Pequeño. Algunas de estas acciones pueden dirigirse únicamente a la nutrición de nuestro ser, como pasear por un hermoso parque. Otras pueden apuntar hacia objetivos específicos, como llamar al gimnasio para consultar precios, preguntarle a un amigo si hay ofertas de trabajo en su empresa o agregar una frase positiva a tu perfil en Match.com. La clave es comprometerse con al menos una acción por día y hacer que esta acción sea tan pequeña y fácil que no tendrás problemas para cumplir con tu compromiso para ese día. Cuanto más pequeños sean los pasos, mejor los deslizarás bajo el radar de Exterior. Recuerda, Exterior odia el cambio y siempre está al acecho, buscando cualquier oportunidad para postergar, evitar u obstruir.

Cuando das estos pequeños pasos, la idea es dedicar mentalmente cada acción a satisfacer tus necesidades básicas. Por ejemplo, puedes prometerle a Pequeño que comprarás zapatos nuevos y cómodos para sus pies (de modo que puedas dar caminatas más largas). Cuando llegues a la tienda, ten en mente la intención de acabar lo que empiezas para mostrar a esta parte tan olvidada de ti mismo que realmente quieres hacerlo. Cuando se trata de mostrar amor propio, la intención es importante, pero las acciones hablan más que las palabras.

Los pasos de acción fortalecen el músculo detrás del amor propio porque los estás dirigiendo hacia objetivos por los cuales tu niño interior se preocupa mucho. Digamos que acumulas objetos. Puedes mostrar amor propio al comprometerte a tirar al menos una cosa por día. Estos pequeños pasos diarios pronto se suman. Primero has creado un rincón prístino, luego una sala de serenidad en la que puedes sentirte bien contigo mismo y en control.[27]

Tus pasos de acción le muestran a Exterior *conductualmente* que tú también tienes tus intereses en mente. A Exterior le gusta cuando tu adulto inicia acciones que convierten su energía agresiva en comportamientos rápidos y satisfactorios. Solo asegúrate de que las acciones sean placenteras y lo suficientemente fáciles de hacer como para que puedas liberar dopamina,[28] ese neuroquímico del que hablamos que ayuda a facilitar la formación de hábitos. A medida que das pequeños pasos positivos, estableces de manera gradual patrones nuevos que finalmente reemplazan los viejos malos hábitos. A medida que el impulso aumenta, comienzas a avanzar hacia tus objetivos.

Dar pequeños pasos diarios está diseñado para superar la inercia y empoderar a tu yo adulto para avanzar. Imagínalo: Grande está sosteniendo la mano de Pequeño y apoyando la otra mano sobre el hombro de Exterior, guiándolo paso a paso hacia tu futuro.

Recuerda, el niño exterior es un glotón para la gratificación inmediata y puede intentar que te rindas, porque no está llegando al resultado final lo suficientemente rápido. Tu yo adulto sabe que «la carrera se gana con lentitud y constancia» y que las expectativas poco realistas son solo otra forma en que Exterior intenta obstruir el cambio.

AGREGAR EL NIÑO EXTERIOR Y LOS PASOS DE ACCIÓN AL DIÁLOGO DIARIO

Puedes incorporar la conciencia del niño exterior a tu diálogo Grande-Pequeño e incluir pasos de acción para mostrarle a Pequeño que a ti te importa.

Hablar con Pequeño durante la semana, tanto en los días buenos como en los malos, satisface su necesidad de amor y cuidado. Exterior prospera con la privación de la necesidad y los sentimientos no reconocidos. Cuando *tú*, el adulto, administras directamente las necesidades y sentimientos de tu niño interior, le robas protagonismo a Exterior. El adulto elige acciones positivas en lugar de dejar esas decisiones a tu niño exterior impulsivo, glotón y rebelde.

Muchos encuentran que funciona mejor mantener su diálogo exclusivamente entre Grande y Pequeño, y hablar sobre Exterior a sus espaldas.

El diálogo de Keaton

PEQUEÑO: Me gustaba Janice. Pero yo tenía mucho miedo todo el tiempo. Me sentía tan necesitado y perdido. Dejas que Exterior arruine las cosas actuando como un estúpido.

GRANDE: Tienes razón, Pequeño. Puedo ver lo que estaba haciendo Exterior: estaba tratando de ocultarle tu ansiedad a Janice.

PEQUEÑO: Sí, se comportó de una manera tan rígida y desagradable en la cita. Lo odio.

GRANDE: Lo siento, Exterior hizo que fuera incómodo, Pequeño.

PEQUEÑO: ¿Por qué no lo detuviste? Y ahora, Janice nunca querrá estar con nosotros otra vez. Y ella me gustaba.

GRANDE: Trabajaré para contener mejor a Exterior para la próxima vez.

PEQUEÑO: Sí, claro, ¿crees realmente que puedas evitar que Exterior interrumpa? ¡Solo desearía que no me dejaras solo así!

GRANDE: Me quedaré contigo, Pequeño. Pero, dime, ¿cómo puedo ayudarte a sentirte menos asustado, más relajado?

PEQUEÑO: Te avergüenzas de mí cuando tengo miedo. Lo sé. No quieres que tenga miedo porque te da vergüenza. No quieres que tenga esos sentimientos.

GRANDE: Te acepto como eres, no importa cuán asustado te sientas. Pero me gustaría ayudarte a sentirte más relajado.

PEQUEÑO: Creo que solo quieres que me sienta relajado porque estás enfermo y cansado de que me sienta así. No te agrado. En realidad no me aceptas.

GRANDE: Si eso fuera cierto, Pequeño, sería muy molesto y te haría enojar realmente.

PEQUEÑO: Sí me enoja. ¡Tú eres el que deja que Exterior se involucre! Quieres que Exterior esconda mis sentimientos para que se vayan. No me aceptas, solo quieres cambiarme. Soy demasiado molesto. No puedo evitar mis sentimientos.

GRANDE: Si puedo aceptar tus sentimientos y amarte por ellos, entonces tal vez Exterior ya no necesite entrar y tratar de tomar el control.

PEQUEÑO: Exterior es tu trabajo, no el mío. Pero sí quiero que estés orgulloso de mí, no importa cómo me sienta. No quiero que te avergüences de mí y trates de esconderme, aunque me sienta inseguro.

GRANDE: La próxima vez que tenga una cita, las cosas serán diferentes. Si tienes miedo, no intentaré cubrirte ni ponerte una camisa de fuerza. Te dejaré tener tus sentimientos.

PEQUEÑO: No te creo.

GRANDE: Me estoy concentrando en aceptar todos tus sentimientos, Pequeño. Estoy aprendiendo a cuidarte mejor, así que tendré que mostrarte que lo digo en serio. Para estar cerca de ti, nos llevaré a correr por la rambla más tarde.

Keaton no pudo hacer un cierre de todos sus sentimientos incómodos, pero se sintió motivado a hacer algo por Pequeño. Tomó conciencia de sus desencadenantes emocionales y dejó que parte de su vergüenza profundamente arraigada saliera a la superficie. Sabía que necesitaba abrazar sus sentimientos más vulnerables incondicionalmente y dejar de avergonzarse de ellos.

«Fue la primera vez que me di cuenta de que lo que en realidad estaba generando el problema era ocultar mis vulnerabilidades, avergonzarme de mis sentimientos. Decidí ser más directo sobre mi inseguridad. No para esconderlo. Si la siguiente persona con la que salga pierde el interés cuando le muestre mi lado vulnerable, entonces tal vez no sea la adecuada para mí».

«Tomar ese camino en nombre del Pequeño Keaton me hizo sentir más fuerte y me ayudó a ver que necesito buscar una conexión conmigo mismo en lugar de con todos los demás».

Controlar el comportamiento del niño exterior es un proceso, no una reparación rápida. De hecho, el niño exterior se nutre de una falsa sensación de cierre y se esconde fácilmente detrás de la ilusión de control. Muchos sobrevivientes del abandono, abrumados por un tumulto de sentimientos, permiten que sus niños exteriores sucumban ante la necesidad de gratificación inmediata: alivio para sentirse bien. Dominar al niño exterior no es una solución rápida, sino un proceso gradual para lograr tus objetivos en el que te involucras, un vehículo poderoso para un cambio real.

Otra forma de incluir a Exterior en el diálogo en curso es dejar que Pequeño hable con Exterior ante la presencia protectora de Grande. Aquí hay una muestra del diario de Marie:

GRANDE: Exterior, Pequeña tiene algo que decirte, pero hay reglas básicas que debes seguir. Las reglas son: no puedes discutir ni criticar a Pequeña. Solo escuchar en silencio.

EXTERIOR: Pero...

GRANDE: Sin peros, Exterior. Necesitas escuchar cuáles fueron las consecuencias de algo que hiciste.

EXTERIOR: (Silencio).

PEQUEÑA: Arruinaste todo, Exterior. Me sentía triste y molesta porque Phillip se fue pronto. Y luego tú tenías que ponerte como loca. Simplemente no podías dejar de gritar y protestar. Y ahora mira lo que pasó. Phillip está enojado conmigo y estoy aún más triste y sola.

EXTERIOR: Pero...

GRANDE: Recuerda las reglas, Exterior.

EXTERIOR: (Silencio).

GRANDE: ¿Recuerdas lo que hiciste, Exterior, que hizo que Pequeña tuviera sentimientos tan molestos por Phillip?

EXTERIOR: Solo estaba tratando de ayudar.

GRANDE: Sé que tuviste la intención de proteger a Pequeña, pero a veces al pelear por Pequeña, empeoras las cosas.

EXTERIOR: Bueno, ¿qué esperabas que hiciera? Phillip se fue pronto, y Pequeña se sintió muy rechazada y enojada, así que reaccioné.

GRANDE: Pero es mi trabajo elegir el comportamiento correcto. ¿Recuerdas cómo reaccionaste?

EXTERIOR: Grité mucho y le dije que era un egoísta y lloré.

GRANDE: ¿Y qué pasó después, Exterior?

EXTERIOR: Se enojó mucho y ahora ya no me llama.

GRANDE: ¿Sabes cómo se siente Pequeña?

EXTERIOR: Sí.

GRANDE: ¿Cómo?

EXTERIOR: Está triste y sola porque Phillip está enojado con ella porque le grité.

GRANDE: Eso estuvo muy bien, Exterior. ¿Puedes entender tu parte en esto?

EXTERIOR: Sí, pero Pequeña estaba muy enojada con Phillip por actuar como si no lo quisiéramos.

GRANDE: Sé que tenías buenas intenciones, Exterior, pero deja de manejar los sentimientos de Pequeña por mí. No es tu trabajo tomar el control cuando algo sale mal o cuando Pequeña se enoja. Ese es mi trabajo y estoy lista para hacerlo. Lo sé, voy a parar de camino a casa y a recoger una planta nueva, y pensaré en ti cuando la plante. Es mi trabajo encontrarte cosas buenas que hacer. Será nuestra planta, la veremos crecer.

Una vez más, estos diálogos que involucran a Exterior no resolverán un conflicto de manera instantánea, pero te ayudarán a distinguir claramente los sentimientos y el comportamiento.

Tu tarea es mantenerlos separados para que tu yo adulto pueda elegir un comportamiento productivo, en lugar de dejar que tu niño exterior tome el control.

La conciencia del niño exterior te permite culpar a Exterior por su comportamiento inaceptable y contraproducente y atribuirle a Pequeño los *sentimientos puros subyacentes*. Pequeño puede recurrir directamente a tu yo adulto para obtener consuelo y amor incondicional, sin asumir la culpa por el comportamiento de Exterior.

Establecer una alianza fuerte entre Grande y Pequeño *libera* a Exterior de su necesidad de defender tus sentimientos. Tu yo adulto ahora controla cómo expresas tus sentimientos, y libera al niño exterior para usar su energía asertiva de otras maneras más productivas.

AGREGAR EL NIÑO EXTERIOR AL EJERCICIO DE VISUALIZACIÓN

Otra forma de poner en funcionamiento el concepto del niño exterior es agregarlo a tu ejercicio de visualización.

«Cuando aprendí a identificar a mi niño exterior», dijo John, «lo puse en la casa de mis sueños. Visualicé a Pequeño sintiéndose seguro y protegido y a Exterior haciendo todo tipo de cosas nuevas y emocionantes. Incluso mudé la casa de mis sueños al noroeste del Pacífico, donde podía imaginar a Exterior libre y feliz. Al agregar a Exterior a mi visualización, comencé a establecer nuevos objetivos: muchos eran cosas que siempre quise probar pero que nunca logré hacer».

ATRAPAR AL NIÑO EXTERIOR INFRAGANTI

A medida que la identificación de tu niño exterior vaya mejorando, llegará un día en que estarás listo para atrapar a Exterior en el acto, EN VIVO, y no *después* de que tus metas ya hayan sido saboteadas. Hasta ahora, has podido detectar a Exterior como tendencias y rasgos, por lo general *después* de haberlo observado haciendo cosas como ir por esa tercera copa de vino cuando el adulto había decidido detenerse a la segunda; o *después* de haber comprado un barco nuevo y haber vuelto a poner tus finanzas en crisis.

Atrapar a tu niño exterior con las manos en la masa es un verdadero golpe maestro, porque cuando Exterior está haciendo una de sus travesuras, se disfraza de manera ingeniosa con su voz de adulto y usa argumentos convincentemente brillantes para lograr que hagas algo que va en contra del juicio más sensato del adulto. De modo que pospones un día más escribir tu trabajo final o te acuestas con tu ex, solo para despertarte a la mañana siguiente con una dolorosa resaca emocional.

Cuando se presentan las consecuencias, te das cuenta de que no había sido tu yo adulto el que mandaba, sino tu infame niño exterior. Exterior es un maestro de la racionalización y puede justificar cualquier acción, sin importar cuán autodestructiva resulte ser. Tu yo adulto sabe muy bien qué comportamientos son insensatos y cuáles son productivos, pero de alguna manera, Exterior puede ganarte la partida cuando tú no estás mirando.

El niño exterior obtiene el mayor control cuando estás cansado, como en la noche después de que trabajaste todo el día y quieres soltar el mando (o tal vez estás bajo la influencia de esa tercera copa de vino con la que Exterior te enganchó).

Entonces, una noche, cuando empiezas una nueva dieta, Exterior pasa galletas de contrabando a tu habitación a tus espaldas. Pero esta vez, ¡lo pillas en el acto! Lo ves tal como es: Exterior está buscando una solución rápida porque no tiene paciencia con tus objetivos a largo plazo. Exterior quiere lo que él desea AHORA, ¡al diablo con lo que quieres o necesitas! Comienza a presionar susurrándote argumentos al oído para salirse con la suya, razonando como un loco: «Necesitamos comer todas estas galletas ahora para sacarlas de nuestro sistema, para que mañana realmente podamos comenzar la dieta». Mientras Exterior está tratando de atiborrarte la garganta de galletas, el adulto lo detiene y dice: «¡Basta!». Después de todo, ¿quién está a cargo aquí, *tú* o tu niño exterior? Cuando eres capaz de detener a tu niño exterior, reivindicas a tu yo superior.

Atrapar a tu niño exterior in flagranti está en consonancia con el décimo paso del programa de Doce Pasos de Alcohólicos Anónimos, que te alienta a observarte mientras estás cometiendo un error y subsanar de inmediato los daños que puedas estar haciendo a otros (y en la recuperación a partir del abandono, comienzas a subsanarte a ti mismo).

Durante mis talleres, los miembros del grupo disfrutan trabajar con el marco de las tres partes: niño interior, niño exterior y adulto. Ser testigos de los momentos de claridad de los demás ejercita sus músculos mentales para seguir adelante. Pueden ver claramente los objetivos del adulto de cada uno, el autosabotaje de su niño exterior y los sentimientos del niño interior que se están desatendiendo.

El problema ha sido que Exterior es demasiado controlador, el adulto es demasiado débil y Pequeño está demasiado necesitado y abandonado. La solución se vuelve sencilla: el adulto necesita fortalecerse y supervisar directamente las necesidades del niño interior, y con ello elimina la base para que el niño exterior los represente de manera autodestructiva.

Los avistamientos diarios del niño exterior inician un vehículo poderoso para el crecimiento y el desarrollo personal. A medida que tu capacidad de detectar a tu niño exterior mejora, actúas cada vez más por libre elección, ya no estás atado a comportamientos obsoletos. Finalmente determinas la dirección de tu propia vida.

RESUMEN DE LA IRA

La ira es una etapa de aumentos repentinos de energía y circuitos emocionales sobrecargados que nos afectan en muchos puntos durante el proceso de abandono. La ira mantiene un diálogo interno que se alimenta de sí mismo y aviva sus propias llamas. Se calienta bajo la superficie.

Hasta que no reconocemos a nuestro niño exterior, actuamos sin pensar. Usamos nuestro enojo para justificar nuestro comportamiento. Pero hay una manera de usar la energía de nuestra ira de manera constructiva. La ira constructiva no destruye, no inflige lesiones ni perpetúa el dolor. No toma represalias. Se convierte en una agresión saludable. Es la energía que necesitamos para reconstruirnos a nosotros mismos y a nuestras relaciones.

Los pequeños pasos nos permiten abrirnos camino entre la hipnosis postraumática del niño exterior y las compulsiones de repetición.

Descubrir al niño exterior transforma lo que había sido un diálogo bidimensional en el marco tridimensional que necesitamos para poder avanzar. Podemos elegir nuestras acciones en lugar de guiarnos por el hábito y recrear patrones profundamente arraigados.

La deconstrucción del niño exterior es la clave para la verdadera recuperación.

NOTAS

[1] Véase Hartmann, «In Search of Self».

[2] Goleman, *Emotional Intelligence*, pp. 59-65.

[3] Edward Wilson se refiere al «procesamiento paralelo de un gran número de redes de codificación» y al «mapeo interno simultáneo de múltiples impresiones sensoriales», y luego afirma: «¿Quién o qué dentro del cerebro monitorea toda esta actividad? Nadie. Nada. Los escenarios no son vistos por alguna otra parte del cerebro. Simplemente *son*». Wilson, *Consilience: The Unity of Knowledge*, pp. 108-115.

4 Véase Zillmann, «Mental Control of Angry Aggression», p. 373. Véase también Tice y Baumeister, «Self-Induced Emotion Change», pp. 393–401.

5 Véase Goleman, *Emotional Intelligence*, p. 24.

6 Goleman, *The Brain and Emotional Intelligence*.

7 Tomado de Goleman, *Emotional Intelligence*, p. 25. Según Antonio Damasio, existe una interdependencia de emoción y razón. Él afirma: «Las emociones son una percepción directa de los estados de nuestro propio cuerpo, un vínculo entre las regulaciones orientadas a la supervivencia del cuerpo y la conciencia». Véase Damasio, *Descartes' Error: Emotion, Reason, and the Human Brain*. Véase también la discusión sobre la neocorteza y los lóbulos frontales en Kagan, *Galen's Prophecy*.

8 Metáfora tomada de Goleman, *Emotional Intelligence*, p. 59.

9 Un concepto encontrado en Yalom, *When Nietzsche Wept*. En su novela, uno de los protagonistas hace un ajuste final de la vida al aprender a elegir su destino (*amor fati*).

10 Goleman, *Emotional Intelligence*, p. 59.

11 Véase Amodeo y Whitfield, *Love and Betrayal*.

12 Aquí hay información interesante, aunque inoportuna: según Sapolsky, cuando los babuinos pueden desplazar su enojo hacia los miembros del grupo de menor rango, acumulan niveles más bajos de glucocorticoides. En otras palabras, cuando están enojados, es bueno para su salud patear al perro, por así decirlo. Véase Sapolsky, *Why Zebras Don't Get Ulcers*.

13 Véase Robertiello y Gagnier, «Sado-masochism as a Defense against Merging»;, Mahler, Pine y Bergman, *The Psychological Birth of the Human Infant*, y Mahler, *On Human Symbiosis and the Vicissitudes of Individuation*.

14 Esta discusión fue tomada de Sapolsky, *Why Zebras Don't Get Ulcers*.

15 Visítese www.abandonmentrecovery.com para obtener más información [en inglés] sobre las diferencias entre el trastorno límite de la personalidad (TLP), el trastorno de abandono por estrés postraumático y otros problemas relacionados con el diagnóstico.

16 Si de hecho la depresión se puede ver como ira volcada hacia adentro, entonces, según Sapolsky, el individuo deprimido está «peleando una enorme batalla mental agresiva». Esta descripción representa un estado sumamente activo que involucra retraso psicomotor, impulso de asesinato de uno mismo, niveles de hormonas del estrés elevados y aumento de la tasa metabólica; el individuo está exhausto por un «conflicto emocional interno agotador que ocurre en su interior». Todas las citas son de Sapolsky, *Why Zebras Don't Get Ulcers*, pp. 201, 217.

17 El trabajo de Seligman explora la conexión entre la impotencia (falta de control) y la depresión. Véase Seligman, *Helplessness*. Consúltese también Flach, *The Secret Strength of Depression*, p. 222; Kramer, *Listening to Pro-*

zac, p. 378; Sapolsky, *Why Zebras Don't Get Ulcers*, p. 252; Pert, *Molecules of Emotion*, pp. 271-292; Beck, *Anxiety Disorders and Phobias*, y Healy, *The Antidepressant Era*.

[18] La separación puede tener los mismos síntomas que la depresión endógena y responder a los mismos medicamentos. Véase McKinney, «Separation and Depression».

[19] Pert, *Molecules of Emotion*, p. 271.

[20] Véase Sapolsky, *Why Zebras Don't Get Ulcers*, pp. 33, 39, 110, 168. Para una discusión sobre el papel de los glucocorticoides relacionados con la respuesta inmune, consúltese Maier, Watkins y Fleshner, «Psychoneuroimmunology».

[21] Se ha escrito mucho sobre las lesiones en los lóbulos frontales y su efecto sobre la personalidad. Los lóbulos frontales son, como lo expresó Goleman, los «gestores de las emociones» del cerebro. Esta es la región ubicada justo detrás de tu frente en la que coordinas y respondes a una amplia gama de información. Recibe información interna de tu amígdala, tus bancos de memoria y el entorno. Esta región es donde puedes dar sentido a una situación, comprender su significado, administrar tu respuesta emocional y organizar tus acciones hacia una meta.

En el procedimiento quirúrgico anticuado llamado *lobotomía*, los lóbulos prefrontales se eliminaban o desconectaban del resto del cerebro. El objetivo era aliviar la angustia emocional severa, pero desafortunadamente la persona sufría una falta total de respuesta emocional a la vida.

Tu lóbulo frontal derecho es el dominio de las emociones negativas (ira, miedo, tristeza), mientras que el lóbulo frontal izquierdo es responsable de amortiguar el impacto de esos sentimientos negativos. Trabajan con el cerebro emocional para regular tu vida emocional. Las personas que han sufrido accidentes cerebrovasculares en el lóbulo frontal *izquierdo* no pueden regular la ira y el miedo y son propensas a preocupaciones catastróficas. Si su lóbulo frontal *derecho* está dañado, muestran una *ausencia de emoción negativa* y, según Goleman, son «excesivamente alegres, bromean durante sus exámenes neurológicos, aparentemente sin preocuparse por los resultados» (Goleman, *Emotional Intelligence*, p. 26).

Véase también Damasio, *Descartes' Error: Emotion, Reason, and the Human Brain*, pp. 54-61, 71. Su evidencia recopilada muestra un vínculo interactivo entre la emoción y la memoria de trabajo. También véase Sacks, *The Man Who Mistook His Wife for a Hat* y *An Anthropologist on Mars*. Además, lea una síntesis lúcida sobre el tema en Goleman, *Emotional Intelligence*, p. 25.

[22] «Te ayuda a sanar las secuelas de abandono de patrones autodestructivos», frase ofrecida por la escritora y consultora de *marketing* social Amy Michelin.

23 El trabajo seminal fue en Kirsten y Robertiello, *Big You Little You: Separation Therapy*. También véase Bradshaw, *Homecoming: Reclaiming and Championing Your Inner Child*.

24 El gurú del abandono Peter Yelton fomentó el desarrollo del concepto del niño exterior.

25 A saber, *Taming Your Outer Child: A Revolutionary Program to Overcome Self-Defeating Patterns* y su sitio web complementario, www.outerchild.net [en inglés].

26 Proporciono orientación paso a paso sobre estas poderosas herramientas para mejorar el comportamiento en *Taming Your Outer Child: A Revolutionary Program to Overcome Self-Defeating Patterns*. Para obtener ayuda directa de persona a persona, asiste a mis talleres sobre superación del autosabotaje y la curación del abandono primario (visítese www.abandonmentrecovery.com para ver el calendario con las fechas de los próximos talleres [en inglés]).

27 En www.outerchild.net, haz clic en el enlace en *Outer Child Topics & Books*, y encuentra el artículo sobre cómo superar el almacenamiento compulsivo y el desorden en la columna de la derecha [en inglés].

28 Graybiel y Kubota, «Understanding Corticobasal Ganglia Network as Part of a Habit Formation System»; Preuschoff y Quartz, «Neural Differentiation of Expected Reward and Risk in Human Subcortical Structures».

Capítulo 6

Etapa cinco: Levantamiento

¿QUÉ ES EL LEVANTAMIENTO?

El levantamiento es un tiempo de esperanza. Es la remisión espontánea.

Comienza lentamente y adquiere impulso. Has llegado a la cima de la colina. Puedes ver dónde has estado y hacia dónde vas.

Has superado la turbulencia de la ira, desarmado las defensas del niño exterior y encontrado la manera de salir de los patrones autodestructivos.

Hasta ahora, tu recuperación se ha centrado en tus necesidades, miedos y defensas. Durante el levantamiento comienzas a cultivar tus relaciones con los demás.

El abandono ha despertado al niño interior. Ahora has consolado a ese niño y has atendido sus necesidades y sentimientos descuidados por mucho tiempo. Estas necesidades y sentimientos ya no están cubiertos por capas de defensas, son el puente hacia un amor más grande.

ETAPA CINCO: EL LEVANTAMIENTO

EL LEVANTAMIENTO DEL HOLLY

Holly tuvo una cita a ciegas con un hombre que alguien del trabajo le organizó. Le preocupaba cómo saldría todo. Era su primera cita en más de un año.

Quería que él se impresionara por su actitud madura y alegre. Quería que la viera como una mujer independiente. No podía dejar que captara ningún signo de desesperación. Mantendría su soledad oculta.

Fueron al cine, luego a cenar. Holly habló sobre su vida, sobre su trabajo voluntario en el servicio de orientación telefónica. Trató de hablar como alguien que se sentía feliz y satisfecha. Él parecía interesado, pero ella no podía saberlo con certeza. Se preguntó qué pensaría de ella, pero apartó esos pensamientos. ¿Y si él se diera cuenta de lo que ella estaba pensando?

Eso fue el martes. Para el domingo ella aún no había recibido un mensaje de texto.

Se levantó y se puso una sudadera para salir a correr. Tenía que alejarse del pensamiento de que estaba siendo rechazada otra vez.

Seis kilómetros después, llegó a una librería, su destino favorito. Decidió comprar un libro y pasar el resto de su tarde de domingo leyendo. Estaría en buena forma cuando llegara el momento de presentarse a las cinco en el restaurante para trabajar.

EL LEVANTAMIENTO DE KEATON

Keaton se despertó con el canto de los pájaros afuera de su ventana. «Domingo por la mañana», pensó, «¿debería molestarme en levantarme?». El año anterior en esa misma fecha, había pasado una mañana como esa con Gabby comprando en el vivero algo para agregar a su jardín. Ya no estaba interesado en la jardinería, no sin Gabby. Pero sí quería el periódico del domingo.

¿Por qué no caminar a la tienda para respirar el aire fresco de la primavera?, pensó. Entonces, tal vez más tarde, lavaría parte de su ropa.

Se sorprendió al ver cuántas flores se estaban abriendo. La belleza de los tulipanes de colores brillantes lo hizo pensar en Gabby, y sintió brevemente el tirón de la pérdida. Pero pronto se encontró disfrutando de la suave brisa.

En el pueblo vio a Holly. La conocía por los talleres de recuperación a partir del abandono a los que asistía. Se le había quedado grabado algo que ella había dicho unas semanas antes. Quería hablar con ella al respecto, pero siempre salía corriendo cuando terminaba el taller o entablaba una conversación con alguien más al salir por la puerta.

Dobló el periódico debajo de su brazo y cruzó la calle para encontrarla.

En la siguiente sesión que tuvo conmigo, describió su intento por acercarse a ella.

«Holly», le había dicho al acercarse por detrás, «¿cómo estás?».

Ella parecía sorprendida.

«Vine por el periódico. Te vi y pensé en saludarte. ¿Cómo te va?».

Llevaba el pelo recogido en una coleta. «Muy bien», contestó. «¿Cómo te va a ti, Keaton?».

«Bastante bien. Es un día agradable, ¿no crees?».

«Lo es», asintió Holly.

«¿Qué estás haciendo?».

«Bueno, justo ahora, vengo a comprar un libro».

Keaton hizo una pausa. «¿Fuiste a esa cita a ciegas esta semana?».

«Sí».

«¿Cómo te fue?».

«Me fue bien», dijo, sacando un libro del estante.

«Qué bueno», dijo Keaton. «¿Planeas verlo de nuevo?». No hubo respuesta.

No es asunto mío, pensó Keaton. «¿Tienes un poco de tiempo? Podríamos caminar hasta el agua y conversar».

«No estoy segura», dijo Holly. «Pero bueno».

Caminaron lentamente dos cuadras más hacia la tienda de bagels y se sentaron en una mesa afuera.

El *levantamiento* se describe mejor con algunos conceptos. Nos *levantamos* de la pena y volvemos a la vida. Experimentamos momentos de *levedad*, una *ligereza* de ánimo y espíritu, incluso cuando el recuerdo de nuestra relación perdida resuena a través de nuestros pensamientos. La *vida*, en toda su plenitud, comienza a distraernos de nuestra sensación de pérdida y lesiones personales. El dolor ha *disminuido* y hemos *dejado atrás* muchas cargas emocionales.

A Keaton, los colores vibrantes de la primavera le recordaban su pérdida. Podemos ver que estaba empezando a *dejar ir*[1] su pensamiento obsesivo acerca de Gabby y a *dejar* que la vida lo llevara hacia adelante.

Yo llamo a esta etapa final *levantamiento*, pero hemos sentido breves momentos de levantamiento a lo largo de todo el proceso de sanación. A medida que entramos en la etapa final, estos respiros momentáneos del dolor se alargan a horas y luego a días.

Para Holly, el levantamiento consistió en un esfuerzo deliberado y dirigido por ella misma. Ella eligió pasar el día de manera positiva y constructiva (trotar, leer y trabajar) en lugar de concentrarse en la decepción por su cita.

Ya sea que nuestro estado de ánimo elevado sea espontáneo o, al igual que Holly, hagamos un intento deliberado por levantarnos, es durante esta etapa cuando volvemos a la vida. Algunas veces volvemos a sentirnos como antes; otras, sentimos el surgimiento de un yo completamente *nuevo*.

Levantarse se trata de una nueva vida; es cuando exploramos un territorio nuevo, conquistamos una nueva tierra. Hemos estado escuchando mensajes importantes desde el interior acerca de nuestras necesidades y sentimientos, y hemos ido aprendiendo de nuestra dolorosa experiencia. Estamos tomando ideas novedosas sobre la vida y sobre nosotros mismos y entrelazándolas con patrones de vida nuevos. Discernimos sobre en quién nos estamos convirtiendo.

Dejamos ir nuestra ira hacia la persona que nos ha dejado, y también *dejamos atrás* los viejos patrones. Sabemos que el pasado aún impregna nuestra vida, pero descubrimos que el abandono nos ha llevado a un nuevo lugar, que estamos mejor gracias a la experiencia que hemos tenido.

Una de las comprensiones profundas de esta etapa es que nos estamos preparando para *amar* de nuevo. A menudo comienza con sentimientos de calidez y gratitud hacia los amigos y familiares que estuvieron allí con nosotros en nuestro momento de desesperación. Es en este punto cuando encontramos formas de hacerles saber lo importantes que son para nosotros. También sentimos amor y aprecio por nosotros mismos, orgullo por los logros que hemos tenido. Somos más autosuficientes, conscientes de nosotros mismos y estamos más abiertos a nuestros sentimientos. Sentimos que nuestra propia capacidad de amor se agita dentro de nosotros a medida que nos acercamos para hacer conexiones nuevas.

El objetivo de esta etapa final es levantarse para salir del abandono y dirigirnos hacia una vida y un amor mayores, pero es importante que cuando te levantes, lleves tus sentimientos contigo. Una de las trampas comunes de la etapa de levantamiento es elevarse por encima de los sentimientos, dejando atrás el centro emocional. Es importante evitar este error, ya que puede impedir que logres una intimidad en las nuevas relaciones.

Mientras te guío a través de la etapa final del abandono, te mostraré cómo puedes usar la energía del levantamiento para aumentar tu capacidad de vida y amor. Este capítulo conlleva mensajes de triunfo y precaución. Señalaré algunos obstáculos para formar relaciones que son comunes a los sobrevivientes del abandono y describiré algunas de las formas en que han aprendido a superarlos. Revisaré los escenarios de la infancia que conducen al perfil de personalidad de quien se *levanta* y proporcionaré un inventario que te ayudará a identificar algunos de los asuntos pendientes de pérdidas anteriores. Finalmente, te presentaré el quinto ejercicio de *Akeru* diseñado para ayudar a mantenerte en contacto con tus sentimientos a medida que estableces nuevas relaciones de calidad.

LA AGENDA EMOCIONAL DEL LEVANTAMIENTO

Lo que sigue son los conceptos que describen la agenda emocional de la etapa de levantamiento: *disminuir* el estrés y la tensión, *aprender* las *lecciones* emocionales del abandono, identificar las características de la personalidad de quien se *levanta*, redescubrir las esperanzas y los sueños perdidos, *relajar* los vínculos emocionales y *dejar ir* los apegos del pasado, *buscar* el amor, *soltar* la vergüenza y, finalmente, *superar* los obstáculos para las nuevas relaciones.

Agenda emocional del levantamiento	
	Disminuir el estrés y la tensión
	Aprender de las lecciones emocionales
	Peligros ocultos del levantamiento
	Perfil de personalidad de quien se «levanta»
	Sistema familiar del «levantamiento»
	Esperanzas y sueños perdidos
	Levantar las barreras para encontrar el amor
	Dejar ir la vergüenza
	Dejar ir los vínculos emocionales del pasado

DISMINUIR EL ESTRÉS Y LA TENSIÓN

Levantarse consiste en volver al equilibrio, tanto emocional como bioquímico.

Durante las etapas anteriores, hablamos sobre el papel que el sistema nervioso simpático desempeña en las crisis emocionales. Se te alertó sobre el peligro y se te preparó para aplicar la energía necesaria que se requiere para luchar, congelarte o huir. Esta fue la respuesta automática de tu cuerpo a una amenaza percibida, que en tu caso fue de abandono. Durante el levantamiento, sientes los efectos de otra rama del sistema nervioso: el sistema nervioso parasimpático.[2]

El sistema nervioso parasimpático funciona junto con el sistema nervioso simpático para que varios sistemas, como el corazón y la frecuencia respiratoria, vuelvan a la normalidad después de un estado de excitación. El hecho de que los sistemas fisiológicos se reequilibren permite a tu cuerpo reanudar el flujo de vida normal. Es uno de los dispositivos integrados del cuerpo para la autocorrección.

La historia de Holly ilustra algunas de las elecciones que las personas pueden hacer para ayudarse a recuperar este equilibrio. Es posible que ella no haya sido consciente de los procesos bioquímicos involucrados, pero es probable que su elección de correr haya producido un aumento de endorfinas, el opioide natural del cuerpo del que hablé en el capítulo 3. Cuando los corredores llegan al límite y lo atraviesan, logran esa euforia del corredor;[3] en ese momento experimentan un aumento de endorfinas, las cuales se activan en aproximadamente 30 minutos. Sienten los efectos analgésicos e inductores del placer de este opioide natural que recorre su cuerpo.

Las personas a menudo comentan tener una adicción al ejercicio físico. Entre entrenamientos, tu cuerpo pasa por síntomas de abstinencia similares a los síntomas de la abstinencia de narcóticos como la morfina o la heroína. La falta de endorfinas del corredor induce un deseo intenso por volver a correr, lo que provoca una rutina de ejercicio regular.

Hay un paralelismo interesante aquí. Ya hemos hablado acerca de cómo las relaciones primarias implican varios tipos de opioides naturales. Según la investigación de Jaak Panksepp sobre la neuroquímica del apego, los opioides más potentes del cerebro se encuentran en sus niveles más altos en el útero. Después del nacimiento, hay un cambio gradual hacia los opioides más débiles,[4] presuntamente para motivar al bebé a buscar gratificación estableciendo un vínculo con su madre. Idealmente, este apego comienza donde termina la abstinencia de opioides del bebé. Este nuevo vínculo alivia los síntomas de abstinencia, y el bebé produce diferentes niveles de opioides a medida que el vínculo se afianza. Panksepp también sugirió que la formación de relaciones adultas conduce a un aumento en la producción de opioides y, por el contrario, una ruptura conduce a una disminución. Es posible que la abstinencia de opioides que sentimos en el duelo por un amor perdido nos motive a encontrar un reemplazo.

Desde luego, no estamos esclavizados por los mensajes bioquímicos. No estamos obligados a buscar otra pareja de inmediato. Por otro lado, dada la abstinencia de opioides que implica el proceso de duelo, no sorprende que muchos sobrevivientes del abandono busquen actividades de alto impacto que les ayuden a sentirse mejor. Como en el caso de Holly, muchas de estas actividades aumentan el flujo de endorfinas.

En el capítulo anterior expliqué cómo nuestro sistema nervioso simpático nos prepara no solo para cualquier acción con fines de autodefensa sino para cualquier actividad que requiera esfuerzo mental o físico, como escalar montañas, tener sexo o abordar un problema informático. Cuando Holly se preparó para correr, su sistema nervioso simpático se puso a la altura de la situación, aumentando su estado de alerta tanto mental como fisiológico, y dándole mayor energía, todo lo cual ella puso a trabajar en su enérgica carrera. Dada la historia de Holly (ella fue expósita y sufrió repetidas pérdidas y abandonos infantiles traumáticos), a medida que percibe la pérdida o el rechazo en su vida adulta, sus recuerdos emocionales probablemente se reactivan con regularidad. Cuando hace ejercicio físico y otras actividades de alta energía, aporta un equilibrio mayor a su vida, a menudo de formas que escapan a su conciencia.

Al igual que Holly, muchos sobrevivientes del abandono han encontrado una salida en actividades físicas o intelectuales que requieren una gran concentración como una manera de compensar los efectos de las hormonas del estrés, los síntomas de la abstinencia de endorfinas y otros procesos biológicos involucrados en las crisis emocionales. De acuerdo con Frederic Flach, un psiquiatra que escribe sobre el tema de la depresión, «el ejercicio físico ayuda a estimular la retención de calcio en los huesos y evita que se deposite en los tejidos blandos (adonde no pertenece)». El estrés afecta el metabolismo del calcio y está asociado con los cambios bioquímicos de la ansiedad y la depresión. El aumento de calcio en los huesos mejora nuestro bienestar mental.

Flach también afirma: «Las vitaminas como el complejo de vitamina B, en particular la vitamina B6, y los minerales como el calcio, el magnesio y el zinc contribuyen de manera positiva a la capacidad del cuerpo para hacer frente al estrés. La luz solar, al activar la vitamina D, también produce retención de calcio en los huesos, un hecho interesante teniendo en cuenta que ciertas personas se deprimen cuando no están expuestas a la luz solar adecuada». Esto sugiere que al comer de manera saludable y exponernos a actividades al aire libre, ayudamos a nuestra recuperación biofisiológica de la crisis emocional en la que hemos estado.

El objetivo del levantamiento es encontrar un nuevo equilibrio, llegar a un punto de referencia nuevo por medio de las elecciones que hacemos sobre intereses y actividades insólitos.

APRENDER DE LAS LECCIONES EMOCIONALES DEL ABANDONO

Levantarte es darte cuenta de que has triunfado. Has pasado por una experiencia poderosa de vida que inició un cambio personal profundo. Has obtenido algo notable de esta crisis. Te has puesto en contacto con tu núcleo emocional. Has llegado a ese núcleo porque esta crisis no se trata solo de que tu pareja se haya ido.

Una vieja herida se abrió de nuevo: la herida acumulativa que contiene todas las pérdidas y decepciones de tu pasado y los miedos primarios compartidos por todos los seres humanos. La nueva lesión te reconcilió con las lesiones antiguas y universales.

No quieres perder contacto con la sabiduría emocional que has adquirido. Con ella, puedes evitar decepciones en tus nuevas relaciones. Si puedes mantenerte en contacto con tus sentimientos, serás más accesible a los demás, más convincente y más abierto.

El levantamiento es un momento para hacer un balance emocional, para revisar algunos de los sentimientos con los que te encontraste mientras te abrías camino a través de las cuatro etapas anteriores. Están los miedos y la confianza rota que encontraste durante el *rompimiento*; los sentimientos de vacío y ansiedad que soportaste durante la etapa de *abstinencia*; la baja autoestima y la autoestima lesionada del proceso de *internalización,* y la ira y las defensas del niño exterior que identificaste durante el proceso de *ira*. En cada etapa, los sentimientos se remontaban a pérdidas y abandonos anteriores, y despertaban viejos recuerdos. Miraste dentro del equipaje emocional que has estado cargando todo este tiempo.

A pesar de todo tu dolor y agitación, este viaje emocional te ha ayudado a ver lo que tienes enterrado en tu interior. Ahora sabes de dónde provienen tus desencadenantes emocionales y cuáles son tus necesidades básicas. La forma en que eliges manejar estos sentimientos es crucial para hacer una nueva conexión. Es posible que estas emociones protegidas de manera profunda te hayan saboteado en el pasado; no querrás desconectarte de ellas nuevamente.

Durante el levantamiento, tu tarea principal es honrar tus sentimientos.

Los peligros ocultos del levantamiento

Las personas que salen del dolor de una relación perdida están ansiosas por dejar atrás los recuerdos dolorosos. Muchos prefieren huir de los problemas emocionales no resueltos que quedarse con esos sentimientos. Quizá no se den cuenta de cómo el concentrarse en esas emociones puede ayudarles. En cambio, salen del dolor agudo del duelo y *se colocan por encima de* sus sentimientos recién descubiertos.

Elevarte por encima de tus sentimientos, es decir *desatendiéndolos,* significa que estás dejando atrás algo más que tu relación perdida. Significa que pierdes contacto con tus necesidades más antiguas, profundas y básicas. *Levantarte de manera desmedida* significa que estás usando una o más de una variedad de defensas:[5] estás ignorando tus sentimientos, automedicándolos, negando su existencia, evitando situaciones que los desencadenen o manteniéndote tan ocupado que no tienes tiempo para sentirlos.

La verdad es que el equipaje emocional nunca se puede dejar atrás. Cuando te levantas, cualquier cambio que haya tenido lugar dentro de ti, seas consciente de él o no, se convierte en parte de la forma en que respondes emocionalmente. Ignorar esos sentimientos significa agregar una nueva fila de ladrillos a la barrera entre tu ser emocional y tu ser cognitivo, entre Pequeño y Grande. Te vuelves emocionalmente inconsciente una vez más.

Si el abandono es una herida de cuchillo en el corazón, entonces el levantamiento es la última etapa de la sanación, cuando se forma tejido nuevo sobre la herida. En el *rompimiento,* sentiste un dolor punzante cuando el cuchillo cortó los densos tejidos del apego. En la *abstinencia*, el dolor persistente de la herida fresca y abierta te atormentaba. Durante la *internalización,* la herida se volvió muy susceptible a la infección, amenazando con dañar tu autoestima. Con la *ira*, sentiste la tensión y el dolor de la carne tejiéndose de nuevo. Finalmente, has llegado al *levantamiento*, cuando se forman capas de tejido nuevo sobre la herida, protegiéndola. El peligro es que se puede formar tejido cicatricial que te aísle del mundo exterior. Con estos callos emocionales[6] viene un embotamiento emocional, una pérdida de la *emoción*.

Cuando intentas *levantarte por encima de tus sentimientos* en lugar de levantarte *con* ellos, te arriesgas a volverte insensible tanto contigo como con los demás. Tu tarea es evitar que se formen callos emocionales. De lo contrario, crearán un escudo invisible que dificultará que otros se acerquen. A las personas que podrían querer convertirse en una parte importante de tu vida les niegas el acceso a tus sentimientos básicos, sentimientos que forman la base de una verdadera conexión emocional.

Todos conocemos a personas que salen profundamente afectadas de un desamor doloroso y, con frecuencia, extrañamente fuera de contacto consigo mismas y con sus sentimientos. Se han vuelto desapegadas de sus emociones y más difíciles de alcanzar que antes. Solo podemos imaginar los sentimientos no resueltos que se pudren dentro, y minan su energía. Se han *levantado por encima de sus sentimientos* y han comenzado a vivir una semivida emocional. Han alterado sus creencias sobre ellas mismas y su valor en forma silenciosa, pero siguen como si nada hubiera pasado. En el exterior, todo parece estar bien, pero están cerradas a los

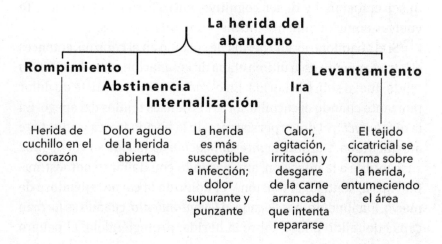

sentimientos de amor. Puede que hayan salido del agudo dolor del abandono, pero han dejado atrás una gran parte de ellas mismas.

Un patrón frecuente emerge. Al formarse callos sobre sus heridas, muchos sobrevivientes del abandono se vuelven insensibles en cuanto a sentir amor, al menos del tipo *mutuo*. No pueden sentir interés romántico a menos que alguien esté despertando sus temores de abandono. Al menos la inseguridad es algo que aún pueden *sentir*. Así que su cerebro aprende a confundir la inseguridad con el apego. Se vuelven *adictos* al abandono y persiguen lo inaccesible.

Cuando este patrón se afianza, las personas pueden hacerse «discapacitados en el amor» —incapaces de sentir amor hacia cualquier pareja que esté totalmente disponible—. Esta condición hace que algunos permanezcan solteros de manera crónica porque pierden interés en cada nueva conquista tan pronto como se sienten seguros. Esto provoca que las personas con matrimonios seguros pierdan la pasión hacia un cónyuge fiel.

Durante el levantamiento se establecen muchos otros patrones. Es la forma en que manejamos nuestros sentimientos persistentes y aún sensibles durante la fase final lo que determina por qué algunos de nosotros nos transformamos de manera positiva después de que un ser querido se va y por qué otros se vuelven lejanos, distantes y menos propensos a reconectarse.

El perfil de personalidad de quien se levanta de modo desmedido

Cuando era niña, Pamela tuvo una recuperación larga y difícil de una cirugía cardíaca. Languidecía en la cama, mirando a otros niños jugar afuera de su ventana y concluyó que no debía ser muy especial ni digna. Después de divorciarse de su esposo, pasó años levantada más allá de sus sentimientos.

«Me caí del caballo una vez y nunca volví a montarlo. Mi esposo tuvo una aventura hace más de veinte años. Estaba devastada y nos divorciamos. Eso fue todo. He estado soltera desde entonces».

«Hice un par de intentos tontos por salir con alguien, pero los tipos que me gustaban no estaban interesados en mí y los que me buscaban no me gustaban. No quería arriesgarme a que me lastimaran de nuevo. ¿Quién querría eso? Mientras tuviera una manera de mantenerme financieramente, estaba bien para mí. Solo se convirtió en un problema cuando me vi obligada a usar mis vacaciones. No me interesaba ir a ningún lado porque no tenía ganas de ir sola».

La verdad es que todos hemos hecho lo suficiente de ambos tipos de levantamiento: *levantarnos conservando* nuestros sentimientos, así como *levantarnos pasando por encima de ellos*. A veces, levantarse de una manera exagerada, desatendiendo los sentimientos, es una forma saludable de enfrentar una crisis difícil. La familia y los amigos pueden habernos considerado *resilientes*. Todos hemos aprendido a superar sentimientos demasiado dolorosos o sentimientos que no queríamos que otros vieran. En un momento u otro, aprendimos a tragarnos el dolor, fingimos sentirnos valientes cuando teníamos mucho miedo. Aprendimos a reír cuando teníamos ganas de llorar. Utilizamos estas defensas para superar los altibajos emocionales.

La resiliencia o capacidad de recuperación emocional en la infancia es algo bueno. Es el proceso mediante el cual la fuerza vital te atrapa y te ayuda a avanzar. Pero si, al igual que Holly, Keaton y Pamela, tu infancia implicó una gran agitación emocional, es posible que hayas hecho más que tu parte de levantamiento. Tal vez te levantaste *por encima* de tus heridas y miedos tan a menudo que perdiste la conexión consciente con tu núcleo emocional. Levantarte por encima de tus sentimientos puede haberse convertido en una respuesta automática al estrés para cuando llegaste a la edad adulta. En algunos casos, las personas que se levantan de más están emocionalmente protegidas y son distantes, obsesionadas con el éxito o la ganancia material, y cerradas a las relaciones íntimas. En otros casos, las personas que se levantan de más actúan con amor e intimidad inicialmente, pero luego se alejan en cuanto el otro siente apego por ellas. En casos extremos, quienes se levantan de manera desmedida pueden convertirse en sociópatas insensibles que carecen de empatía por los sentimientos de cualquier persona, incluidos los propios.[7]

Pero la mayoría de las veces, aquellos que se levantan desatendiendo sus sentimientos son personas que vemos todos los días que han aprendido a seguir con su vida a pesar de las experiencias dolorosas. Su nivel de desapego emocional puede ser evidente para ellas y para las personas que intentan acercarse a ellas.

¿Cuáles son algunas de las características que identifican a las personas que habitualmente se desconectan de sus sentimientos?

Puedes reconocerte a ti mismo como alguien que tiende a *levantarse pasando por encima* de sus sentimientos si respondes que sí a la mayoría de las preguntas siguientes. O puedes reconocer a alguien importante para ti (tal vez incluso a quien te dejó). Reconocer las características de una persona que se levanta de más puede ayudarte a recuperar el acceso a sus sentimientos.

Cuestionario de quien se levanta de modo desmedido

Como niño:
- ¿Te hacías el payaso cuando ibas a la escuela?
- ¿Intentabas ocultar tus sentimientos incómodos a tus amigos?
- ¿Encontraste formas de volverte invisible?
- ¿Usabas tácticas de distracción para cubrir el hecho de sentirte avergonzado o humillado?
- ¿Te aislabas de familiares o amigos cuando lidiabas con un problema?
- ¿Te volvías emocionalmente estoico y te negabas a llorar cuando creías que te castigaban demasiado?

- ¿A veces te sentías ansioso, otras veces enojado, pero sea cual fuere el sentimiento, lo disfrazabas o lo rechazabas?
- ¿Ocultabas tu inseguridad en las citas?

Como adulto:
- ¿Tiendes a usar una máscara jovial en público, incluso cuando te sientes decepcionado o inseguro de tu vida?
- ¿A veces piensas que otras personas son capaces de sentir cosas que tú no sientes?
- ¿Tratas de «arreglar las cosas» en lugar de escuchar y validar los sentimientos de alguien?
- ¿Tus conocidos y amigos tienden a compartir sus sentimientos con los demás y no contigo?
- ¿Sientes que estás perdiendo la esencia emocional de una experiencia?
- ¿A veces eres más un hacer humano que un ser humano?
- ¿Estás siempre en movimiento? ¿Eres un capataz?
- ¿Vives en tu cabeza? ¿Estás demasiado concentrado, dejando fuera la experiencia real y a otras personas?
- ¿O estás poco concentrado? ¿Entras en una bruma emocional y te vuelves insensible a lo que sucede a tu alrededor?
- ¿Tienes antecedentes de hiperactividad en la infancia? ¿Te sentías emocionado ignorando tus sentimientos? O, por el contrario, ¿eras perezoso y tenías bajo rendimiento de modo que tus sentimientos no te provocaran una emoción y evitar así entrar en contacto con sentimientos incómodos?
- ¿A veces te sientes separado o desconectado de los demás?
- ¿Evitas expresar sentimientos importantes directamente, incluso sentimientos positivos, por temor a que tu voz tiemble o a llorar?
- ¿Tienes dificultad para mostrar afecto? ¿Ternura? ¿Sexualidad?

- ¿Sientes ecos de viejos sentimientos (inseguridad, soledad, ansiedad, pérdida) que se mezclan en una sopa emocional? ¿Tienes problemas para nombrar sentimientos e identificar su fuente?
- ¿Te despiertas a veces con una resaca emocional? Una resaca emocional es similar a una resaca alcohólica, excepto que te sientes agotado, espiritualmente muerto, incapaz de distinguir un sentimiento entre la mezcla de emociones.
- ¿Hay una falta de intimidad y conexión emocional en tus relaciones primarias?
- ¿Tu pareja es desapegada, difícil de conectar emocionalmente? Si es así, ¿podrían los comportamientos de tu pareja reflejar tu propia tendencia a levantarte de más?
- ¿Tus mejores amigos o parejas son inaccesibles emocionalmente? Si es así, ¿estás dejando que las personas que te rodean hagan por ti el levantamiento?

Sistema familiar del levantamiento

¿De dónde vienen quienes se levantan de manera desmedida? ¿Por qué algunas personas se aferran a sus sentimientos dolorosos mientras que otras los entierran?

La verdad es que casi cualquier tipo de antecedentes familiares o experiencia temprana puede conducir al desarrollo de defensas como el levantamiento desmedido. En las etapas anteriores, describí algunos de los escenarios de la infancia en los que los niños recogen equipaje emocional: pérdidas por *rompimiento* como la muerte de un padre o el abuso sexual; escenarios de *abstinencia* en que los niños experimentaron una insatisfacción prolongada de sus necesidades porque los miembros de la familia eran alcohólicos o no estaban emocionalmente disponibles; escenarios de *internalización* en que los niños eran criticados, convertidos en chivos expiatorios y rechazados habitualmente, y escenarios *que provocan ira* en los cuales los niños eran controlados en exceso, explotados o maltratados física o emocionalmente.

A continuación, se proporcionan algunos ejemplos de escenarios infantiles que pueden conducir al levantamiento como una defensa automática. Algunos de estos escenarios te recordarán a tu propia familia; otros pueden evocar a las familias de personas cercanas a ti.

Quienes se levantan de manera desmedida pueden provenir de familias donde:

- Los adultos estaban emocionalmente desapegados y tú reflejabas su comportamiento. Los sentimientos no contaban, por lo que no los abordaban.
- Los padres se aferraban a los sentimientos y guardaban rencor contra otros familiares. El mensaje era que los sentimientos no eran algo para trabajarse.
- Los padres u otros modelos familiares eran demasiado emocionales, histriónicos, exagerados, posiblemente con un trastorno límite de la personalidad. Te alejabas de tus padres para proteger tu propio espacio emocional.
- Los padres no toleraban la ira. Confundían la ira con la falta de respeto. Entonces los hijos tenían que callar sus sentimientos más intensos.
- Los padres controlaban las emociones y estaban demasiado involucrados en tus sentimientos. Querían arreglar las cosas, en otras palabras, hacer que tus sentimientos desaparecieran. Descartaban tus decepciones y tus temores, diciéndote lo que *deberías* y *no deberías* sentir. Recibías el mensaje de que no era bueno tener sentimientos incómodos.
- La estructura era autoritaria. La obediencia y el desempeño contaban más que los sentimientos.

- Los adultos eran perfeccionistas y exigentes. Tú desatendías tus sentimientos para cumplir con las expectativas, que eran excesivamente altas.
- Los padres u otros adultos presentaban un falso yo al mundo, ocultando sus sentimientos y actuando como si todo estuviera bien.
- Los adultos carecían de empatía o sensibilidad. Tú y tus hermanos se portaban mal al pelear unos con otros para liberar la tensión acumulada.
- Las cosas eran caóticas. La agitación y la decepción constantes creaban sentimientos intensos. Los adultos arremetían de manera impredecible contra los niños o se retiraban emocionalmente de ellos.
- Los adultos rompían sus promesas a los niños con frecuencia, posiblemente debido al alcoholismo u otras enfermedades. Los niños aprendieron a no esperar demasiado, y a establecer expectativas bajas para las relaciones con el fin de evitar decepciones crónicas.
- Los padres te humillaban cuando expresabas tus sentimientos; te amonestaban por llorar, te ridiculizaban por tener miedo. Los hijos aprendieron a esconder y ocultar sus sentimientos.
- La relación de los padres carecía de intimidad o, por el contrario, los padres solo tenían intimidad entre ellos. Dejaban a sus hijos fuera, mirando.

Es importante tener en cuenta que los padres por lo general hacen lo mejor que pueden para satisfacer las necesidades de sus hijos. La ironía es que la mayoría de nosotros logramos transmitir nuestras propias heridas emocionales a nuestros hijos a pesar de lo mucho que tratamos de evitarlo.[8] Estas transmisiones se transforman en varios comportamientos, actitudes y rasgos de carácter, y pueden pasar de generación en generación. No tiene sentido tratar de culpar a nuestros padres de nuestras peleas. Tendrías que retroceder muchas generaciones, hasta los acontecimientos históricos que moldearon la vida de tus antepasados, para llegar al fondo de las cosas.

Cuando tratamos de entender qué tipo de influencia tienen nuestras experiencias de la infancia en nuestros comportamientos adultos, el objetivo nunca es juzgar o culpar. Nuestro objetivo es aceptar la responsabilidad de nuestra propia vida y examinar nuestro equipaje emocional. Al igual que nuestros padres, todos cometemos errores. Ninguno de nosotros puede afirmar que nunca hemos creado una barrera emocional en una relación.

Nota para los padres

Lo que queremos evitar como padres es hacer que nuestros hijos se sientan mal consigo mismos o con sus sentimientos. Es posible que los niños se sientan impotentes e insignificantes fácilmente. No se necesita mucho para ayudarlos a sentirse una parte integral de nuestra vida. Necesitamos empoderar a nuestros hijos en lugar de abrumarlos con nuestras propias necesidades. Escucha sus necesidades y alimenta sus intereses, sentimientos, esperanzas y sueños. Ayúdalos a desarrollar habilidades y confianza para que su estatus dentro de la familia y entre sus compañeros se establezca de forma segura.[9]

ENCONTRAR UNA PARTE PERDIDA DE UNO MISMO[10]

Casi todos tienen aspiraciones que nunca persiguieron y sueños que aún esperan hacerse realidad.

Cuando John era niño, le encantaba escuchar sinfonías por la radio en la casa de su abuela los fines de semana que se quedaba con ella. Aprendió a tocar el piano por su cuenta y compuso melodías, y luego letras para acompañarlas. Rogó a sus padres que le dieran clases de piano, pero dijeron que no podían pagarlas. Lo animaron a practicar deportes en su lugar. John no era un atleta, aunque dio lo mejor de sí en las pequeñas ligas.

Cuando su abuela murió, John, entonces un adolescente, intentó que sus padres trasladaran su viejo piano a su departamento. Pero simplemente dijeron que no había suficiente espacio. Finalmente, se rindió y alimentó su apetito musical escuchando la radio y comprando un álbum aquí y allá con el dinero extra que ganaba con el reparto de periódicos.

Cuando llegó a la adultez, John perdió el interés en la música. Descubrió que las sinfonías que alguna vez había amado, ahora lo ponían de un humor melancólico. Así que dirigió su atención a otras cosas.

Después de una crisis emocional, John comenzó a buscar intereses que lo ayudaran a vivir el momento presente. Fue entonces cuando redescubrió el placer de escuchar música. Condujo hasta la orilla del mar, sintonizó la radio de su automóvil en una estación clásica y contempló el romper de las olas. Mientras estaba sentado con los ojos cerrados, quedó absorto por una sinfonía de Beethoven.

Tal vez haya partes de ti que sencillamente se perdieron u olvidaron. Conforme se fueron acumulando, estos intereses abandonados crearon un espacio vacío, un agujero hambriento que has estado tratando de llenar desde entonces. Quizás al igual que John, tomar conciencia del momento presente te ha ayudado a redescubrir algunos de ellos. Acaso entraste en contacto con sueños olvidados durante tus diálogos con tu yo interior. Ahora que eres un adulto completamente consciente, estás en condiciones de volver a visitar estas piezas perdidas de ti mismo y darles una nueva vida.

Por fortuna, has adquirido cierta conciencia de las necesidades que se afirman dentro de ti y tienes más información sobre cómo tu pasado ha contribuido a la forma en que manejas tus emociones. Cuanto más consciente y tolerante seas con los sentimientos que cargas, mejor manejarás tu futuro.

La tarea principal del levantamiento es dejar ir los viejos apegos y levantarte de tu dolor, *con tus sentimientos intactos*.

DEJAR IR EL PASADO

Aflojar los lazos emocionales que te conectan con tu pareja perdida es la tarea principal de la etapa final del duelo.[11] Es un momento en que, como lo expresó Herbert Weiner, «reinviertes tu dinero emocional en otro lugar». Es un momento para que reestructures y reorganices tu vida.

El levantamiento implica ciertas tareas emocionales que difieren ligeramente de las que enfrenta una persona viuda. La diferencia tiene que ver con el tipo de equipaje emocional que cargas, en específico, un equipaje lleno de sentimientos de duda y vergüenza sin resolver.

Sin embargo, la vergüenza no es exclusiva del abandono. En cierto nivel, todo dolor implica vergüenza.[12] Cualquiera que lidie con un dolor emocional intenso y prolongado siente cierta vergüenza cuando no puede controlar el dolor. La sociedad nos dicta que deberíamos ser capaces de moderar el dolor emocional, hacer que desaparezca. Debido a que hemos sido criados bajo estas creencias, sentimos que si no podemos salir de él tan rápido como creemos que deberíamos hacerlo, no tenemos fortaleza. Llegamos a sentir vergüenza por nuestra debilidad emocional.

«El dolor fue tan abrumador después del ataque cardíaco de mi esposo», dijo Lydia, «que llegó un momento en el que guardé mi dolor para mí misma. ¿Quién entendería por qué dos años después todavía quería morir? Incluso creía que había tocado fondo, que era una especie de extremista emocional».

Quienes han enviudado y el sobreviviente del abandono están avergonzados de su dependencia de otro ser humano para sobrevivir. Pero el sobreviviente del abandono debe lidiar con otra capa de vergüenza, la terrible vergüenza de ser desechado.

«Perder a Lonny casi me mata», recordó Marie. «Lo extrañaba terriblemente. Pero que él me retirara su amor de esa manera era otro tipo de tortura. Me sentí emocionalmente asesinada, violada y humillada por mi mejor amigo».

La sensación de que llevamos algún tipo de estigma no es exclusiva del abandono. Tanto quien ha enviudado como los que han visto a un ser querido marcharse por la puerta se sienten marcados por la pérdida.

«Me sentí señalada por el hecho de que una enfermedad cardíaca al azar le quitara la vida a mi esposo. ¿Por qué la tragedia tuvo que golpear a mi familia? ¿Por qué no a la de alguien más? ¿Qué hice para merecerlo?».

A medida que la persona que ha enviudado trata de seguir adelante con su vida, puede sentirse conmocionada, llena de temor por el hecho de que el destino la haya marcado con grandes pérdidas. Conforme intentamos avanzar, sentimos un temor parecido.

«¿Qué pasa si alguien más decide deshacerse de mí?», preguntó Michael. «¿Soy tan indigno que nadie me aceptará y me retendrá? ¿Cómo voy a volver a confiar en alguien o en una relación?».

Las personas que enviudan pueden tener sentimientos residuales de baja autoestima, un profundo arrepentimiento e incluso enojo por haber quedado atrás después de la muerte de sus parejas, pero a menos que su pérdida sea el resultado de un suicidio (una forma profunda de abandono), es poco probable que sientan la pérdida como un rechazo directo. De alguna manera saben que la muerte está más allá de nuestro control. Están enfocadas en la mortalidad en lugar de cuestionarse su *autoestima*.

La agenda de sanación para quienes enviudan se ocupa en llenar un vacío emocional. Buscan un nuevo propósito para seguir viviendo. Nosotros también tenemos un vacío emocional, pero el nuestro se siente como un castigo por algunas malas acciones. Nuestra agenda es encontrar un ungüento para nuestras heridas narcisistas y eliminar la duda que ha infectado nuestro sentido de identidad.

La persona viuda que tenía un historial de abandonos anteriores también puede tener algunas dudas sobre sí misma a medida que emerge de su duelo, en especial si la pérdida de su ser querido despertó los temores e inseguridades de una infidelidad anterior o de viejas rupturas y rechazos. Para cerrar estas heridas, ella también puede necesitar demostrar su sentido de valía mientras regresa al mundo. Pero la persona que ha enviudado y que no tiene una historia como esta tiene una tarea más directa: inicialmente, adaptarse a vivir sola. Es posible que no necesite buscar un reemplazo de amor inmediato; no necesita reparar su orgullo dañado, porque no tiene el miedo a que nadie la quiera, propio del abandono.

Pero a medida que comenzamos a salir del duelo, nos enfocamos en reivindicar la dura desestimación de nuestro valor. Queremos que nuestros egos heridos sean mimados.

Estas necesidades afectan las elecciones que hacemos conforme salimos del abandono y buscamos relaciones nuevas.

EN BUSCA DE AMOR

No importa si has tenido éxito en establecer relaciones en el pasado, es posible que tengas algunos temores acerca de encontrar el amor nuevamente. ¿Serás tan feliz como antes? ¿Terminarás en soledad? Para abordar estos temores, debes explorar nuevos estilos de vida y relaciones.

Algunos sobrevivientes del abandono se arrastran hacia una cueva y se lamen las heridas durante años.

«Todavía no estoy listo», explica Michael. «Solo necesito estar solo por un tiempo hasta que sea lo suficientemente fuerte como para arriesgarme, para confiar en alguien más».

Hay otros que optan por quedarse solos porque disfrutan de su recién descubierta independencia emocional. Han explorado algunas de las ventajas de ser soltero y no quieren renunciar a ellas.

Carole dijo: «Estaba feliz de dejar atrás esa agitación constante, la montaña rusa de intentos por hacer que una relación funcione. Aprecio la paz y la calma de estar sola, y quiero mantenerme así, de manera indefinida. Soy realmente libre».

Marie, por otro lado, sintió la necesidad de volver a tener una relación dentro del primer año. Esto significaba aprender a aceptar sus necesidades emocionales.

«No quería admitirlo al principio», comentó, «pero después de estar sola por un tiempo, descubrí que soy una de esas personas a las que les va mejor cuando están en una relación».

«Al principio luché contra la idea. Pensé que debería poder estar sola. Y, además, no quería arriesgarme a que me volvieran a lastimar. Pero faltaba algo terriblemente importante en mi vida, y lo sabía. Al fin escuché lo que mis sentimientos intentaban decirme».

«Fue entonces cuando conocí a Phillip. Al principio solo éramos amigos. Me parecía sumamente cariñoso, no solo conmigo, sino con sus hijos y con casi todos los que lo rodeaban. Era capaz de hablar y hablar sobre lo que estaba sintiendo, sin importar si se sentía feliz, enojado, preocupado o inseguro. Y él estaba muy en sintonía con mis inseguridades y sentimientos. Había pasado por una pérdida parecida tiempo atrás en su vida, y podía entender dónde estaba yo. Su afecto por mí me hizo sentir bien para variar; me quitó un poco de dolor.

«Pero en cuanto a involucrarme emocionalmente con él, me contuve». Mis amigos me advirtieron que no me involucrara demasiado rápido con nadie. "No estás lista", decían. "Es demasiado pronto. No deberías necesitar a alguien más para sentirte feliz", afirmaban».

«Estaba escuchando lo que Pequeña necesitaba. Eso me ayudó a decidir más que cualquier otra cosa», aseguró Marie. «Una vez que aprendí a escuchar, no pude darle la espalda a aquello por lo que Pequeña lloraba. Me di cuenta de que no debía sentir vergüenza por admitir que necesitaba estar con alguien».

Muchos de mis clientes han llegado a reconocer que, dada su historia y el alcance de su lesión emocional reciente, lo mejor sería volver a tener una relación en cuanto se sientan capaces.[13] También es importante encontrar a alguien que realmente se preocupe por ellos, alguien que no se aleje en el momento en que tú te acerques, alguien que sea responsable emocionalmente y que sea poco probable que abandone una relación que funcione.

DEJAR IR LA VERGÜENZA[14]

Muchos reconocen la necesidad de una relación, pero encontrarla plantea un gran desafío. Incluso las personas más atentas, atractivas y leales pueden tener dificultades para formar relaciones primarias.

La mayoría de las personas sabe que tiene miedos no resueltos, pero no siempre es fácil ver cómo estos temores crean barreras para comenzar relaciones nuevas. Intentan hacer conexiones, pero finalmente se sienten frustradas y confundidas cuando esas conexiones no conducen a ninguna parte.

«¿Por qué no puedo encontrar a alguien?».

«¿Qué me pasa?».

«¿Qué me impide relacionarme con alguien?».

Las conexiones infructuosas nos regresan al tema de la vergüenza. Por su propia naturaleza, la vergüenza es uno de los sentimientos de los que es más probable que las personas quieran alejarse. Junto con la *vergüenza*, intentan enterrar evidencia de inseguridades e insuficiencias personales que creen que los delatarán.

Dada la historia de Holly de separaciones infantiles repetidas y prolongadas, ella es un ejemplo extremo de lo que puede suceder cuando nos *levantamos de manera desmedida, por encima* de la vergüenza. Ella nos muestra cómo la vergüenza oculta crea una barrera para formar relaciones y cómo desenmascararla puede conducir al cambio.

«El problema conmigo», admite Holly, «es que no importaba cuánto necesitaba estar con alguien, nadie quería estar conmigo. Después de toda una vida de intentos, todavía no podía entablar una relación».

Es fácil ver que Holly no era la causa de los abandonos que plagaron su infancia. Sus padres biológicos decidieron dejarla y, más tarde, sus padres adoptivos la rechazaron de otras maneras. Sin embargo, ella tenía una profunda sensación de fracaso personal. Se sentía culpable y avergonzada, como si fuera responsable.

«Llegué a creer que la razón por la que nadie quería quedarse conmigo era porque simplemente no era lo suficientemente amable. No merecía tener padres de verdad. Si fuera especial como otras personas, no me habrían rechazado. Realmente creía que me faltaba algo para que la gente me amara, que había algo muy mal en mí».

Holly encontró maneras de superar las intensas dudas y temores, pero en el fondo, los sentimientos de rechazo se acumulaban con cada vínculo roto. Armó un caso contra sí misma de manera sistemática y silenciosa, condenándose como una persona indigna. Se sentía avergonzada por sus sentimientos. No quería que la gente viera cómo se sentía por miedo a llamar la atención solo sobre sus supuestos defectos. Incluso captaba las indirectas de rechazo como evidencia de que la antipatía que provocaba era obvia.

Cuando llegó a la adolescencia, Holly se había convertido en un camaleón capaz de disfrazar los signos externos de su yo indigno. Interiormente llevaba una herida invisible; exteriormente se ponía una máscara que mostraba estar bien con el mundo. Pero ocultar sus sentimientos no significaba que pudiera evitar que interfirieran. Por el contrario, enterrarlos la distanciaba de ellos y de una vida emocional intensa. A menudo le parecía que estaba *escenificando* sus reacciones. La gente a veces percibía una cualidad vacía en sus gestos alegres.

Vimos evidencia de los problemas de Holly cuando Keaton le preguntó acerca de su cita, y ella simplemente decidió no responder. Además, usó una fachada en su cita a ciegas para mantener fuera de la vista cualquier signo de su soledad.

La necesidad de separar el ser interno del externo es común para aquellos que sufrieron separaciones traumáticas en la infancia, en particular si los condujeron a un patrón de rechazo en las relaciones adultas. Cualquiera que haya pasado por la agonía de no poder encontrar a alguien conoce la vergüenza de no sentirse «lo suficientemente bueno». La experiencia ha enseñado a estas personas que exponer su dependencia ahuyenta a los otros casi de manera automática, por lo que aprenden a ocultar los sentimientos que necesitan atención con mayor desesperación.

La ironía es que repudiar estos sentimientos suele ser lo que les impide conectarse con los demás. Ambas personas deben estar abiertas a sus emociones para que se forme una relación genuina. Si tú ocultas deseos profundamente arraigados, estás lejos de estar presente emocionalmente. La pretensión crea un escudo invisible para la intimidad.

La vergüenza pone a muchos en el doble vínculo de querer acercarse, pero no querer que la otra persona sepa cuán desesperados e inseguros se sienten.

Hay una salida de este vínculo. Como mencionamos en el capítulo sobre la abstinencia, la salida empieza con el reconocimiento de que la única persona responsable de hacerte sentir seguro eres *tú*. El diálogo Grande-Pequeño te permite supervisarte a ti mismo de manera directa, en lugar de poner tu inseguridad a los pies de otra persona. Tú completas tu propio ciclo emocional para que puedas ser auténtico con respecto a lo que sientes, sin esperar que tu pareja haga algo al respecto. Puedes ser emocionalmente autosuficiente y auténtico al mismo tiempo.

Holly estaba en los comienzos del proceso de diálogo, su relación con la Pequeña Holly aún era endeble. Pero quería romper la barrera de la vergüenza. Decidió dar un salto y compartir sus inseguridades abiertamente con Keaton en la cafetería, ese domingo por la tarde.

«Es un lío imposible –estar sola–», había admitido ante él. «Nunca podría decirle a alguien con quien estoy saliendo lo insegura que me siento, que me siento como una fracasada o una marginada. ¡Me verían como demasiado necesitada y patética, y saldrían corriendo por la puerta!».

Al encubrir su vulnerabilidad, Holly había estado dejando un área emocional minúscula para que la otra persona se vinculara. Al ser incapaz o no estar dispuesta a satisfacer sus necesidades reales en sus citas, había dejado atrás la esencia de *quién era ella*. Al condenar sus sentimientos como poco interesantes, *abandonó* una parte importante de sí misma: su núcleo emocional.

Para Holly, se convirtió en un círculo vicioso: la vergüenza creó el secreto, el secreto creó el aislamiento, el aislamiento creó la soledad, la soledad creó la vergüenza. Ocultar sus sentimientos fue el proceso por el cual su herida invisible se convirtió en una barrera invisible para las relaciones.

Recuerda, no son tus sentimientos en sí mismos, sino la forma en que los manejas, incluido el secreto que los rodea, lo que causa el problema. El secreto alimenta la vergüenza. Guardar el secreto crea el engaño que forma una brecha entre tú y alguien a quien tal vez quieras acercarte.

Holly dijo que en un principio se sintió decepcionada por la respuesta de Keaton al compartir sus sentimientos.

«¿Por qué no eres abierta con el tipo con el que saliste la semana pasada?», había sugerido. «Cuéntale por lo que has pasado y lo que realmente estás sintiendo».

«Sí, claro», dijo. «¡Debes estar loco!».

«Sinceramente. Exponlo. ¿Qué puedes perder? Mira a ver qué pasa».

«También podría usar un letrero de neón que diga "mercancía desechable"», respondió a Keaton. «Este tipo notaría de inmediato la cicatriz en mi cara y cuán desproporcionada estoy, y todas esas otras cosas».

«Yo nunca he notado nada de eso», dijo él.

Las personas que luchan con fracasos románticos repetidos creen que si dejan que alguien entienda lo que realmente está sucediendo, solo llamarán la atención sobre sus defectos. Si alguien ve estas banderas rojas, las descartará.

Las creencias negativas de Holly sobre sí misma eran tan fuertes que rechazó el comentario de Keaton cuando él intentaba hacerla sentir mejor.

«¿Y por qué me cuentas todas tus inseguridades y yo no pierdo el interés?», respondió Keaton.

«Eso es porque esta no es una cita», explicó Holly. «Si lo fuera, ahora estarías corriendo en la otra dirección».

«No, no lo estaría», agregó Keaton. «Ese no soy yo. De hecho, me siento más cómodo contigo ahora que lo has explicado todo. Mientras no me presiones con tus sentimientos».

«No lo entiendes», replicó Holly. «Si tú y yo estuviéramos tratando de vernos románticamente, todas mis inseguridades saldrían a la luz. Estas enormes ventosas emocionales que tengo comenzarían a mostrarse. Una mirada a mis ventosas apuntadas en tu dirección y estarías saliendo por la puerta».

«No las estás apuntando hacia mí, y estoy aquí sentado», discrepó Keaton.

«Eso es solo porque no te estoy mostrando ese lado de mí ahora», protestó ella. «Y porque no estoy tratando de salir contigo».

«Creo que no me ves como alguien digno de una cita o algo así», argumentó Keaton. «¿Qué pasa si te digo mi propia teoría sobre eso, sobre por qué no considerarías tener una cita conmigo?».

«De acuerdo», respondió Holly.

«Esto se trata de mí, no de ti», comenzó. «Me gustaría conocerte más a fondo, pero me siento inadecuado. Verdadero o falso, siento que no estoy a tu nivel, no soy tan educado como tú, y probablemente no soy tan inteligente. Te veo más sofisticada. Has estado en lugares que no he visitado. No puedo ofrecerte el tipo de cosas que te mereces».

«Esos son mis sentimientos», continuó Keaton. «Se trata de mí. Pueden ser precisos. Pueden no serlo. Pero sea lo que fuere, creo que así es. ¿Escuchar todo esto hace que pierdas el interés?».

«En realidad no», respondió Holly.

«Bueno, ¿cómo te sientes al escucharlo?».

«Bueno, me siento... No estoy de acuerdo con... tal vez... pero me gustó», murmuró. «Me refiero a tu honestidad. Me siento honrada de que hayas confiado en mí».

«Honrada, sí, pero ¿tienes una peor opinión de mí?», preguntó Keaton.

«Tengo una mejor opinión».

Tanto Holly como Keaton me relataron este incidente, cada uno desde su propia perspectiva. Holly expresó su sorpresa por lo bien que se sentía al compartir sentimientos reales con alguien, y lo cerca que se sintió de Keaton cuando él compartió su vulnerabilidad con ella. Keaton describió el alivio que fue para él ser emocionalmente honesto con alguien, lo conectado que se sentía con Holly. Se sintió bien por su capacidad para explicarle sus sentimientos sin la necesidad de que Holly intentara hacerlo sentir mejor. El diálogo Grande-Pequeño estaba dando sus frutos. Abrir los secretos de vergüenza los ayudó a desmantelar sus barreras invisibles, al menos entre ellos: un paso importante para sanar el origen de sus problemas en las relaciones.

LEVANTAR LOS OBSTÁCULOS PARA LAS RELACIONES

La frustración para muchos sobrevivientes del abandono no es conocer gente sino mantener relaciones de calidad que puedan crecer con ellos.[15] Cuando tu intento por establecer una nueva relación se desmorona, te sientes justo donde empezaste: solo.

La vergüenza y el *miedo al abandono* intensificado pueden llevar a elecciones que son contraproducentes para formar relaciones duraderas.

A continuación se presentan algunas trampas en las que tienden a caer aquellos que han sufrido pérdidas repetidas. Los miembros de mi taller ofrecen sus testimonios, que te ayudarán a identificar algunas de las trampas.

ADICTO AL ABANDONO: ADICTO A LO NO DISPONIBLE

«Estaba repitiendo ciclos de abandono con tanta frecuencia», observó Andrew, «que no estaba seguro de a quién estaba añorando. Seguía eligiendo parejas que al final seguramente me dejarían. No tenía forma de cambiar las cosas con estas personas sino hasta que aprendí a administrar los sentimientos del Pequeño Andy».

«El diálogo me ayudó a hacerlo, pero tratar de mantenerme optimista y pacífico con las mujeres que siempre estaban indecisas era mucho trabajo. Escucharme a mí mismo finalmente me ayudó a sentirme preparado para encontrar a alguien que *quisiera* de verdad a un tipo como yo».

EN BUSCA DE OBTENER AUTOESTIMA INDIRECTAMENTE

En la búsqueda de tranquilidad para su sentido de identidad lesionado, muchas personas buscan un buen partido que compense su autoestima dañada. No hay nada malo en salir con alguien de cuyos logros te sientas orgulloso. El peligro es que, cuando te concentras en buscar a alguien con la imagen correcta, podrías pasar por alto a una pareja potencialmente cariñosa y emocionalmente disponible. Recuerda, estás buscando intimidad, no una extensión narcisista que repare tu ego herido. Tampoco estás buscando una solución externa para tu inseguridad emocional. Es *tu* responsabilidad, no la de alguien más.

Un trofeo para tu ego

«Tenía tanta necesidad de demostrarme mi valía», admite Keaton, «que no podía poner los pies en la tierra y aceptar a alguien en mi propio nivel emocional. Iba detrás del tipo de mujeres que pudiera ser un trofeo para mi ego. Todo lo que quería era demostrar que yo era alguien. Las mujeres con las que me sentía cómodo —aquellas que me hacían sentir seguro y protegido— eran las que tenían el mismo tipo de inseguridades que yo, por lo que no podían demostrar nada, excepto lo patético que era. No les hacía caso. Solo me interesaba alguien que pudiera hacer alarde de un gran ego. Si lograba que alguien así me quisiera, alguien que sintiera un gran entusiasmo por ella misma, entonces me haría sentir que yo también importaba».

Optar por los halagos

«Después de que Howard se fue», comentó Bárbara, «mi autoestima sexual era muy baja. Quiero decir, me sentía absolutamente devastada como mujer. Necesitaba averiguar si alguien por ahí estaría interesado en mí. Todavía no estaba lista para arriesgarme en una relación. Solo necesitaba ser halagada con un poco de atención».

Elección del valor por asociación

«Cuando finalmente me gradué de la universidad», explicó Holly, «mi hermano menor ya era cirujano. Entonces, como si no tuviera ya suficientes problemas, decidí que solo quería salir con médicos. Era mi manera de tratar de obtener valor por asociación. Solo los médicos altamente exitosos servirían. Alguien con menos estatus me haría sentir que no estaba cumpliendo con los estándares de mi familia».

«En aquel entonces, no habría sabido cómo eran el calor humano y el compañerismo si hubieran aparecido frente a mí y me golpearan en la cara. Todo lo que podía hacer en ese momento era tratar de agradar a estos médicos tan exitosos. Así es como me metí en un patrón en el que yo era la que buscaba y perseguía, y nunca a la que buscaban».

ELEGIR UNA PAREJA DE MAYOR JERARQUÍA EN LUGAR DE UNA EQUIVALENTE

Muchos sobrevivientes del abandono se sienten atraídos por personas emocionalmente inaccesibles. Es posible que conozcas a alguien que sea una buena pareja para ti en el ámbito social, pero que sea una mala pareja en el emocional. Sus necesidades emocionales pueden ser diferentes de las tuyas; pueden tener menos miedo al abandono, tener más autoestima o ser menos vulnerables al rechazo. Estas incompatibilidades emocionales crean una jerarquía en la que tú te subordinas a la otra persona. Esto crea una dinámica que aumenta tus temores de abandono y despierta tus sentimientos de baja autoestima.

Elegir a una personalidad dominante

«Creo que lo que me atrajo de Howard en primer lugar», admite Bárbara, «fue su personalidad dominante. No tenía las inseguridades que yo tenía. De hecho, él no tenía miedo. Nunca lo habían dejado; en cambio yo había sufrido muchas angustias durante mi adolescencia y en la universidad. Howard sabía que me daba miedo perderlo. El hecho de que yo tuviera más miedo de perderlo que él a mí, le permitió sentirse completamente seguro de mí y dominarme emocionalmente. Actuaba como si no tuviera problemas para reemplazarme en cualquier momento. Como él no tenía miedo, yo era la que cedía siempre, la complaciente, la que hacía todo lo posible por mantener la relación unida. No creo que Howard se haya dado cuenta de lo que estaba haciendo, pero utilizó mi miedo al abandono para controlarme, ¡y yo dejé que lo hiciera!».

Elegir la posición inferior

«Logré reconocer un patrón», dice Michael. «Siempre me han atraído las personas que tienen un ego más grande que el mío. Más confiadas, menos sensibles a las críticas. Pero esto siempre me ponía en una posición inferior, emocionalmente hablando. Todo mi éxito profesional y el de mis inversiones no contaban para nada. Siempre he sido el que se arrastra para ser amado. Me doy cuenta de que tengo que romper este patrón y estar más abierto a alguien que sea igual a mí emocionalmente. Necesito que el campo de juego emocional sea parejo la próxima vez. No voy a volver a deprimirme. Buscaré a alguien que tenga miedos y necesidades parecidos. ¿Por qué debería perder el tiempo con personas que no pueden establecer una relación?».

Cambiar el trofeo

«Ahora que miro en retrospectiva», señala Roberta, «fue mi propia inseguridad lo que me llevó a una persona como Travis, el mismísimo maestro. Puede que haya sido bueno para mi autoimagen, pero no era la persona adecuada para Pequeña. Debí haberla amordazado, porque no tenía idea de cuáles eran mis necesidades básicas como persona, o de quién era Travis emocionalmente».

«Todo el tiempo que permanecí con él, estuve demasiado ocupada luchando por mantener el equilibrio. Pero él tenía la ventaja emocional. Estoy segura de que Pequeña me susurraba al oído todo el tiempo, pero no estaba escuchando. Estaba demasiado ocupada tratando de hacer que Travis cambiara, tratando de que se convirtiera en la persona cálida y cariñosa que necesitaba para que mis inseguridades desaparecieran. Nunca se me ocurrió que fuéramos emocionalmente incompatibles. Mis expectativas en ese momento no eran realistas. Travis era Travis. Lo sé ahora. Pero puse toda mi energía en tratar de hacerlo cambiar en lugar de asumir la responsabilidad de mis propios sentimientos».

Elegir a alguien que tenga lo que yo no tengo

«Cada vez que alguien me interesaba, era porque tenía lo que yo quería», comenta Sanford. «Siempre eran más educadas que yo, provenían de un entorno más acomodado o tenían más carisma y amigos, o más de algo... más de todo lo que yo quería, pero no tenía. Estaba tratando de superarlo de manera indirecta. El otro lado de la moneda es que cuando estaba con alguien así, me sentía aún más inadecuado, siempre me preocupaba no ser lo suficientemente bueno para ellas. Así que elegía a personas que me hacían sentir mal conmigo mismo. ¡Qué desperdicio de energía!».

Elegir a alguien que no es como yo

«Solo me atraían las personas que tenían un historial probado de conquistas exitosas en las relaciones», recuerda Holly. «Era lo opuesto de lo que yo tenía, que era no tener un historial en lo absoluto. Si por lo general eran ellos los que se marchaban, me sentía más atraída hacia ellos que nunca. Lo que los hacía atractivos era que otros los deseaban y ellos lo sabían. Por el contrario, si mostraban signos externos de desprecio por ellos mismos o el estatus de perdedor, como el que yo tenía, perdía el interés por completo. Me recordaban demasiado a mí misma. Ni siquiera consideraría conocer a alguien que tuviera defectos obvios, en particular nada que fuera visible. Si tenían demasiado sobrepeso, intrarrotación de los pies o una personalidad peculiar, no quería tener nada que ver con ellos. No podía soportar ver mis propias inseguridades e imperfecciones reflejadas en las suyas. Si tenían una autoestima baja como yo, nadie me vería con ellos, ni muerta. Pero luego me preguntaba: ¿no estaría simplemente descartando a otros que tenían los mismos problemas que yo? ¿No era sencillamente otra forma de negar quién era yo, de abandonarme a mí misma?».

HACER UNA ELECCIÓN EMOCIONAL
BASADA EN NUESTRA HISTORIA

Las personas que te atraen tal vez no sean adecuadas emocionalmente para ti, y sin embargo, te siguen atrayendo. Algo en ellas, a menudo algo poco halagador, hace que de alguna manera recuerdes a tu padre, a tu madre o a un viejo galán. La persona puede ser despectiva o crítica, controladora o dominante, emocionalmente distante o no estar disponible. Cuando tú te encuentras con una persona adulta así, esta despierta los sentimientos de anhelo e inseguridad que sentiste en la relación con uno de tus padres, sentimientos de hambre emocional que has llegado a asociar con el amor.

«Me enamoré locamente de Travis», admite Roberta, «porque era muy seguro y dominante. Pero resultó que era igual a mi padre... imponente, de acuerdo —sumamente exigente, egocéntrico, desapegado y despreciativo—. Pero siempre quise que mi padre me quisiera, y transferí mis esfuerzos a Travis».

Como Roberta ayuda a ilustrar, cuando entras en contacto con alguien que te recuerda a una figura poderosa de tu pasado, tus recuerdos emocionales impulsados por la amígdala se activan, y despiertan deseos profundamente arraigados: tu deseo de ser amado, criado y aceptado.

Las personas que pueden desencadenar esta sensación de anhelo profundo están presionando tus botones de amor, los desencadenantes emocionales establecidos por los apegos de la infancia.[16] No es necesario ser consciente de estas conexiones fisiológicas para sentirse emocionalmente atraído por esta persona, tal como una vez miraste a tu madre o tu padre. Este complejo proceso es lo que has llegado a sentir como una atracción. Así que vas por la vida buscando a aquellos que despierten algunos de tus recuerdos emocionales con más carga negativa, sentimientos que has llegado a asociar con la *química correcta* para el amor. Te has vuelto *adicta* o *adicto al abandono*.

El antídoto es reconocer este patrón y evitar recrear tu pasado emocional. Tu objetivo es buscar relaciones emocionalmente sustanciales.

La configuración emocional de la familia[17]

«Mi esposa siempre me estaba alejando, desde el día en que la conocí», dice Richard. «Casi nunca me decía nada agradable o alentador. No era diferente de la forma en que mi madre me trató, así que nunca supe que había una manera mejor. Nunca se me ocurrió que no estaba recibiendo el apoyo emocional que merecía de mi matrimonio».

«Creo que lo que hizo que me involucrara con mi esposa en un principio fue su actitud de rechazo. Estaba tan ocupado tratando de complacerla que no tuve tiempo de preguntarme si merecía algo mejor. Era una configuración emocional a la que estaba acostumbrado. El problema era que me preparé para un desastre emocional porque un día ella me corrió de mi propia casa. Quería tener su espacio. ¡Hablando de rechazo! Ahora que he superado el *shock*, estoy empezando a preguntarme por qué permití que me tratara así durante tanto tiempo».

Elegir a alguien que te menosprecie

«No me di cuenta de que tenía una debilidad, sentía atracción por las mujeres que menosprecian», admite Thomas. «Tuve que resolverlo de la manera difícil, saliendo con mujeres que me trataban como si valiera menos que ellas. Reforzaba exactamente lo que sentía por mí mismo, ya que mi padre me había intimidado toda mi vida. Cuanto peor me trataban, más las admiraba para que me aceptaran. Con el tiempo, me dejaban. Eso es lo que finalmente me llevó a ver el patrón: que me abandonaran muchas veces. Ahora me doy cuenta de que en el mundo hay muchas mujeres sensibles, comprensivas y que son capaces de confortar. Tengo que volver a entrenarme para creer que tengo derecho a ser apreciado y respetado».

ELEGIR RELACIONES BASADAS EN LA ATRACCIÓN

Sentirse atraído por alguien es un sentimiento muy emocionante. A veces nos sentimos atraídos a las personas por todas las razones equivocadas: despiertan nuestras inseguridades y hambre emocional, y nos mantienen en un estado de anhelo. También encontramos atractivas a otras personas por las razones correctas: apoyan y nutren nuestras necesidades y sentimientos. Estos sentimientos de atracción ayudan a formar un vínculo que puede conducir a una relación duradera. Con el tiempo, los intensos sentimientos de atracción o enamoramiento desaparecen, y en su lugar queda un *apego*, un lazo emocional fuerte. Es cierto que el enamoramiento puede ser el comienzo de una buena relación para algunas personas, mientras ambas sean capaces de exponerse emocionalmente cuando los embriagantes químicos del amor desaparezcan. Pero como hemos visto, a algunos de nosotros la *atracción* suele llevarnos por mal camino en lugar de hacia un *apego* saludable.

Cuando somos adictos al *abandono*, nos sentimos atraídos solo por lo que no está disponible, el miedo casi siempre está en el centro de todo. Al buscar personas que no están emocionalmente disponibles, evitamos el riesgo de intimidad por completo (y *las* culpamos de ello).

Ya sea que te dé miedo establecer una relación real o no, esta paradoja de la atracción es un obstáculo común. A menos que reconozcas que tu voluble sentido de la atracción te está conduciendo a callejones sin salida, permanecerás encerrado en un círculo vicioso.

Este ciclo nos regresa al tema del condicionamiento emocional. Las experiencias traumáticas del pasado han creado respuestas automáticas ante los signos de peligro emocional. Tu pasado puede haberte condicionado a asociar la inseguridad con la atracción. La adrenalina creada por el *miedo al abandono* se ha confundido con el anhelo del amor romántico. Ya no puedes diferenciar el amor y el hambre emocional. No puedes sentir amor a menos que no te sea dado.

Malinterpretar las señales emocionales

«Al no salir con nadie durante más de cinco años», expone John, «me las arreglé para dejar que todo tipo de sentimientos no resueltos se incubaran sin darme cuenta. Entonces conocí a una mujer que me llamó la atención. Al hablar con ella la primera vez, sentí que se me erizaba la piel de la nuca. Supuse que significaba que era alguien a quien valía la pena conocer. Me dije a mí mismo: "Oh, finalmente siento algo. Aquí hay alguien especial. Alguien para mí". No me di cuenta de que la razón por la que se me erizaba la piel era porque estaba sintiendo un riesgo emocional. Leí mal las señales».

La mujer era muy segura de sí misma. Trabajé para igualar su nivel de confianza en ella misma, aunque a ella no parecía importarle lo que pensara de ella. De alguna manera eso me hacía pensar que ella era realmente especial. Debería haberme dado cuenta de que en realidad yo no le interesaba. "Guau, me dije a mí mismo, ella realmente me está haciendo reaccionar. Realmente estoy sintiendo algo". Luego nunca me devolvió las llamadas. Me sentí desestimado, un don nadie, un fracasado».

«Ahora que finalmente estoy comenzando a comprender cuáles son mis necesidades reales, dudo que alguien como ella me parezca muy interesante. No me parecía que era lo suficientemente abierta y vulnerable. No podría entender qué pasaba en mi interior. No la estoy criticando por ello; es solo que estábamos en diferentes sitios emocionales. La próxima vez que se me erice la piel, sabré que indica peligro emocional y no "Aquí viene la persona adecuada"».

Atraída por el peligro emocional

«No sabía que estaba enamorada a menos que sintiera que estaba a punto de ser abandonada», advierte Jacqueline. «Si no me sentía completamente hambrienta de amor o en grave peligro de ser abandonada, entonces no me excitaba. Si me sentía cómoda con un chico, significaba que éramos solo amigos. No le daba el momento romántico del día a un chico a quien yo le gustara. Si era fácil de conseguir, entonces mis miedos no se despertaban, y si no tenía miedo, entonces no sentía nada, y si no sentía nada, asumía que estaba con alguien que simplemente era un amigo. Un chico tenía que hacerme sentir intensamente insegura, o no me excitaba».

La química tiene que ser correcta

«Conocí a esta mujer», dice Jay. «La química era buena, pero resultó ser exactamente lo contrario de lo que necesitaba. Era muy poco confiable. Comenzó a salir con otra persona mientras estábamos saliendo y ni siquiera me lo dijo. Tuvo intimidad con los dos. Cuando me enteré, me sentí devastado. Pero incluso así no la dejé ir. Me enganché más y la perseguí aún más».

«Creo que fue el desafío emocional que ella representaba lo que en primer lugar me hizo interesarme. Me sentía tan inseguro todo el tiempo que me convertí en su esclavo emocional. La única buena noticia acerca de esta mala situación fue que me ayudó a olvidarme de Carlotta por un tiempo».

«Pero ¿por qué necesitaba una mujer poco confiable para interesarme? Me di cuenta de que todo se remontaba a lo que sucedió con mi madre. Tenía 11 años cuando ella escapó con un tipo y nunca regresó. Cuando era adolescente, pensaba mucho en ella e imaginaba cómo sería vivir con ella. No pude localizarla hasta después de casarme. Ahora que estoy divorciado y buscando de nuevo, me vuelven loco las mujeres que tienen la misma cualidad de abandonar que obviamente tenía mi madre. Ha aprendido muchas lecciones difíciles, pero por fin me doy cuenta de esta debilidad, esta atracción que tengo por la mujer equivocada, esta adicción al abandono».

Atracción por los malos

«Apenas ahora», explica Allana, «me doy cuenta de que mi vida amorosa tiene un cortocircuito. Si el tipo resulta ser un bastardo, infiel o desertor, lo más probable es que me atraiga como una polilla a la luz. Pero si es auténtico, no siento nada. Durante años he estado huyendo de los buenos y corriendo hacia los que no pueden comprometerse. Finalmente he aprendido: si me atrae, significa que es probable que el tipo no sea bueno. En lugar de hacer lo que las novelas románticas dicen que hagas, seguir a tu corazón, he aprendido a ir en la dirección opuesta: correr, no caminar, en la otra dirección».

«Ahora trataré de dejar de escapar de los buenos, los que me pueden dar lo que quiero. Sé que se debe a que tengo miedo a que me lastimen. Pero no lo percibo como miedo. Simplemente siento que no me atraen. Voy a tener que abrirme más y cuidar mejor de Pequeña, porque me he dado cuenta de que en realidad, sea consciente de ello o no, es solo el miedo al abandono lo que me hace esconder mis sentimientos».

Mantenerse alejado de los dulces emocionales

«Aprendí a mantenerme alejada del dulce emocional. Ahora estoy buscando esencia», dice Holly. «¿De qué otra manera puedes salir de un vínculo donde solo te gustan personas que no están disponibles? Lo único que puedo hacer es conocer a las personas que están en mi nivel emocional, aquellas que pueden entender por lo que he pasado, aceptarme por ello, y aun así quieran estar conmigo».

«Estoy escuchando mis necesidades en lugar de mi necesidad de demostrarme a mí mismo que soy digno», dice Keaton. «Creo que estoy listo para poner los pies en la tierra y conocer a alguien con quien yo pueda ser realmente honesto. Al menos estoy abierto a eso. Busco un tipo de relación que no solo implique atracción, sino empatía y confianza. Y que haya aceptación y tolerancia hacia los problemas del otro. Respetaríamos los sentimientos mutuos».

ADICTO AL ENCAPRICHAMIENTO

Para cuando logras reconocer que estás en una relación destructiva, ya eres adicto al encaprichamiento,[18] lo que dificulta aún más romper el círculo vicioso.

El encaprichamiento es un estado psicobiológico de excitación. Estás tan intoxicado con opioides, dopamina, oxitocina y otros neuroquímicos del encaprichamiento que no sientes tus inhibiciones habituales.

El encaprichamiento puede llevarte a tomar decisiones que ponen en peligro tu bienestar emocional a largo plazo. Bajo su influencia, es más probable que corras riesgos emocionales y físicos (como tener relaciones sexuales inseguras). Permaneces ajeno a las fallas de la otra persona, demasiado embriagado con los químicos del amor para considerar las consecuencias emocionales de tus decisiones.

La bioquímica del amor romántico aumenta el deseo sexual, que, desde luego, es sumamente adaptativo en función de promover la procreación de la especie. La intoxicación romántica facilita que dos desconocidos se acerquen físicamente, pero puede esconder los riesgos emocionales de la relación.

En busca de ese subidón emocional

«Durante años fui adicta a ese subidón emocional», admite Gwen. «En cuanto la intensidad romántica se apagaba y la intensidad emocional desaparecía, pasaba al siguiente. Sabía que el sentimiento romántico era un estado de locura temporal, pero era algo que realmente ansiaba. El problema era que en cuanto me sentía segura de la otra persona, mi deseo sexual por ella se disolvía; de repente perdía el interés».

«No estaba lista para manejar la responsabilidad emocional de una relación», continúa. «En el momento en que alguien sentía un apego genuino hacia mí, salía por la puerta a buscar a alguien más que me excitara, alguien más difícil de conseguir que pudiera crear esa droga romántica».

328 • Del abandono a la sanación

«Había dos yoes diferentes. Cuando estaba encaprichada, hacía cualquier cosa por el chico. Si él lo necesitaba, yo me cortaba los brazos, las piernas o subía al Monte Everest por él. Pero en cuanto el efecto del subidón romántico desaparecía, me ponía furiosa, nerviosa y me volvía mezquina, como una drogadicta que necesitaba una dosis. Le echaba toda la culpa a él, como si hubiera hecho algo que me hubiera hecho perder el interés».

«Cuando finalmente me di cuenta de lo que estaba haciendo, puse los frenos. Pero cambiar mi comportamiento era como poner fin a una adicción. Mi grupo de apoyo para el abandono me ayudó. Era hora de buscar una relación que pudiera tener un efecto cuya acción fuera más prolongada, en lugar de los momentos rápidos y románticos constantes a los que me enganchaba».

ELEGIR LA SEGURIDAD EMOCIONAL

Muchos sobrevivientes del abandono que buscan una base emocional encuentran parejas que parecen buenas para su niño interior pero que no son buenas para su ser adulto. Encuentran compañeros que parecen buenos para Pequeño, pero no para Grande.

En busca de una apuesta segura

«Fui de un extremo al otro», comenta Jay. «Después de estar con el tipo de mujer que me engañaba y me trataba mal, comencé a salir con una mujer del extremo opuesto del espectro. Se dedicaba demasiado a mí. Era codependiente, insegura de sí misma y tenía incluso más necesidades emocionales que yo. Yo la superaba en todo: educación, finanzas, habilidades sociales, lo que se te ocurra».

«La parte que se sentía bien era que ella era una apuesta segura. Emocionalmente no representaba una amenaza para mí. De hecho, actuaba como si yo fuera un regalo de Dios. Era justo lo que necesitaba —bueno, al menos el Pequeño Jay estaba feliz, pero solo por un tiempo—. Después, las diferencias entre nosotros comenzaron a exasperarnos a ambos. Mi niño exterior comenzó a notar sus fallas».

«En resumidas cuentas, no podíamos darnos realmente lo que el otro necesitaba, que era tener una relación con un igual. Así que lo resolvimos y finalmente nos separamos. Ahora solo somos amigos».

La clave es lograr un compromiso emocional entre las necesidades tanto del yo adulto como del yo niño. Implica dar y recibir y cuestionar los valores respetados desde hace tiempo. Replantearse las creencias sobre el tipo de persona adecuada para uno significa poner en práctica la sabiduría emocional que tanto nos ha costado adquirir.

Aprender a tolerar la sensación de seguridad[19]

«Bill y yo habíamos estado juntos por mucho tiempo», narra Virginia. «Pero luego rompí con él, porque no pensé que tuviera suficiente para ofrecerme. Eso fue hace años. Cuando nos encontramos hace unos meses, de inmediato me sentí cómoda con él. Pero años antes, ese había sido el problema: me sentía demasiado segura con él. No sentía suficiente intensidad emocional. No era lo suficientemente madura para reconocer que una buena relación no significa sentir un desafío emocional todo el tiempo».

«Recuerdo cuánto confiaba en Bill, lo segura que siempre me sentí con él. Obviamente no lo apreciaba en aquel entonces, pero es exactamente lo que necesito ahora: estar con una persona emocionalmente sólida. Había dado a Bill por sentado todos esos años que estuvimos juntos porque no estaba lista para reconocer mis propias necesidades emocionales. Aún me impresionaba el estatus de las personas y otras cosas externas de ellas. No sentía que Bill tuviera el garbo y las otras cosas que necesitaba. No me había dado cuenta de lo valiosas que eran la honestidad y la lealtad de Bill. Desde entonces, me he graduado de la escuela de los golpes duros: la escuela del abandono. He pasado por muchas relaciones rotas, me he involucrado con demasiadas personas que no estaban preparadas emocionalmente. Bill y yo hemos comenzado a vernos de nuevo y esta vez puedo apreciarlo».

Conformarse

Algunos describirían la decisión de Virginia de ver nuevamente a Bill como conformismo, pero ella no lo considera así.

«No me estoy conformando por el hecho de haber reconocido mi necesidad de seguridad y de ser amada. Solía pensar que algo estaba mal conmigo por la necesidad de sentirme segura. Pero el diálogo Grande-Pequeña me ayudó a dejar de avergonzarme. Ahora estoy con alguien en quien puedo confiar y con quien puedo contar para un cambio. Si elijo estar con alguien que tiene sustancia emocional en lugar de garbo, eso no es conformarse, es una oportunidad para crear una relación real».

La recuperación a partir del abandono no aboga por conformarse o aferrarse a alguien que se convertirá en una fuga emocional más adelante. La lección aquí es que hay muchas personas hermosas que son capaces de amar y comprometerse y no despiertan la intoxicante química del amor de la inseguridad ni cumplen con las viejas expectativas o las nociones sociales de lo que es una buena pareja.[20] Es posible que no te vuelvan loco, que no sientas la química correcta o que no subas de estatus al establecer una relación con ellas. No existe la pareja perfecta. Solo existe el amor, la empatía y el respeto que se crean entre tú y una persona emocionalmente apta.

QUINTO EJERCICIO DE *AKERU*:
«INCREMENTAR NUESTRA CAPACIDAD PARA AMAR» [21]

El levantamiento es un momento de reconexión, ya sea que estés reviviendo viejos intereses y aspiraciones, forjando relaciones más cercanas con las personas en tu vida o buscando una pareja nueva. La energía conectiva es la fuerza vital procreadora; es lo que une a las personas entre sí y al mundo que las rodea.

Cuando salí de mi propio abandono y me volví más protectora de mí misma, me puse en contacto con mis necesidades y deseos de tener a alguien. Conocí a un hombre y me sentía cómoda estando con él. Comprendí lo que significaba cuando él compartía sus sentimientos de manera abierta conmigo. Era un regalo de confianza. Gracias a este intercambio emocionalmente honesto con otra persona, descubrí el significado de mi crisis. Encontré la semilla que había estado buscando. Me enamoré profundamente y confié. En el corazón de cualquier relación exitosa está la apertura emocional sostenida. Mi propia experiencia me enseñó los beneficios de permanecer *con* mis sentimientos, incluso con los incómodos. Compartirlos con alguien crea la base para una intimidad más profunda.

Comencé a pensar en el día en que mi madre me contó cómo ella y mi padre me habían dejado en el hospital. Ella reveló valientemente algo de lo que tal vez se sentía culpable para compartir conmigo una verdad valiosa. Me preguntaba qué otros gestos de la valentía emocional y la generosidad de mi madre habían pasado de largo sin ser reconocidos. Falleció poco después de que mi pareja me dejó, y comencé a pensar que probablemente había mucho más sobre mi madre, aspectos ocultos de ella, que no había entendido por completo. Empecé a pensar en las otras personas de mi vida. ¿Qué estaba pasando realmente dentro de su mente y su corazón? ¿Qué piezas emocionales eran accesibles? ¿Qué estaba oculto? ¿Cómo podría conectarme con ellas de una manera distinta, como no lo hacía antes?

Con estas preguntas y reflexiones, me di cuenta de que había recogido una cosecha valiosa de las experiencias más intensas de la vida. Lo que aprendí fue que la conexión con uno mismo y con los demás es la clave de la vida. Solo el amor cuenta.

Siempre había sabido lo esencialmente importante que es el amor, pero ahora lo reconocía en un nuevo nivel, y eso transformó mi vida. Sobrevivir al abandono me sirvió para un propósito.

Aunque fue difícil, me ayudó a comprender que *el mejor regalo del abandono es la oportunidad de aumentar nuestra capacidad de amar.*

Todos tenemos capacidad para amar, una capacidad que puede expandirse diariamente si seguimos creciendo. Algunos creen que usamos solo un pequeño porcentaje del potencial del cerebro humano. Creo que vivimos nuestra vida utilizando solo una fracción de nuestra capacidad para expresar y sentir el amor.

Como sociedad, tendemos a definir un camino estrecho para el amor. La experiencia de abandono amplía ese camino porque nos pone en contacto con nuestros sentimientos. Nos obliga a reconocer el poder del apego humano. Nos enseña que la vulnerabilidad es una condición humana. Extiende nuestra compasión al mundo que nos rodea.

A menos que hayamos dejado que se formaran callos, el abandono nos ha hecho más conscientes de las necesidades de los demás, más receptivos, más capaces de superar los obstáculos para establecer un contacto genuino. De hecho, muchos filántropos informan que sus propias experiencias de abandono inspiraron el trabajo de su vida. Oprah Winfrey, por ejemplo, aprovecha su legado emocional cuando se comunica con los demás para apoyarlos. Es obvio que no está cerrada a sus sentimientos. De hecho, tiene acceso inmediato a ellos. Recurre a ellos para establecer una conexión personal con las personas a quienes ayuda en sus programas. En el corazón de una persona socialmente consciente hay una mayor sabiduría sobre el amor.

Muchas de las personas que me visitan me dicen que sufren un vacío emocional, un sentimiento de que el amor les falta en su vida. El amor al que se refieren, por lo general, es del tipo con el que esperan encontrarse al conocer a la persona adecuada. Para algunos, realmente sucede de esta manera. Pero hay muchas otras formas de llegar al amor. Este poderoso vínculo humano es mucho más que un sentimiento que abruma de repente. El amor es algo que se puede crear.

La mayoría de nosotros podemos recordar momentos especiales cuando el amor fue un sentimiento que nos invadió. Pero la verdad más elemental, como aprendimos por medio del diálogo Grande-Pequeño, es que el amor se puede generar dentro de nosotros mismos, incluso cuando nos sentimos más aislado. El amor es una acción, una actitud, un proceso creativo. Crece con sabiduría y a menudo se basa en la iniciativa y la autodisciplina. Comprométete a seguir los pasos de acción necesarios para lograrlo.

Tu tarea es practicar la vida de tal manera que tu capacidad de amar comience a superar tu antigua agenda emocional.

Muchos de mis clientes tienen agendas orientadas a la necesidad de remediar las inseguridades. A medida que su capacidad de amor se expande, la necesidad de gratificaciones narcisistas se elimina. La clave es permanecer abierto a los propios sentimientos, ser emocionalmente honesto con el mundo que nos rodea.

Esto nos lleva al quinto ejercicio de *Akeru*. Su mecanismo de crecimiento está integrado en los cuatro ejercicios anteriores: vivir el momento presente, crear un diálogo entre Yo Grande y Yo Pequeño, visualizar un paisaje de ensueño e identificar al niño exterior. Aquí agregamos el elemento *amor* a cada uno de los cuatro ejercicios anteriores.

Cuando haces del amor el objetivo de los ejercicios, los unificas en un plan de vida. El amor es el sustrato que integra todo lo que has aprendido hasta ahora.

AGREGAR *AMOR* AL EJERCICIO «VIVIR EL MOMENTO PRESENTE»

Ya entiendes la importancia de *vivir el momento presente*. El momento presente es donde está todo tu poder: el poder de experimentar la vida a través de tus cinco sentidos. Vivir el momento permite entrar de inmediato en contacto con las imágenes y los sonidos del mundo dentro y alrededor de ti.[22] Ahora, cuando vivas el momento presente, lleva contigo tu capacidad de amar. Al menos una vez al día, haz un esfuerzo deliberado para practicar ser consciente, atento y abierto cuando estés con otra persona, ya sea un extraño, un pariente, un amigo, un niño o un amante.

«La primera "víctima" con la que practiqué esto fue con una mesera en la cena», explica Carlyle. «Cuando vino a traerme café, me preparé para estar completamente presente con ella, para traer a la conciencia todo lo que se requería en este encuentro ordinario. No es que quisiera que ella notara que algo inusual estaba sucediendo. Hice contacto visual con ella y le pregunté con sinceridad cómo había estado su día, pero eso fue todo».

«Mientras ella me servía el café, yo no tenía forma de saber nada acerca de cómo era su vida, si se sentía feliz o decepcionada. Pero cada vez que ella llenaba mi taza, permanecía completamente presente y comenzaba a enviarle pensamientos positivos, deseándole lo mejor. Todas mis intenciones más cariñosas estaban presentes conmigo cuando estaba con ella. Tal vez esta mujer no lo sabía, pero recibió todo el amor que fui capaz de darle en ese momento».

También puedes practicar vivir el momento presente con alguien que conoces.

«Me reuní con mi mejor amiga para comer», compartió Roberta. «Justo cuando llevaba medio plato de ensalada, se me ocurrió que esta era una oportunidad para practicar vivir el momento presente con ella. Así que presté toda mi atención: a ella y a cómo me sentía de estar con ella en ese momento. Fue un momento de amor bondadoso. Ya sea que se diera cuenta o no, contaba con toda mi atención indivisa probablemente más que nunca antes».

Tal vez descubras que no puedes mantener esta intensidad por mucho tiempo. Es fácil distraerse con pensamientos periféricos o involucrarse demasiado en el contenido de la conversación, en lugar de concentrarse en el proceso del momento presente. Puede durar solo unos minutos, pero es una oportunidad para practicar la apertura ante la esencia propia y ante la de la persona con la que estás.

Al igual que Roberta, descubrirás tu capacidad para generar amor, según su definición, como *estar presente*.

También puedes practicar vivir el momento presente con una persona importante. En lugar de dejarte atrapar por tus propias necesidades emocionales o distraerte con las cosas que suceden a tu alrededor, le brindas toda tu capacidad de amor a tu pareja, ya sea por pasión o por respeto humano. Imagina lo que sucedería si practicaran juntos este ejercicio, cada uno de ustedes sintonizando con todo en torno a la otra persona y al momento en que comparten juntos.

Agregar *amor* al diálogo diario con Pequeño

Todo lo que se necesita para agregar el elemento *amor* a tu diálogo continuo es preguntarle a Pequeño: «¿Qué necesitas de mí o de otras personas en tu vida?». «¿Tienes suficiente amor?». «¿Qué puedo hacer para traer más amor a tu vida?». «¿Qué te gustaría sentir con alguien especial?». «¿Qué tipo de personas amorosas te harían sentir seguro?».

El tema del amor se convierte en materia de diálogos poderosos entre Grande y Pequeño, lo que da lugar a nuevas ideas y te motiva a tomar medidas positivas, una forma poderosa de reforzar los principios de la bondad amorosa.

«Abrí el tema del amor a Pequeña», dijo Roberta, «y ella comenzó a pedirme que me acercara a un hombre que recientemente había conocido en el trabajo. De alguna manera, sabía que él no era bueno para mí. Entonces le expliqué:

GRANDE: Pero él es del tipo que no está disponible emocionalmente, Pequeña.

PEQUEÑA: Lo quiero de todos modos. Él me gusta.

GRANDE: Pero no es adecuado para nosotras. Simplemente nos dejará sintiéndonos tristes y necesitadas. Pensé que querías ser amada y aceptada, Pequeña.

PEQUEÑA: Sí quiero.

GRANDE: Entonces necesitamos fijar nuestra mirada en otra persona.

PEQUEÑA: Solo quiero sentirme amada. Debe de haber sido Exterior quien estaba intentando tener a ese tipo.

GRANDE: Tienes razón. Me alegro de que una de nosotras lo haya descubierto, Pequeña. Porque ese tipo sería una pérdida de tiempo. Traería ese mismo viejo asunto de hambre emocional. ¿Recuerdas cómo se sentía?

PEQUEÑA: Sal y encuentra a alguien que pueda hacerme sentir bien, Grande. ¡Y mantén a Exterior apartada!

De hecho, Exterior es un medio útil para culpar a los viejos patrones autodestructivos que estás tratando de romper. El antídoto es escuchar con más atención lo que el *verdadero* niño interior está pidiendo.

Recuerda, las necesidades primarias de Pequeño son ser apreciado, aceptado, cuidado y amado, y *no* ser abandonado. Pacta con Pequeño hacer todo lo que esté a tu alcance para traer a su vida el amor que él o ella necesita.

Si Pequeño insiste en alguien que no es bueno para ti, sospecha que es el niño exterior el que lanza su voz como un ventrílocuo, pretendiendo ser Pequeño. Es solo Exterior tratando de engañarte para que regreses a los mismos viejos patrones.

Deberás estar pendiente y hacer contacto diariamente con Pequeño. Esta estrecha coalición con Pequeño deja de lado el deseo de tu niño exterior por la persona peligrosa y fortalece tu capacidad de tomar decisiones emocionalmente responsables.

Agregar *amor* a tu paisaje de ensueño

Puedes incluir el amor en tu ejercicio de visualización al imaginar que tu paisaje de ensueño ya contiene todo el amor que necesitas. Imagina que ya han pasado dos años, y todas las relaciones que deseas existen, eres feliz y te sientes seguro. Tú y Pequeño tienen un estrecho vínculo de amor y están completamente en paz porque tienen ahora todo el amor que necesitan. Los sentimientos de dolor e ira hacia tu pareja perdida han sido liberados, perdonados y olvidados. Esta es una gran tarea, importante, pero en tu visualización, el conflicto ya está en el pasado. Todo lo que necesitas está a tu alcance: compromiso, seguridad, intimidad, afecto, ternura, apertura, respeto, confianza, admiración y compañía.

Dentro de tu paisaje de ensueño, imagina que estás entusiasmado por el conocimiento de que la calidad de tu vida solo está mejorando. Tu capacidad de generar amor ha creado un faro de cordialidad tan poderoso que tu mensaje llega a todas las personas de tu vida y las toca de una manera especial. Crea una imagen mental de estas cosas.

Uno de los beneficios de realizar la visualización de esta manera es que revela pistas prácticas acerca de cómo superar los obstáculos reales en tu vida. Al haber asumido que estás visualizando su situación dos años en el futuro y que ya has logrado este amor, puedes usar la retrospectiva para responder preguntas como: «¿Qué barreras internas tuve que eliminar para llegar a este lugar de amor? ¿Qué hice para superarlo?». Desde esta perspectiva futura, la mayoría de las personas encuentran que sus respuestas son sorprendentemente útiles.

Ahora imagina, finge, que tienes poderes mágicos. ¿Qué dones de amor y cariño otorgarías a las otras personas de tu vida? Si tu poder fuera ilimitado y tu capacidad de amar infinita, ¿qué recursos y beneficios aportarías con tus poderes mágicos a las personas de tu comunidad? ¿Qué regalos especiales darías a las personas del resto del mundo y de generaciones futuras?

Ahora considera qué lugares dentro de tu paisaje de ensueño son los más adecuados para expandir tu amor y conexión con los demás. Ponte el sombrero de arquitecto. ¿Necesitas hacer algún cambio de diseño para crear un ambiente más propicio para el amor? Realiza cambios en el tamaño y la ubicación que te ayuden a incluir este factor de amor en tu vida. Coloca a las personas importantes que necesitas dentro de la casa como visitantes o compañeros de vida. Crea una imagen mental de ti mismo como esta nueva persona conectada con el amor.

«Trasladé la casa de mis sueños a un vecindario lleno de niños, con mucha actividad comunitaria», comentó Bárbara. «Creo que estaba pensando en las necesidades de mis hijos y también en mi disposición para ser amigable y llegar a otros».

Recuerda que, en la recuperación a partir del abandono, la imaginación es nuestro poder superior. Después de realizar las renovaciones, adiciones y eliminaciones que sean necesarias, tu visualización ahora contiene el elemento esencial del amor, que puedes reforzar a diario simplemente conjurando su imagen. Tu capacidad para aumentar tu capacidad de amar está incorporada en el entorno y la estructura de tu paisaje onírico. Este ejercicio convoca los recursos de tu imaginación para enfocar tu energía en el logro de tus objetivos. A medida que renueves continuamente el paisaje de tus sueños para satisfacer tus necesidades en constante cambio, expandirás tu sentido de merecimiento y confianza.

Superar los obstáculos del amor en tu niño exterior

Tu niño exterior por lo general está en desacuerdo con tu habilidad para aumentar tu capacidad de amar. De hecho, Exterior es el saboteador de las relaciones íntimas. Tu tarea es identificar las conductas y actitudes del niño exterior que interfieren con tus intentos de traer amor a tu vida.

Tu niño exterior puede volverse particularmente problemático cuando intentas iniciar una nueva relación, cuando te sientes especialmente vulnerable. A medida que pruebas las aguas de una nueva relación, Exterior podría estar probando a la otra persona —a veces llevándola hasta el límite—, al reaccionar de forma exagerada, tartamudear o aferrarse cuando sabe que la persona tal vez no sea adecuada para ti.

Muchos de los que acuden a mí en busca de ayuda me describen lo difícil que es soportar la ambivalencia emocional habitual que es normal en cualquier relación nueva.

«Sé que con una nueva persona es de esperar que se tengan dudas», expresó Marie, «pero me costaba mucho trabajo tolerar las incertidumbres. Aunque no estaba segura de si la relación podría funcionar, me sentía abandonada, abandonada por mis propios sentimientos. Yo me callaba. Durante todo el tiempo que estuve conociendo a Phillip, me sentía fuera de control».

«Cuando intenté salir en una cita», dijo Roberta, «la inseguridad que sentía me recordaba lo que pasé con Travis. Levantaba el viejo polvo emocional y me convertía en una inútil cada vez que intentaba salir con alguien. Exterior estaba tratando de actuar todo el tiempo. Tuve que adoptar un perfil bajo durante un lapso para tener tiempo de dar más amor y cuidado a mi centro emocional. Necesitaba volverme lo suficientemente fuerte como para arriesgarme a ser vulnerable de nuevo».

De hecho, las nuevas relaciones pueden activar recuerdos emocionales viejos y crear ansiedades incómodas. Tu niño exterior puede actuar de manera rápida, espontánea e inapropiada para *representar* su vulnerabilidad aumentada. Puede crear expectativas poco realistas del otro. Cualquier cosa que recuerde el «niño en la roca» a tu niño interior puede poner en marcha las defensas de Exterior. Tus intentos por cuidar de esta parte de ti no siempre son lo suficientemente rápidos como para evitar que Exterior tome el control.

340 • Del abandono a la sanación

La mejor barrera contra esta interferencia es mantener diariamente tu inventario del niño exterior y tomar medidas. Mantén enfocado a Exterior. Intenta anticipar su próximo movimiento. Esta determinación aumentada te da un mayor control. Deja que el adulto que hay en ti decida cómo manejar una situación. Cuando tu niño exterior actúe contra tu necesidad de tener una relación segura y amorosa, tu tarea es asumir la responsabilidad de tu propia seguridad y superar los patrones de aferramiento de Exterior. Haz las paces con cualquier persona a la que hayas estado dominando o atacando, incluso contigo mismo. (Esto es lo que el programa de Doce Pasos que se originó con Alcohólicos Anónimos exige en su *décimo paso*: Admite rápidamente cuando estés equivocado y haz las paces de inmediato). Así eres tú, y no tu niño exterior, quien toma decisiones sobre tus relaciones y tu vida.

INCREMENTA TU CAPACIDAD PARA EL AMOR

Al agregar amor a cada uno de los cuatro ejercicios anteriores, estás creando un plan integrado: un plan de vida para aumentar tu capacidad de amar. Estás mejorando esta capacidad en muchos niveles diferentes: por medio de tu habilidad para experimentar el momento, supervisar las necesidades y sentim ientos de Pequeño, visualizar y dirigirte hacia sus objetivos finales y obtener el control sobre los patrones autodestructivos de Exterior.

Llevar un diario de tu progreso aumenta tu motivación para practicar los ejercicios diariamente. Darte un tiempo cada día para trazar tu progreso agudiza tu enfoque y te permite planificar acciones positivas en tu día.

Todo lo que se necesita es un poco de tiempo en tranquilidad para anotar tus pensamientos. Lleva la cuenta de las veces que puedes estar presente en el momento con otra persona. Date crédito por poder responder a la necesidad de amor de Pequeño; describe los pasos de acción que planeas tomar ese día en beneficio de Pequeño. Documenta tu progreso a medida que tu vida real comience a parecerse a la visión contenida en tu paisaje de ensueño. Mantén un registro de los avistamientos del niño exterior, en particular cuando sabotee tus relaciones; crea un plan para cambiar sus comportamientos, un paso a la vez.

La nota de progreso puede verse así:

Progreso diario

1. ¿Puede estar presente mientras estaba con otras personas? ¿Generé sentimientos de empatía? _____

_____

El plan de hoy para el momento presente. _____

2. ¿Respondí al amor que Pequeño en realidad estaba pidiendo?

_____

El paso de hoy en beneficio de Pequeño: _____

3. ¿Puedo visualizar la plenitud del amor en mi paisaje de ensueño?

_____

Renovaciones de hoy: _____

4. ¿Identifiqué a mi niño exterior? ¿Tomé el control? _____

_____

Plan de acción de hoy: _____

5. ¿Hice del amor una meta en mis actividades diarias?

_____

A medida que integres los ejercicios en la práctica diaria, con el tiempo estos comenzarán a adoptar una estructura menos formal y se convertirán en parte de tu experiencia cotidiana, incorporados a tus acciones y pensamientos como hábitos positivos. Puedes vivir el momento presente, satisfacer tus necesidades y sentimientos más importantes, alcanzar nuevas metas y responder a los demás como adulto. A medida que crezcas, tu capacidad para amar crecerá contigo.

RESUMEN DEL LEVANTAMIENTO

El levantamiento es un alivio de la inseguridad, el anhelo y el dolor. Es un momento para reflexionar sobre las verdades emocionales que se nos revelan a través de nuestro abandono y para hacer un balance del equipaje emocional que hemos estado cargando todo el tiempo. Este conocimiento es muy valioso, rico en sabiduría personal.

El levantamiento es el momento de honrar nuestros sentimientos. Si podemos mantener abierto nuestro centro emocional, su energía se vuelve autogeneradora, el ímpetu para la curación continua: el crecimiento personal y la conexión para toda la vida.

NOTAS

[1] Para obtener inspiración, lea Frankl, *Man's Search for Meaning*, y Schwartz, *Letting Go*.

[2] Véase Restak, *Receptors*. Y también Damasio, *Descartes' Error: Emotion, Reason, and the Human Brain*. Para explicar el papel del SNP y el efecto de la acetilcolina en dormir y soñar, véase Hobson, *The Dreaming Brain*.

[3] Flach, *The Secret Strength of Depression*, p. 218.

[4] Véase Panksepp, Siviy y Normansell, «Brain Opioids and Social Emotions».

[5] Paul Ekman hizo que los sujetos realizaran expresiones faciales, por ejemplo, felicidad, lo que condujo a sentimientos felices. Pero un hallazgo significativo fue que las sonrisas imaginarias produjeron diferentes *patrones de ondas cerebrales* a partir de sonrisas reales, lo que significa que la experiencia interna es diferente. Esto sugiere que uno puede mejorar su estado de ánimo actuando como si fuera feliz, pero no puede eliminar la realidad de la verdadera respuesta emocional a la vida. Ekman, «Facial Expressions of Emotion: New Findings, New Questions».

[6] Frewen y Lanius, «Toward a Psychobiology of Posttraumatic Self-Dysregulation, Reexperiencing, Hyperarousal, Dissociation, and Emotional Numbing», y Schiele, «The Neuropsychobiology of Addiction, Trauma and Dissociation».

[7] Véase Magid y McKelvey, *High Risk: Children without a Conscience.*

[8] Véase Miller, *The Drama of the Gifted Child.* La dinámica transgeneracional es fundamental para el trabajo del terapeuta familiar Murray Bowen. Véase Bowen, *Family Therapy.*

[9] Véase Hart, *The Winning Family*; Ginott, *Between Parent and Child*; Clemes y Bean, *How to Raise Children's Self-Esteem*; y Robertiello, *Hold Them Very Close, Then Let Them Go.* Para conocer un punto de vista ligeramente diferente de la crianza de los hijos, véase Lewis, *Altering Fate*, en el que el autor sugiere que el destino de los niños no está determinado por la biología o los padres. La controversia sobre cuánto impacto tienen los padres en el desarrollo de los niños continúa. Véase Harris, *The Nurture Assumption*; para un informe sobre los creadores de este punto de vista, véase Gladwell, «Do Parents Matter?».

[10] Véase Moore y Gillette, *The Lover Within*; este libro está escrito principalmente desde el punto de vista del movimiento de los hombres, pero sus principios son aplicables a aquellos que están recuperando su capacidad de sentir sus necesidades y sentimientos humanos más profundos.

[11] Weiner, *Perturbing the Organism*, p. 76.

[12] Kagan, en *The Nature of the Child*, analiza la vergüenza asociada con el sufrimiento prolongado.

[13] Roy Baumeister informa que el nuevo matrimonio tiende a eliminar muchas consecuencias negativas del divorcio. Los socios sustitutos ayudan a mitigar el impacto traumático de la experiencia de separación. «Cuando las nuevas relaciones no se forman, la angustia emocional asociada con el [excónyuge] en realidad puede aumentar en lugar de disminuir con el tiempo… implicando que la sustitución es una forma efectiva de recuperarse de la disolución de la relación». Baumeister y Leary, «The Need to Belong», p. 516. John Bowlby apoya la noción de *reemplazo* o *sustitución* en su observación de que la ansiedad de los niños por la separación de su madre parecía reducirse enormemente si iban acompañados por otro familiar en ese momento.

Desde una perspectiva diferente, Vormbrock, que describe el ciclo de protesta, desesperación y desapego del *dolor de separación*, se refiere a un estudio de investigación que sugiere que cuando se pierde un objeto primario, los amigos y la familia de apoyo no son suficiente para mitigar la ansiedad asociada con la separación del objeto primario. Véase Vormbrock, «Attachment Theory», p.123.

[14] Véase Bradshaw, *Healing the Shame That Binds You.*

[15] Véase Fromme, *The Ability to Love*, y Sky, *Sexual Peace: Beyond the Dominator Virus.*

[16] A nivel bioquímico, el amor romántico (además de los opioides endógenos) involucra *oxitocina*, un neuroquímico que se conoce como el *químico de la*

vinculación emocional. Se le ha llamado la hormona *interpersonal.* Según John Capitanio, está involucrada en la eyección de leche, la contracción uterina y el transporte de esperma. Se sabe que interrumpe la consolidación de la memoria (para que las mujeres puedan olvidar el intenso dolor del parto); hay evidencia de que los bebés humanos la liberan durante el parto. Véase Capitanio, Weissberg y Reite, «Biology of Maternal Behavior», p. 68. Damasio agrega que la oxitocina se libera durante la estimulación de los genitales y los pezones o el orgasmo... Influye en toda una gama de comportamientos de cuidado, locomoción, sexual y materno. No obstante, lo más importante es que facilita la interacción social e induce la vinculación entre las parejas sexuales. Véase Damasio, *Descartes' Error: Emotion, Reason, and the Human Brain*, p. 122.

[17] Según Sapolsky, los organismos se habituarán a un factor estresante si este se aplica una y otra vez porque es predecible para entonces y desencadena una respuesta menor al estrés. Véase Sapolsky, *Why Zebras Don't Get Ulcers*, pp. 213–215.

[18] Virginia Colin sugiere que hay semejanzas entre el amor romántico adolescente (con el cual nuestra cultura está empapada) y el apego del bebé hacia el cuidador. El estado de ánimo del adolescente (o del adulto) depende de su percepción de si el objeto deseado responde o rechaza; «así como el sentimiento de alegría y angustia del bebé depende de su percepción de la disponibilidad o capacidad de respuesta [de la madre]». Véase Colin, *Human Attachment*, p. 297. Véase también Campo, «Attachment as Psychobiological Attunement».

[19] Vormbrock sugiere que hay dos sistemas psicobiológicos básicos involucrados en los vínculos humanos: el sistema de cuidado y el sistema de apego. Por ejemplo, es posible que una persona tenga dificultades para depender de los demás (estilo de apego evitativo) pero que se sienta bastante cómoda cuando otras personas dependen de ella (estilo de cuidado seguro). La combinación de estilos de apego y cuidado puede caracterizar a los adultos que tienden a no iniciar la intimidad a menos que su pareja se sienta impotente y necesite tranquilidad emocional. Véase Vormbrock, «Attachment Theory».

[20] Dos parejas dispuestas pueden crear sintonía entre ellas con el paso del tiempo mediante la proximidad física, al compartir objetivos y la misión de la vida. Los matrimonios arreglados se practican en gran parte del mundo no occidental, y muchos creen que estos arreglos son más exitosos que los matrimonios basados en el enamoramiento.

[21] Véase Fromm, *El arte de amar*; Ackerman, *A Natural History of Love*; Williamson, *A Return to Love*; y Hendrix, *Getting the Love You Want*.

[22] Léase a Greene y Winfrey, *Make the Connection: Ten Steps to a Better Body and Mind*.

Capítulo 7

Hacer una nueva conexión: Un plan de acción de cinco puntos

Hemos estado juntos en un viaje a través de las cinco etapas del abandono. En el camino, nuestras experiencias a menudo nos recordaron épocas anteriores. Conocer nuestros sentimientos más antiguos y básicos nos ha hecho más conscientes de nosotros mismos. El abandono nos abrió a las verdades emocionales y nos puso en contacto con las fuerzas vitales universales. Ha sido intenso y poderoso porque hemos estado aquí antes. El abandono refleja las etapas de desarrollo por las que pasamos en nuestra niñez, mientras nos abríamos paso desde la infancia hasta el mundo más allá del hogar.

Etapa uno: En la etapa de *rompimiento* del abandono, te viste obligado a sobrevivir a la ruptura de una relación primaria y a re-ingresar al mundo en un estado de separación absoluta. Los bebés también deben resistir el trauma del nacimiento, la sacudida de estar separados del útero. En esta primera etapa, por consiguiente, tanto los sobrevivientes del abandono como los bebés, se ven obligados a sobrevivir como individuos separados.

Etapa dos: En la segunda etapa del desarrollo humano, los bebés forman un vínculo con sus cuidadores para recibir la alimentación y el cuidado que necesitan para sobrevivir. En la segunda etapa del abandono, experimentaste el mismo impulso hacia el apego, pero el objeto de tu apego ya no estaba disponible. Las necesidades se vieron frustradas, y causaron síntomas intensos de *abstinencia*. En la etapa dos, tanto los bebés como los sobrevivientes del abandono, experimentan la poderosa necesidad de apego impulsada por los opioides.

Etapa tres: En la tercera etapa del desarrollo humano, los niños *internalizan* la sensación de seguridad que han obtenido a través de las relaciones con sus padres. Transfieren sentimientos de seguridad, confianza y esperanza a su propio *sentido del yo* recién formado. Durante la tercera etapa del abandono, también *internalizaste* emociones, pero los sentimientos que incorporaste contenían el mensaje de que no eras merecedor. Al igual que un niño pequeño, transferiste sentimientos derivados de una relación primaria hacia el *yo*.

Etapa cuatro: La cuarta etapa del desarrollo humano es cuando los niños y adolescentes, protegidos en el amor y el apoyo de su familia, se sienten lo suficientemente seguros como para afirmar su lugar en el mundo. En la cuarta etapa del abandono, llamada *ira*, también regresaste al mundo exterior, pero afirmaste las necesidades del sentido de identidad herido. En la cuarta etapa, tanto los niños como los adultos en recuperación avanzan hacia el mundo exterior para satisfacer sus necesidades emocionales. La diferencia es que buscaste una compensación por las lesiones.

Etapa cinco: En la última etapa del desarrollo humano, los adultos emergentes buscan formar vínculos primarios. En la etapa final del abandono, el *levantamiento*, puedes experimentar el mismo deseo de reconexión. Pero también está la necesidad de protegerte de más lesiones. En la quinta etapa, por tanto, los adultos jóvenes y las personas que se recuperan de la pérdida de un amor son impulsados a formar nuevos vínculos. Como sobreviviente del abandono, obtuviste información valiosa sobre el bagaje emocional que trasladas a tus relaciones.

El abandono recapitula el proceso de iniciarse en la vida; repasa todas las etapas del desarrollo. Vuelves a crecer desde la infancia hasta la edad adulta, esta vez como un adulto completamente consciente. Creas un nuevo sentido de identidad y quizás has establecido un nuevo rumbo para tu vida. Has convertido el dolor del abandono en una piedra angular para el cambio personal.

De hecho, has obtenido mucho a partir de tu experiencia.

Del **rompimiento** obtuviste fuerza y autosuficiencia. Sobreviviste a la experiencia de estar solo. Te enfrentaste a las ansiedades que te tenían atrapado en viejos patrones. Descubriste tu capacidad para lidiar con los sentimientos que surgen de las heridas acumuladas, lesiones de abandonos pasados y presentes. Aprendiste a usar el poder de tus sentidos para *permanecer en el momento presente*.

El abandono sigue el mismo camino que las etapas del desarrollo humano

Etapas del desarrollo humano		Etapas del abandono
Sobrevivir al trauma del nacimiento	1	El trauma del nacimiento se vuelve a experimentar
Apegarse al cuidador principal	2	Rotura desgarradora en un apego primario
Transferir el apego hacia uno mismo	3	Transferencia de sentimientos negativos hacia uno mismo
Afirmar el yo en el mundo exterior	4	Afirmarse en el conflicto con el exterior
Encontrar a otro con quien vincularse	5	El yo herido busca otro con quien vincularse

De la **abstinencia** obtuviste la sabiduría de tus sentimientos internos. Identificaste asuntos que quedaron pendientes de viejos traumas emocionales: las privaciones de tus necesidades que te llevaron a tu hambre emocional y, tal vez, a formas poco saludables de lidiar con ello. Aprendiste a poner en práctica tu sabiduría emocional creando un diálogo continuo con tus sentimientos internos. Finalmente, abordaste tus necesidades emocionales básicas de manera directa, en lugar de medicarlas con sustancias, personas, pensamientos obsesivos o conductas compulsivas.

De la **internalización** obtuviste integridad a medida que aprendiste a expresar tus aspiraciones, valores y objetivos profundamente arraigados. Identificaste los sentimientos que quedaron de episodios pasados cuando tu sentido del yo había sido herido. Descubriste cómo usar tu imaginación como un recurso interno para la curación. Desarrollaste tu autoestima, expandiste tu visión y apuntaste hacia tus objetivos.

De la **ira** aprendiste a redirigir tu enojo de forma saludable. Identificaste el equipaje emocional que quedó de las viejas frustraciones. Expusiste los comportamientos del niño exterior que hasta ahora interferían con tu vida y tus relaciones. Estás más alerta a estos comportamientos y has aprendido a afirmar tus necesidades con un mayor control sobre tus actitudes y conducta.

Beneficios de la recuperación a partir del abandono

Del (la)	Obtuviste
Rompimiento →	Fortaleza e independencia
Abstinencia →	Sabiduría de los sentimientos internos
Internalización →	Integridad
Ira →	Reorientación
Levantamiento →	Amor

Del **levantamiento**, aprendiste a permanecer abierto a tu propia vulnerabilidad y a alcanzar un mayor nivel de amor. Reviviste las esperanzas y los sueños perdidos y restableciste el contacto emocional contigo mismo y con los demás. Has creado un plan de vida para aumentar tu capacidad de amar todos los días.

En resumen, *giraste en remolinos* en torno a las etapas del abandono (rompimiento, abstinencia, internalización, ira y levantamiento) y emergiste de tu nube en forma de embudo con mayor fuerza, sabiduría, integridad, redirección y amor.

LOGROS HASTA EL MOMENTO...

Quiero tranquilizarte si estás dudando en buscar un vínculo. Aún puedes sentirte ansioso e inseguro a veces, tener pensamientos sobre tu ex o incluso luchar para superar tus patrones. En verdad, no tienes que resolver todos los problemas a la perfección antes de estar listo para el vínculo. La mejoría —moverse en la dirección correcta— ayuda más que la perfección. Sigue reparando y creciendo por medio de tus relaciones con otras personas, en lugar de hacerlo de forma aislada.

El niño exterior utiliza el perfeccionismo como excusa para evitar que te arriesgues en una relación. Exterior intenta convencerte de que tienes que vencer todos tus problemas *antes* de estar listo. Digamos que tiendes a ser ansioso, codependiente o complaciente con las personas y eso te ha bloqueado en el pasado. Quiero asegurarte que no es necesario pasar de un estado de ansiedad o baja autoestima a sentirte completamente seguro y que eres dueño de ti mismo. Todo lo que se necesita es una *dosis de mejoría* en estas áreas para marcar la diferencia en el mundo. Por ejemplo, hacer incluso una pequeña mejora en tu sentido de identidad (es decir, por medio de Grande-Pequeño) puede marcar una diferencia suficiente para superar un bache oculto y entablar esa relación.

El niño exterior también trata de imponer su estándar de perfeccionismo a tus posibles parejas al concentrarse en sus deficiencias o volverse cada vez más exigente. Esta es solo otra forma en que Exterior trata de sobreprotegerte.

Este no es momento para dejar que la supervisión excesiva y compulsiva de Exterior, por medio de su perfeccionismo, postergación y *fobia al abandono*, te frustren. Sigue avanzando poco a poco, avanzando a través de tu ansiedad y logrando pequeños pasos en el camino. Lograrás tus objetivos. Disfruta del proceso de cambio, recordando a cada momento que, perfecto o no, eres digno de ser amado.

PLAN DE ACCIÓN DE CINCO PUNTOS PARA TENER UNA NUEVA RELACIÓN

A continuación, proporciono un marco aproximado en el cual este proceso de cambio puede tomar dirección.

ACCIÓN 1: Sal de tu círculo habitual de amigos y actividades para explorar nuevos intereses y probar nuevos roles.

ACCIÓN 2: Inicia nuevos contactos con al menos diez personas y explora diferentes aspectos de tu personalidad que tal vez no se hayan manifestado antes.

ACCIÓN 3: Sé claro en cuanto a tus sentimientos y culpabilidades sobre los fracasos de tus relaciones pasadas con al menos tres de estos contactos.

ACCIÓN 4: Conviértete en tu yo superior.

ACCIÓN 5: Comparte tu yo superior con otras personas importantes.

ACCIÓN 1: SAL DE TU EXPERIENCIA HABITUAL

Explora el territorio más allá de tu círculo habitual de amigos y actividades para descubrir facetas de tu personalidad que te han sido denegadas. Descubrirás nuevos intereses, fortalezas y capacidades que quizá no hayas visto antes. Esta expansión te brinda la mayor oportunidad para un cambio positivo. Estas son algunas oportunidades que las personas con las que trabajo han aprovechado:

- Tras descubrir su antiguo interés por el piano, John decidió comprar uno. Esto significó mudarse a un departamento nuevo lo suficientemente grande como para que cupiera el piano. Su renovado compromiso con la música lo llevó a comprar los boletos para el concierto, lo que a su vez lo llevó a su velada en el concierto con Roberta.
- Roberta se inscribió en clases de vuelo y se unió a un grupo de lectura de poesía.
- Holly se unió a un grupo de ciclistas y se preparó para un *tour* de seis semanas por Italia y Francia.
- Keaton tomó cursos nocturnos en la New School for Social Research, y su primera clase fue sobre Cine Moderno. Planeó unirse a Holly en su viaje en bicicleta durante sus dos semanas de vacaciones del trabajo en agosto.
- Richard se unió a un servicio de citas.
- Jay comenzó a trotar, se unió a una organización comunitaria de voluntarios y compró una casa vacacional en la costa oeste de Florida.
- Bárbara asistió a la escuela de un chef para aprender cocina macrobiótica. Comenzó un pequeño negocio de *catering* en la zona.
- Marie terminó las lecciones de navegación. Continuó su relación con Phillip. Compraron un velero y planean navegar por la costa este hasta Maine.
- Michael cambió de trabajo y empezó a jugar raquetbol.
- Carlyle compró una casa de la época colonial y emprendió su restauración. Necesitaba mucha ayuda y descubrió que su nueva comunidad lo apoyó; se convirtió en líder de la asociación cívica del pueblo.

La clave para cambiar es abrir la vida a nuevas experiencias. Incluso cambios pequeños en la rutina diaria pueden conducir a nuevos descubrimientos sobre en quién se está convirtiendo una persona.

«Sentí que había estado atrapado en mi situación laboral el tiempo suficiente», dijo Sanford. «La gente del trabajo no parecía responderme como yo quería que lo hicieran. Incluso cuando hacía las cosas de manera completamente diferente, no reconocían mis cambios. Entonces cambié de trabajo. Requirió un esfuerzo colosal de mi parte. Dedicaba todo mi tiempo libre a visualizar mi nuevo trabajo, luego rediseñé mi *currículum vitae* y fui a entrevistas de trabajo. Finalmente conseguí uno. Estaba en un campo de juego totalmente nuevo».

«Comencé con una nueva base y creé una imagen completamente nueva. Fue una ventaja para mí que nadie me conociera, porque podía configurar las cosas como quería desde cero. La gente con la que trabajé simplemente se convenció. Pude cambiar con mucha mayor facilidad la forma en la que por lo general me relacionaba con las personas porque no reaccionaban ante mí con las mismas expectativas sesgadas».

Hacer cambios en tu vida abre espacio para la expansión y el crecimiento. Permite que los cambios *internos* se arraiguen en suelo fresco. Tu tarea es salir y probar cosas nuevas, unirte a grupos y cambiar tus rutinas. Da tiempo a cada nueva experiencia para que te muestre sus beneficios ocultos.

ACCIÓN 2: INICIAR NUEVOS CONTACTOS

Iniciar nuevos contactos te ayuda a explorar aspectos de tu personalidad que no siempre son evidentes para ti o para los demás. No quiero decir que debas engañar a otros con respecto a tu persona, pretendiendo ser algo que no eres, sino que las nuevas situaciones revelan intereses que no has tenido oportunidad de expresar. Quizás aún no hayas reconocido ciertos talentos o no hayas tenido la oportunidad de desarrollarlos. Tal vez no hayas conocido personas que compartan contigo ciertos intereses. Muchos se refieren a estos aspectos como *alter egos*.[1]

Las oportunidades surgirán como resultado de las nuevas actividades en las que te involucres, por medio de amigos, servicios de citas o encuentros casuales. Descubrirás facetas de tu yo en desarrollo y podrás elegir nuevas direcciones para tu vida.

«No sabía que podía tener una relación en la que verdaderamente compartiera», dijo Janet. «Había pasado tantos años discutiendo y peleando con mi esposo que fue una revelación descubrir lo agradable y placentero que puede ser el simple hecho de estar con alguien con quien puedo llegar a un acuerdo».

Al ir más allá de tus límites sociales habituales, no descartes a alguien porque no te atrae momentáneamente. Tu objetivo no es enamorarte a primera vista sino descubrir tus fortalezas incipientes mientras socializas con una variedad de personas.

«No tenía idea de que había una mujer fatal en mí», comentó Bárbara. «Pero acudí a algunas citas y descubrí que pude impresionar al menos a uno o dos de los hombres con quienes salí. En realidad ninguno de ellos era adecuado para mí, y no creo que yo estuviera lista todavía. Pero fue una sorpresa agradable y me dio una idea completamente nueva de lo que tenía para ofrecer».

Entra en contacto con personas que puedan compartir algunos de tus intereses especiales, así como con personas cuyos intereses se extiendan más allá de los tuyos. ¿Y qué si el romance no está en las cartas? Puedes hacer un amigo, un contacto profesional o simplemente tener un encuentro interesante.

«Una de mis nuevas amigas tiene un gran sentido del humor y encuentra divertido todo lo que digo», dijo Keaton. «Se ríe casi de todo lo que expreso. Y provoca que yo sea aún más divertido. Descubrí que uno de mis alter egos es un comediante, excepto que soy mejor cuando lo hago improvisadamente».

Una precaución. Cuando estableces contacto con alguien, llega a suceder que tu niño interior se vuelve impaciente y demandante. El niño exterior puede pedirte que te enganches a la primera persona que aparezca. Evita aferrarte a alguien en este momento. Simplemente haz contacto con la mayor cantidad de personas posible para aprovechar al máximo las oportunidades de descubrir tu yo emergente.

Acción 3: Sincerarse

Sincerarse significa encontrar a alguien con quien puedas ser abierto, alguien con quien puedas compartir tus sentimientos, tu rompimiento y, lo que es más importante, cómo tú has contribuido a tus relaciones fallidas.

Tu objetivo de ser sincero es doble: asumir la responsabilidad en las dificultades que puedas tener y descubrir el tipo de aceptación que una relación humana ofrece.

Mis clientes suelen preguntar «¿Qué sucede si no puedo encontrar a alguien en quien pueda confiar?».

De hecho, hay muchas personas dignas de tu confianza que, si se lo pides, te escucharán sin prejuicios y no intentarán componer las cosas ni darte consejos. En efecto, hay personas que corresponderán compartiendo sus propias debilidades. ¿Por qué no probar con un viejo amigo, un amigo nuevo o la persona con la que estás saliendo ahora?

Si en este momento no hay nadie en tu vida en quien puedas confiar, tu tarea es salir y encontrarlo. Sí existe.

Cuando una persona se sincera con otra, atraviesa la barrera de la vergüenza, exponiendo sus miedos e inseguridades más profundos.

Una semana Holly lo hizo en una sesión grupal de recuperación a partir del abandono:

No sabía qué estaba haciendo mal, pero he tenido problemas para entablar una relación. Hasta ahora, me daba vergüenza admitir que he estado teniendo problemas. Ahora me doy cuenta de que cualquiera que haya pasado por el tipo de crisis por la que pasé tendría los mismos problemas. Solía pensar que había algo en mí que hacía que la gente quisiera huir. Pero ahora sé que no se trata de si soy digna o no. No se trata de mí, se trata de lo que me pasó. Soy digna, sola o acompañada. Tengo mucho amor para dar y eso me hace valiosa.

La sinceridad de Holly la ayudó a renunciar a una fachada que había mantenido durante años. Ser honesta sobre sus miedos reales le permitió convertirse en su verdadera yo. Había renunciado a su falsa alegría y la había cambiado por una profundidad genuina de sentimientos y vulnerabilidad.

«La primera vez que le conté a alguien cómo me sentía», dijo Keaton, «me sentí extremadamente vulnerable, pero cuando sentí que la otra persona me aceptaba, me sentí libre. Era casi como si hubiera estado llevando una doble vida. Finalmente, me sentí aceptado por lo que realmente soy, con verrugas y todo».

Si has estado utilizando el inventario del niño exterior, tienes algunas ideas específicas sobre los comportamientos que han interferido en tus relaciones. Para muchos, esto facilita el trabajo.

«Cuando le cuento a la gente acerca de algunos de los rasgos de mi niño exterior», expuso Sanford, «le encanta. Se dan cuenta de la idea y se divierten al ofrecer voluntariamente los rasgos de su propio niño exterior. Se inicia un gran intercambio».

A medida que hagas saber a otros sobre tu niño exterior, puedes expresar las necesidades de tu *niño interior* con más facilidad. Sin la carga de las defensas de Exterior, puedes ser más honesto y estar presente emocionalmente. A medida que sigas aclarando tus relaciones, el niño abandonado se libera de la esclavitud del secreto. Los talleres de recuperación a partir del abandono son un lugar seguro para practicar la sinceridad. Pero para sentir los beneficios reales, intenta compartir abiertamente con al menos tres personas fuera de tu grupo de apoyo.

Compartir con más de una persona asegura que reveles diferentes aspectos de tu honestidad emocional y obtengas una variedad de respuestas. Si te muestras sincero con una sola persona, puedes llegar a pensar en la experiencia de sinceridad como una excepción a la regla, en lugar de una capacidad recién desarrollada para ser emocionalmente honesto con los demás.

Ser rigurosamente honesto contigo mismo y con otras personas selectas purifica tu herida de abandono. Una vez que seas capaz de romper el secreto de la vergüenza, la curación comienza en un nivel más profundo.

Acción 4: Incorpora tu alter ego a tu ego: conviértete en tu yo más elevado

«Descubrí que mi yo superior en realidad era una persona amorosa y cariñosa», comentó Jay. «Estaba conociendo a esta mujer que estaba en mi grupo empresarial. Ella acababa de ser diagnosticada con una enfermedad ósea degenerativa. Tenía tres hijos pequeños y se estaba volviendo muy difícil para ella funcionar. Un cambio tan desafortunado para una persona tan agradable».

«Hice todo lo posible por ayudarla. Me peleé con su compañía de seguro médico y aseguré sus beneficios financieros. Incluso ayudé a su esposo a conseguir un mejor trabajo. Ni se enteró de la mitad de las cosas que hice por ella. Cuando la ayudé, descubrí un Jay completamente nuevo».

A medida que sigas buscando actividades nuevas y compartiendo tus sentimientos honesta y abiertamente, comenzarás a darte cuenta de tu capacidad de crecimiento en muchos niveles. Con un mayor reconocimiento de tus capacidades y necesidades como persona, puedes establecer nuevos estándares para ti y nuevas expectativas para las relaciones venideras. Te estás convirtiendo en tu yo superior.

«Lo que realmente me convenció de que estaba cambiando», continuó Jay, «fue cuando mi hijo mayor rompió con su novia. Andaba por los suelos, pero no tenía la costumbre de compartir sus sentimientos conmigo, su padre. El viejo Jay no habría sabido responder. El nuevo Jay estaba decidido a hacerlo hablar. Realmente quería al chico, y quería que lo supiera y apoyarlo. ¡Voilà! ¡De repente estaba actuando como un padre cariñoso! Desearía que alguien hubiera estado allí para mí de esa manera cuando pasé las de Caín por todas las cosas que hice cuando niño o cuando estaba sufriendo por mi rompimiento con Carlotta. Pero al menos podía estar allí para mi propio hijo. Ahora quiero practicar este nuevo Jay con una mujer. Estoy listo para una relación real».

Acción 5: Comparte tu yo superior con otros

Para aquellos que han hecho de la búsqueda de su alma gemela un objetivo principal, es importante evitar a las personas que podrían incitarlos a volver a los viejos patrones.

«Conocí a este tipo», dijo Roberta, «que era espectacular. Era dueño de un puerto deportivo y vivía en una barcaza que él mismo diseñó. Tenía un gusto exquisito y mucho dinero para expresarlo. Para la quinta o sexta cita, aunque yo estaba dando a Pequeña apoyo adicional, tuve que hacer un gran esfuerzo para no posponerla, tratando de complacerlo —una receta para la miseria—. Lo que necesitaba era sentirme cómoda, no impresionada de manera perpetua, lo suficientemente cómoda como para sentirme impresionada conmigo misma. Pensé, si tan solo pudiera encontrar a alguien con quien me sintiera tan cómoda como me siento con John. Entonces, eso me dio una nueva idea sobre John».

Al igual que en el caso de Roberta, tu objetivo es una relación basada en beneficios emocionales sustanciales, como la confianza y la comodidad, en lugar de un nivel emocional que aumente tu autoestima por extensión. Estás buscando a alguien que pueda complementar la sustancia y la sensibilidad que has adquirido a través de tu experiencia.

«Le dije a Roberta que tenía sentimientos muy fuertes por ella», dijo John. «Admití que se sentía como si estuviera estableciendo nuevamente una relación, buscando un amor que estaba fuera de mi alcance, que este era solo mi viejo patrón otra vez. Pero me preocupaba por ella y quería explicárselo, de cualquier forma. También sabía cómo cuidarme —Grande a Pequeño—. "Siento algo por ti", le dije. "Sin ataduras. Si respondes, respondes. Si no lo haces, puedo cuidarme solo. Pero dale un poco de tiempo. Sin prisa. Si funciona, bien. Si no, entonces significa que es mejor así"».

Darle una oportunidad al amor es la lección de la Acción 5. Para hacerlo, debes rendirte a las pérdidas del pasado. Acéptate como eres. Tienes una constelación única de sentimientos y talentos. Nadie más puede juzgarte o dirigir el curso de tu vida. Tu tarea es honrarlo todo. Trae todo lo que eres al momento presente. No ganas nada defendiéndote de tus sentimientos de vulnerabilidad, deseando que se vayan o culpándote por tenerlos. La vulnerabilidad, la duda y la vergüenza que surgen de tu pasado son parte de tu verdad personal tanto como lo son tus talentos y logros. Vale la pena compartirlos y pueden ser la razón por la que alguien nuevo se sienta cómodo contigo. La clave es permanecer abierto y nutrir tus propias necesidades y sentimientos en lugar de esperar que alguien más los resuelva.

En el tipo de relación que estás buscando, puedes llevar tu vulnerabilidad abiertamente, sin vergüenza. Mantente abierto también a los miedos, necesidades y vulnerabilidades básicos de tu pareja. Sus niños interiores deben ser amables y aceptarse mutuamente.

«He decidido esta vez que no me rendiré», advirtió Roberta. «Ayuda que John esté dispuesto a aceptar toda la responsabilidad por sus sentimientos. Incluso admite que puede ser poco saludable para él buscar a alguien cuyos sentimientos no sean recíprocos. Pero John me gusta como persona. Respeto su honestidad. Conoce casi todas mis vulnerabilidades, y yo conozco las suyas. Nos sentimos muy cómodos el uno con el otro. Mis valores están cambiando. Estoy buscando cosas diferentes en la vida ahora. Sé lo que es el amor. Mi gran pregunta es: ¿ya me ha encontrado y todavía no puedo verlo? He decidido quedarme y averiguarlo».

Todos estamos mirando al amor a la cara casi a cada momento. Muchos de nosotros incluso podemos pensar que ya lo hemos encontrado. Sin embargo, ya sea que hayamos encontrado una relación o no, siempre hay mucho más amor por recibir en las relaciones que ya tenemos y en las que estamos creando.

El secreto para volver a conectarse es apreciar el regalo que el abandono te ha dado, permanecer abierto a tus puntos débiles y a las vulnerabilidades de los demás. Mantener el contacto emocional crea un puente hacia las relaciones verdaderas.

NOTA

[1] El concepto de *alter ego* (que literalmente significa «otro ojo») se remonta a Cicerón, para referirse a «otro» o «segundo» yo.

Coda: Teatro del absurdo

¿QUÉ sería lo opuesto al secreto y al silencio del abandono? ¡Por qué no hacerle un desfile!

EL DESFILE ANUAL DEL DÍA DEL ABANDONO

Todas las personas en este desfile imaginario serían sobrevivientes del abandono; todas llevarían la insignia de los heridos. Son nuestros *compañeros de abandono*.

Al principio, verías lo que pareciera ser un grupo irregular de personas que marchan por Main Street. Pero entre los miles habría individuos exquisitamente vestidos, con una postura perfecta e indudablemente fuertes. Sentirías dignidad y triunfo, en particular de los más heridos, que llevan las pancartas. Estos son los héroes del desfile. La increíble apertura, profundidad y humanidad de los manifestantes hace llorar a la multitud.

Justo detrás del Gran Mariscal de los Más Heridos, que lleva la batuta, están las personas en silla de ruedas. Son aquellos cuyas historias emocionales los han dejado tan profundamente afectados que tienen dificultades para formar relaciones primarias. Muchos de ellos viven sus vidas solos. Sus heridas están ocultas, pero se les ha otorgado el corazón púrpura del abandono.

Justo detrás de ellos están aquellos que han sido abandonados recientemente. Deben ser transportados en carrozas ya que están demasiado doloridos como para caminar. Las carrozas llevan a estos miles de corazones rotos a través de las multitudes llenas de admiración y respeto.

Detrás de los recién abandonados vienen multitudes de personas a pie, muchas de ellas con muletas o abrazándose. Estos son los sobrevivientes de abandono infantil cuyas vidas adultas han sido afectadas por el miedo al abandono. Muchos de ellos están atados a las personas equivocadas, demasiado temerosos de dejar ir la poca seguridad que tienen. Otros han conocido la agitación emocional de estar constantemente dentro y fuera de las relaciones.

Muchas de las personas al margen no están seguras de por qué aplauden y animan a los manifestantes, pero el espíritu de los manifestantes los hace llorar. Algunos de ellos están casi listos para unirse al desfile para celebrar sus propias heridas. Otros son más reacios a ponerse en contacto, no están dispuestos a sacar su dolor del silencio. Todavía tienen que descubrir que el sitio de la herida más profunda es el sitio de la mayor curación.

Algunas personas en las orillas esbozan una lágrima. Son conscientes de su propio dolor, pero quieren conservar su opción de abandonar a los demás. Todavía no están listas para tomar una posición contra el abandono, para denunciarlo como una práctica inaceptable. Algunas de ellas podrían cambiar. Quizá se unan al desfile el año que viene.

Parados fuera de la vista están los lastimadores mismos. Muchos de ellos se han detenido momentáneamente para observar el desfile desde la distancia, preguntándose si tal vez les falta algo, algo que los manifestantes parecen poseer. Otros incluso tienen pensamientos fugaces de que podría haber algo gravemente mal en su interior que les permite infligir tanto dolor a los demás.

Los abandonadores expertos evitan el desfile por completo y continúan con sus asuntos, ajenos al dolor que han infligido a quienes los han amado. Paradójicamente, muchos de ellos fueron abandonados, pero la experiencia los dejó intolerantes, adormecidos e insensibles, en lugar de ser más compasivos.

En la línea de llegada, los grandes mariscales y abanderados se entremezclan en la noche. Esta es la oportunidad para que los más heridos se conozcan. Muchos sindicatos permanentes nacen aquí. Las personas descubren mutuamente la amabilidad de los demás y se niegan a dejarse llevar por los estigmas. Prometen curarse mutuamente a través de relaciones amorosas. Se convierten en *personas que han sido abandonadas*. Poseen la capacidad de una profunda lealtad y devoción, decididos a nunca abandonarse mutuamente. Es el mayor regalo de amor que pueden ofrecer al otro: liberarse del miedo.

Se ha encontrado el antídoto contra el abandono: el compromiso con el amor.

Agradecimientos

Estoy agradecida con los sobrevivientes del abandono de todo el mundo que contribuyeron a este libro. Llegaron a través de mi sitio web, medios sociales y apartado de correo para compartir sus historias y dirigirse a una comunidad de sanación. Me escribieron desde prisiones, universidades, hospitales y hogares privados para describir cómo el trauma de abandono ha afectado su vida y lo que les falta por vivir. Gracias a mis clientes y a los miembros de los talleres, por compartir sus temores más profundos y sus mayores esperanzas e inspirar a otros con su capacidad para recuperarse y crecer. Sus respuestas abiertas y honestas a los trabajos intrincados del programa les ayudaron a desarrollarse y crecer, y formaron las bases para una edición revisada.

Gracias a Esalen, Kripalu, Breitenbush y el New York Open Center por dar cabida a los talleres en sus hermosos y pacíficos escenarios y por todo lo que hacen para nutrir y facilitar nuestro proceso compartido. Gracias a todos aquellos que están dirigiendo grupos de abandono en sus comunidades y en Skype. Julie Dunn y Barbara Beatson, ¡son un regalo!

Gracias a Peter Yelton, mi gurú del abandono. Profundo y profético, Peter me permitió usar su sabiduría libremente, indiferente a recibir crédito. En muchos lugares he usado sus palabras exactas. Lo que más le importa es la experiencia de vida y las relaciones humanas: las prioridades de un verdadero erudito.

Estoy agradecida con Susan Golomb por abogar por este proyecto desde el inicio y encontrar el hogar perfecto para él; con Teresa Kennedy, quien me ayudó a encontrar a Susan Golomb;

con Lisa Considine, cuya visión pionera y guía lograron hacer realidad el proyecto de un libro innovador, y con Krista Ingebretson por su ayuda invaluable. Gracias a mi equipo actual en Berkley: a Andie Avila, quien me guio con su experiencia, gracia y calma a través del proceso de revisión; a Susan Allison por su visión, y a Pamela Barricklow, Lara Robbins, Kathy Smundak y Danielle Stockley por sus labores intensivas en nombre del manuscrito.

Una dedicatoria especial a Carrie, quien tuvo todo el amor y afecto que cualquier niño podría desear. Me motivó a ir más allá de mi propio campo, buscando los recovecos de la ciencia del cerebro, la antropología y la filosofía para tratar de comprender por qué se abandonaba a sí misma de manera inadvertida.

Gracias al doctor Robert Gossette, mi mentor en investigación, que me sugirió materiales innovadores y me enseñó cómo poner en duda muchas conclusiones no corroboradas, en particular las mías, y a Spencer Petticrew-Shawcross por las grandes partes que requirieron una edición meticulosa de la bibliografía y las notas finales.

Gracias al doctor en medicina Richard Robertiello, por compartir su experiencia y apoyar este libro; a Barbara Allis, doctora en medicina, por esclarecer algunas de las partes neurobiológicas; a Carolyn Hasler, de la Biblioteca Pública Huntington, por localizar las referencias difíciles de encontrar; a Edward Kannel y Fred Brockman de la secundaria Pearl River por alentar mi escritura desde el principio; a Hannah Merker, del gremio de escritoras IWWG, y a mi grupo de escritura por mantenerme en marcha; a Mayumi Hayashi por ayudar con el concepto de *Akeru;* a Marcia Gerardi, mi intrépida fotógrafa, y a Monica Mohan, cuyos milagros de retoque revirtieron el proceso de envejecimiento.

En cuanto a mi sitio web, www.abandonmentrecovery.com, gracias a Michele Monteforte por su grandioso arte gráfico y diseño web original. Por www.outerchild.net, gracias a Patrick Lupinski por sus gráficos web creativos e imaginativos y su paciencia con mis fallos en la computadora, y a Vernon McAuley por donar sus dibujos «Sticks and Stones», que usan una línea y un punto para expresar el sutil matiz de la emoción y el gesto. Gracias a Amy Michelin por su conceptualización y escritura puntuales en su lanzamiento de mis sitios de redes sociales, y a Lara Goodman, de LMSW, que llega a todo el mundo para correr la voz. Su dedicación al proyecto de recuperación a partir del abandono, asistencia constante, visión clínica y presencia calmante me mantienen en marcha. Gracias a Tyler Jordan por su magia de toda la vida como webmaster, y a Doug Khazzam, que usa una capa y aparece de la nada para rescatarme de las interminables crisis informáticas.

Gracias a mi hijo, Adam, y mi hija, Erika, por su constante amor y conexión, y por darme el propósito de mi vida; a mi padre, Dexter Griffith, por imbuirme de determinación creativa; y a mi madre, Barbara Griffith, por su calmante faro de apoyo. Un profundo aprecio a Paul Cohen, el viento bajo mis alas, por dejarme el legado de su amor y sus hijos, Alex, Jesse, Mark y Laura Cohen, y sus nietos, Paul y Luciana. Gracias a mi hermana, Marcia Gerardi, y a mis hermanos, Dexter y Robert Griffith, por estar siempre ahí para mí; a sus compañeros, Mark Gerardi, Randy Davis y Karen Griffith, y a los primos, Jessica Gerardi y Kristi, Dylan y Bryan Griffith. Gracias a Jill Mackey, Amy Wapner, Carole Ann Price, Pat Malone, Gina Hoffman, Celeste Carlin, Donna Carson, Dede Olsen, Fran Friedman, Florence McManus, Dilys Purdy, Edith Drucker, Linda Whol, Pat Dennis, Edith Winker y Debra Greenwood. Y gracias a TK's Galley, mi café favorito junto al agua, y a TK Knutson, Rigo, Sheila, Holly, Frances y la pandilla por aguantar mi parafernalia de escritura en mi pequeña mesa en la esquina.

SUSAN ANDERSON, 2 DE SEPTIEMBRE DE 2013.

Bibliografía

Algunas de las siguientes referencias son para lectores legos, algunas son trabajos académicos dirigidos a profesionales y otras son novelas que recomiendo a los clientes para ayudarlos a identificar sus sentimientos. En algunas áreas he incluido dos trabajos sobre el mismo tema que representan diferentes posiciones en un debate teórico en curso.

Ackerman, Diane, *A Natural History of Love,* Nueva York, Vintage Books, 1995 [*Una historia natural del amor,* Barcelona, Anagrama, 2000].

_____, *A Natural History of the Senses,* Nueva York, Random House, 1990.

_____, «Attachments and Other Affectional Bonds across the Life Cycle», *Attachments across the Life Cycle,* Nueva York, Routledge, 1991.

Ainsworth, Mary D.S., «Infant-Mother Attachment», *American Psychologist* 43, 1979.

Amodeo, John y Charles Whitfield, *Love and Betrayal,* Nueva York, Ballantine Books, 1994 [*Amor y traición,* España, Desclée de Brouwer, 2001].

Anderson, Susan, *The Abandonment Recovery Workbook: Step-by-Step Guidance through the Five Stages of Abandonment, Heartbreak, and Loss,* Nueva York, Rock Foundations Press, 2013.

_____, *Black Swan, The Twelve Lessons of Abandonment Recovery*, Nueva York, Rock Foundations Press, 1999 [*Cisne negro: Doce lecciones para recuperarse del abandono*, Barcelona, Obelisco, 2007].

_____, *Taming Your Outer Child: A Revolutionary Program to Overcome Self-Defeating Patterns*, Nueva York, Ballantine Books, 2011.

Andre, Rae, *Positive Solitude*, Nueva York, HarperCollins, 1991.

Balconi, M., y C. Ferrari, «Repeated Transcranial Magnetic Stimulation on Dorsolateral Prefrontal Cortex Improves Performance in Emotional Memory Retrieval as a Function of Level of Anxiety and Stimulus Valence», *Psychiatry and Clinical Neurosciences* 67, 2013.

Balint, Michael, *The Basic Fault: Therapeutic Aspects of Regression*, Evanston, Northwestern University Press, 1992 [*La falta básica: Aspectos terapéuticos de la regresión*, Barcelona, Paidós Ibérica, 2005].

Barohn, Ellen, «Journaling: When the Pen Really Can Be Mightier», *Newsday*, 19 de marzo de 2002.

Baumeister, Roy F. y Mark R. Leary, «The Need to Belong: Desire for Interpersonal Attachments as a Fundamental Human Motivation», *Psychological Bulletin*, 1995.

Beattie, Melody, *Codependent No More*, Center City, Hazelden, 1987 [*Ya no seas codependiente*, México, Nueva imagen, 2018].

Beck, Aaron, *Anxiety Disorders and Phobias*, Nueva York, Basic Books, 1990 [*Trastornos de ansiedad y fobias*, Málaga, Desclée de Brouwer, 2014].

Benton, David y Paul F. Brain, «The Role of Opioid Mechanisms in Social Interaction and Attachment», *Behavioral Processes* [R.J. Rodgers y S.J. Cooper, eds.], Nueva York, Wiley, 1988.

Blakeslee, Sandra, «Placebo Prove So Powerful Even Experts Are Surprised», *The New York Times*, 13 de octubre de 1998.

Boggs, Will, «Mystery of Permanent Memory Revealed» *Reuters*, 16 de mayo de 2001.

Boraud, Thomas, P. Brown, J. Goldberg, A. Graybiel y P. Magill, «Oscillations in the Basal Ganglia», *The Basal Ganglia VIII* [J.P. Bolman, C. Ingham y P. Magill, eds.], Nueva York, Springer Science and Business Media, 2005.

Boss, Pauline, *Ambiguous Loss: Learning to Live with Unresolved Grief,* Cambridge, Harvard University Press, 1999 [*La pérdida ambigua: Como aprender a vivir con un duelo no terminado,* Bercelona, Gedisa, 2001].

Bowen, Murray, *Family Therapy,* Nueva York, Aronson, 1978 [*La terapia familiar en la práctica clínica,* Bilbao, Desclée de Brouwer].

Bowlby, John, «The Nature of the Child's Tie to His Mother», *International Journal of Psychoanalysis* 39, 1958.

_____, *Loss: Sadness and Depression; Attachment and Loss, III,* Basic Books, 1982 [*La pérdida. El apego y la pérdida, 3,* Barcelona, Paidós].

Bradshaw, John, *Healing the Shame That Binds You,* Deerfield Beach, Health Communications, 1988 [*Sanar la vergüenza que nos domina,* Barcelona, Obelisco, 2006].

_____, *Homecoming: Reclaiming and Championing Your Inner Child,* Bantam Doubleday Dell, 1992 [*Volver a casa: Recuperación y reivindicación del niño interior,* Móstoles, Madrid, Gaia, 2015].

Branden, Nathaniel, *Honoring the Self,* Nueva York, Bantam Books, 1983 [*El respeto hacia uno mismo,* México, Paidós, 2011].

Cahill, Larry, «MRIs Reveal Possible Source of Woman's Super-Memory», 28 de enero de 2009.

Capitanio, John, Michael Weissberg y Martin Reite, «Biology of Maternal Behavior», *Psychobiology of Attachment and Separation* [Martin Reite y Tiffany Field, eds.], San Diego, Academic Press, 1986.

Carson, James, F. Keefe, T. Lynch *et al.*, «LovingKindness Meditation for Chronic Low Back Pain», *Journal of Holistic Nursing* 23, 2005.

Cheever, Susan, «Mystery of Love: What's Oxytocin Got?», *Newsday*, 12 de marzo de 2003.

Chodron, Pema, *When Things Fall Apart*, Boston, Shambhala, 1997 [*Cuando todo se derrumba*, Móstoles, Gaia, 2015].

Clemes, H.C. y Reynold Bean, *How to Raise Children's Self-Esteem*, Nueva York, Price Stern Sloan, 1978 [*Cómo desarrollar la autoestima en los niños*, México, Debate, 2001].

Cloninger, Robert, «A Unified Biosocial Theory of Personality and Its Role in Anxiety States», *Psychiatric Development* 4, núm. 3, 1986.

Coe, Christopher, Sandra Wiener, Leon Rosenbert y Seymour Levine, «Endocrine and Immune Response to Separation and Maternal Loss in Nonhuman Primates», *The Psychobiology of Attachment and Separation* [Martin Reite y Tiffany Field, eds.], San Diego, Academic Press, 1985.

Colin, Virginia A., *Human Attachment*, Filadelfia, Temple University Press, 1996.

Coopersmith, Stanley, *The Antecedents of Self-Esteem*, San Francisco, Freeman, 1967.

Damasio, Antonio, *Descartes' Error: Emotion, Reason, and the Human Brain*, Nueva York, Grosset/Putnam, 1994 [*El error de Descartes: La emoción, la razón y el cerebro humano*, México, Booket Paidós, 2019].

Davidson, Richard, «Cultivating Compassion: Neuroscientific and Behavioral Approaches», 2010.

Debied, Macek y Joseph LeDoux, «Noradrenergic Signaling in the Amygdala Contributes to the Reconsolidation of Fear Memory: Treatment Implications for PTSD», *Psychobiology of Posttraumatic Stress Disorder* Rachel [Yehuda, ed.], Boston, Blackwell, 2006.

DeCasper, A.J. y W.P. Fifer, «Of Human Bonding: Newborns Prefer Their Mother's Voices», *Science* 208, núm. 4448, 1980.

De Stano, David, «The Morality of Meditation», *The New York Times*, 2013.

Doidge, Norman, *The Brain That Changes Itself*, Nueva York, Penguin, 2007.

Duhigg, Charles, *The Power of Habit*, Nueva York, Random House, 2012 [*El poder de los hábitos*, Nueva York, Vintage Español, 2019].

Dutton, Donald G., «The Neurobiology of Abandonment Homicide», Vancouver, University of British Columbia, 21 de mayo de 2001.

Edelman, Hope, *Motherless Daughters*, Nueva York, Delta, 1974.

Ekman, Paul, «Facial Expressions of Emotion: New Findings, New Questions», *Psychological Science* 3, núm. 1, 1992.

Eysenck, J.J., «Anxiety, Learned Helplessness and Cancer», *Journal of Anxiety Disorders* 1, 1987.

Field, Tiffany, «Attachment as Psychobiological Attunement: Being on the Same Wavelength», *The Psychobiology of Attachment and Separation*, San Diego, Academic Press, 1985.

Flach, Frederic, *The Secret Strength of Depression*, Nueva York, Bantam, 1988 [*La fuerza secreta de la depresión*, México, Lasser Press Mexicana, 1981].

Fox, Maggie, «The Brain Can Produce Antidepressants with the Right Signal, a Finding That Suggests That Meditation or Going to Your Happy Place Truly Works», *Science News*, octubre de 2008.

_____, «Mice Overcome Fear, Depression with Natural Prozac», *Science News*, 10 de octubre de 2008.

Fox, Nathan A., «Behavioral Antecedents of Attachment in High-Risk Infants», *The Psychobiology of Attachment and Separation* [Martin Reite y Tiffany Field, eds.], San Diego, Academic Press, 1985.

Frankl, Viktor, *Man's Search for Meaning*, Nueva York, Pocket Books, 1984 [*El hombre en busca de sentido*, Barcelona, Herder, 2015].

Freud, Sigmund, *Mourning and Melancholia*, 1917.

Frewen, Paul y Ruth Lanius, «Toward a Psychobiology of Post-traumatic Self-Dysregulation, Reexperiencing, Hyperarousal, Dissociation, and Emotional Numbing», *Psychobiology of Posttraumatic Stress Disorder* [Rachel Yehuda, ed.], Boston, Blackwell, 2006.

Friday, Nancy, *My Mother/My Self*, Nueva York, Delacorte Press, 1977.

Fromm, Eric, *The Art of Loving*, Nueva York, HarperCollins, 1989 [*El arte de amar*, México, Paidós, 2014].

Fromme, Allan, *The Ability to Love*, Nueva York, Pocket Books, 1965.

Gautam, Sandeen, «The Faculty of Imagination: Neural Substrates and Mechanisms», *Science*, 5 de junio de 2007.

Gershon, Michael D., *The Second Brain*, Nueva York, HarperCollins, 1998.

Ginott, Haim, G., *Between Parent and Child*, Nueva York, Avon Books, 1969 [*Entre padres e hijos*, Barcelona, Médici, 2005].

Gladwell, Malcolm, «Do Parents Matter?», *The New Yorker,* 17 de agosto de 1998.

Glover, Dorie, «Allostatic Load in Women with and without PTSD Symptoms», *Psychobiology of Posttraumatic Stress Disorder* [Rachel Yehuda, ed.], Boston, Blackwell, 2006.

Goleman, Daniel, *The Brain and Emotional Intelligence: New Insights,* North Hampton, More Than Sound, 2011 [*El cerebro y la inteligencia emocional: Nuevos descubrimientos,* Barcelona, B de Bolsillo, 2018].

_____ , *Destructive Emotions: A Scientiflc Dialogue with the Dalai Lama,* Nueva York, Bantam Dell, 2003 [*Emociones destructivas,* Buenos Aires, Vergara, 2006].

_____ , *Emotional Intelligence,* Nueva York, Bantam Books, 1995 [*La inteligencia emocional,* México, Ediciones B, 2018].

_____ , *Social Intelligence,* Nueva York, Bantam Dell, 2006.

Gordon, Sol, *When Living Hurts,* Nueva York, Dell, 1983.

Gossette, Robert L. y Richard M. O'Brien, «The Efficacy of Rational Emotive Therapy in Adults: Clinical Fact or Psychometric Artifact?», *Journal of Behavior Therapy and Experimental Psychiatry* 23, núm. 1, 1992.

_____ , «Irrational Beliefs and Maladjustment: When Are Psychometric Effects Clinically Meaningful?», ponencia presentada en la Convención de la American Psychological Association de 1990, Boston, Massachusetts, 11 de agosto de 1990.

Graybiel, Ann, e Y. Kubota, «Understanding Corticobasal Ganglia Networks as Part of a Habit Formation System», *Mental and Behavioral Dysfunction in Movement Disorders* [M.A. Bedard, Y. Agid, S. Chouinard, S. Fahn, A.D. Korczyn y P. Lesperance, eds.], Totowa, Humana Press, 2003.

Greene, Bob y Oprah Winfrey, *Make the Connection: Ten Steps to a Better Body and Mind,* Nueva York, Hyperion, 1999 [*Conéctese:*

Diez pasos para tener un cuerpo y una mente mejores, México, Diana, 2000].

Hahn, Thich Nhat, *The Miracle of Mindfulness*, Londres, Rider, 2008 [*El milagro de mindfulness*, Barcelona, Oniro, 2007].

Hall, Joseph, «Erasing Traumatic Memory Possible, Researchers Say» *TheStar/ScienceTech*, 12, marzo de 2009.

Hall, Stephen S., «Our Memories, Our Selves», *The New York Times Magazine*, 15 de febrero de 1998.

Harris, Judith, *The Nurture Assumption: Why Children Turn Out the Way They Do*, Nueva York, Free Press, 1998.

Hart, Louise, *The Winning Family*, Nueva York, Dodd, Mead, 1987 [*Para ser una familia ganadora*, Plural, 1993].

Hartmann, Heinz, *In Search of Self, In the Service of Others: Reflections of a Retired Physician on Medicine, the Bible and the Jews*, Amherst, Prometheus Books, 1988.

Hassabis, Demis, Dharshan Kumaran y Eleanor Maguire, «Using Imagination to Understand the Neural Basis of Episodic Memory», *Journal of Neuroscience*, 26 de diciembre de 2007.

Healy, David, *The Antidepressant Era*, Cambridge, Harvard University Press, 1997.

Hendrix, Harville, *Getting the Love You Want*, Nueva York, Henry Holt, 1988 [*Conseguir el amor de su vida*, Barcelona, Obelisco, 1997].

Herman, Judith Lewis, *Trauma and Recovery*, Basic Books, 1992.

Hobson, J. Allan, *The Dreaming Brain*, Nueva York, Basic Books, 1988.

Hoffman, Howard, *Amorous Turkeys and Addicted Ducklings: A Search for the Causes of Social Attachment*, Boston, Authors Publishing Cooperative, 1994.

Hölzel, B.K., J. Carmody, K.C. Evans *et al.*, «Stress Reduction Correlates with Structural Changes in the Amygdala», *Social Cognitive and Affective Neuroscience* 5, núm. 1, 2010.

Hölzel, B.K., J. Carmody, M. Vangel *et al.*, «Mindfulness Practice Leads to Increases in Regional Brain Gray Matter Density», *Psychiatry Research* 191, núm. 1, 2011.

Hofer, Myron, «An Evolutionary Perspective on Anxiety», *Anxiety as Symptom and Signal* [S. Roose y R. Glick, eds.], Hillsdale, Analytic Press, 1995.

_____, «Hidden Regulators: Implications for a New Understanding of Attachment, Separation, and Loss», *Attachment Theory: Social, Developmental and Clinical Perspectives* [S. Goldberg, R. Muir y J. Kerr, eds.], Hillsdale, Analytic Press, 1995.

Hurnard, Hannah, *Hind's Feet in High Places*, Carol Stream, Living Books, 1975 [*Pies de ciervas en los lugares altos*, Barcelona, Clie, 2008].

Iacoboni, Marco, *Mirroring People: The New Science of How We Connect with Others*, Nueva York, Farrar, Straus and Giroux, 2008.

Johansen-Berg, H., D. Gutman, T. Behrens *et al.*, «Anatomical Connectivity of the Subgenual Cingulate Region Targeted with Deep Brain Stimulation for Treatment-Resistant Depression», 2007.

Kabat-Zinn, Jon, *Full Catastrophe Living*, Nueva York, Delta, 1990.

Kabat-Zinn, Jon y Richard Davidson, *The Mind's Own Physician: Scientific Dialogue with the Dalai Lama on the Healing Power of Meditation*, Oakland, New Harbinger, 2011.

Kagan, Jerome, *Galen's Prophecy: Temperament in Human Nature*, Nueva York, Basic Books, 1994.

_____, *The Nature of a Child*, Nueva York, Basic Books, 1984.

Kandel, Eric, *Essentials of Neural Science and Behavior*, Norwalk, Appleton and Lange, 1995 [*Neurociencia y conducta*, Madrid, Pearson, 2008].

Kandel, Eric, James Schwartz y Thomas Jesse (eds.), *Principles of Neural Science,* Norwalk, Appleton and Lange, 1992.

Karten, Yashmin J.G., Ana Olariu y Heather A. Cameron, «Stress in Early Life Inhibits Neurogenesis in Adulthood», *National Institute of Mental Health,* 2005.

Kelly, D.D., «Stress-Induced Analgesia», *Annals of the Nueva York Academy of Sciences,* 1986.

Kernberg, O., *Borderline Conditions and Pathological Narcissism,* Northvale, Aronson, 1975.

Kiecolt-Glaser, J.K., L.D. Fisher, P. Ogrocki *et al.,* «Marital Quality, Marital Disruption, and Immune Function», *Psychosomatic Medicine* 49, núm. 1, 1987.

Kirsch, Irving, «Reducing Noise and Hearing Placebo More Clearly», *Prevention and Treatment* 1, 1998.

Kirsch, Irving y Guy Sapirstein, «Listening to Prozac but Hearing Placebo: A Meta-Analysis of Antidepressant Medication», *Prevention and Treatment* 1, 1998.

Kirsten, Grace Elish y Richard C. Robertiello, *Big You Little You: Separation Therapy,* Nueva York, Dial Press, 1977.

Klein, D.F., «Listening to Meta-Analysis but Hearing Bias», *Prevention and Treatment,* 1998.

Klein, Donald, «Anxiety Reconceptualized», *Anxiety: New Research and Changing Concepts* [Donald Klein y Judith Rabkin, eds.], Filadelfia, Raven Press, 1981.

Klein, Melanie, *Love, Guilt, and Reparation and Other Works 1921–1945,* Nueva York, Free Press, 1984.

_____ , «On the Theory of Anxiety and Guilt», *Envy and Gratitude and Other Works 1946–1963,* Nueva York, Delacorte Press, 1975.

Kliman, Gilbert, «Toward a Unifying Theory of Post-Traumatic Stress Disorder: Integrating Data... Memory, Symptom Formation,

Physiology, Cerebral Imaging, Psychoanalytic Findings and Evolutionary Theory», *American Academy of Psychoanalysis and Psychodynamic Psychiatry*, 3 de mayo de 2008.

Kodis, Michele, David T. Moran y David Berliner, *Love Scents: How Your Pheromones Influence Your Relationships, Your Moods, and Who You Love*, Nueva York, Dutton, 1998.

Kohut, H., *The Restoration of the Self*, Madison, International Universities Press, 1977 [*La restauración del sí mismo*, Barcelona, Paidós, 2001].

Koman, Aleta, *How to Mend a Broken Heart*, Raleigh, Contemporary Publishing, 1997.

Kramer, Peter, *Listening to Prozac*, Nueva York, Penguin Books, 1992 [*Escuchando al Prozac*, Madrid, Seix Barral, 1994].

Kringelbach, M.L., «The Orbitofrontal Cortex: Linking Reward to Hedonic Experience», *Nature Reviews Neuroscience* 6, 2005.

Kroll, Jerome, *PTSD: Borderlines in Therapy: Finding the Balance*, Nueva York, Norton, 1993.

Kübler-Ross, Elisabeth, *On Death and Dying*, Nueva York, Simon and Schuster, 1969 [*Sobre la muerte y los moribundos*, Barcelona, Mondadori, 2000].

LeDoux, Joseph, *The Emotional Brain*, Nueva York, Simon and Schuster, 1996.

_____, «Emotional Memory», *Scholarpedia*, 2007.

_____, «Emotion, Memory and the Brain», *Scientific American*, junio de 1994 [«Emoción, memoria y cerebro», *Investigación y ciencia*, agosto de 1994].

_____, *The Synaptic Self*, Nueva York, Viking, 2002.

Lehrer, Jonah, «Head Fake: How Prozac Sent the Science of Depression in the Wrong Direction», 6 de julio de 2008.

_____ , *How We Decide*, Boston, Houghton Mifflin Harcourt, 2009 [*Cómo decidimos*, Barcelona, Paidós, 2011].

Lewis, Helen Block, *Shame and Guilt in Neurosis*, Madison, International Universities Press, 1971.

_____ , *Altering Fate: Why the Past Does Not Predict the Future*, Nueva York, Guilford Press, 1998.

Lewis, Michael, *Shame: The Exposed Self*, Nueva York, Free Press, 1992.

Madden, John (ed.), *Neurobiology of Learning, Emotion Affect*, Nueva York, Raven Press, 1991.

Magid, Ken y Carole A. McKelvey, *High Risk: Children without a Conscience*, Nueva York, Bantam Books, 1987.

Mahler, M. S., R. Pine y A. Bergman, *The Psychological Birth of the Human Infant*, Nueva York, Basic Books, 1975 [*El nacimiento psicológico del infante humano*, México, Enlace, 2002].

Mahler, Margaret, *On Human Symbiosis and the Vicissitudes of Individuation*, vol. 1, *Infantile Psychoses*, Madison, International Universities Press, 1968 [*Simbiosis humana: las vicisitudes de la individualización*, vol. 1, *Psicosis infantil*, México, Joaquín Mortiz, 1986].

Maier, Steven F., Linda R. Watkins y Monika Fleshner, «Psycho-neuroimmunology: The Interface between Behavior, Brain and Immunity», *American Psychologist* 49, 1994.

Marano, Hara Estroff, «Depression: Beyond Serotonin», *Psychology Today*, abril de 1999.

Mayberg, H., A. Lozano, H. McNeely, D. Seminowicz, C. Hamani, J. Schwalf y S. Kennedy, «Deep Brain Stimulation for Treatment-Resistant Depression», *Neuron*, 2005.

McGovern, M.K., «Habits», *Biology 202*, primavera de 2005.

McKinney, William T., «Separation and Depression: Biological Markers», *The Psychobiology of Attachment and Separation* [Martin Reite y Tiffany Field, eds.], San Diego, Academic Press, 1985.

McLean, Paul, *The Triune Brain in Evolution*, Nueva York, Plenum Press, 1990.

Meaney, J.J., D.H. Aitken, S.R. Bodnoff *et al.*, «The Effects of Postnatal Handling on the Development of the Glucocorticoid Receptor Systems and Stress Recovery in the Rat», *Biological Psychiatry 9, Neuropsychopharmacology.*

Merker, Hannah, *Silences*, Nueva York, HarperCollins, 1994.

Miller, Alice, *The Drama of the Gifted Child*, Nueva York, Basic Books, 1997 [El drama del niño dotado, México, Tusquets, 2014].

Monti-Bloch, L. y B.I. Grosser, «Effect of Putative Pheromones on the Electrical Activity of the Human Vomeronasal Organ and Olfactory Epithelium», *Journal of Steroid Biochemistry and Molecular Biology* 39, núm. 48, 1991.

Moore, Robert y Douglas Gillette, *The Lover Within*, Nueva York, Morrow, 1993.

Nader, Karim, Glenn E. Schafe y Joseph E. LeDoux, «Fear Memories Require Protein Synthesis in the Amygdala for Reconsolidation after Retrieval», *Nature* 406, 2000.

Neitsche, M.A., J Koschack, H. Pohlers, S. Hullermann, W. Paulus y S. Happe, «Effects of Frontal Transcranial Direct Current Stimulation on Emotional State and Processing in Healthy Humans», *Fontiers in Psychiatry*, 1 de enero de 2012.

Ornstein, Robert y Richard F. Thompson, *The Amazing Brain*, Boston, Houghton Mifflin, 1984.

Panksepp, Jaak, *Advances in Biological Psychiatry*, vol 1. Greenwich, JAI Press, 1995.

_____, «The Emotional Brain and Biological Psychiatry», *Advances in Biological Psychiatry*, Greenwich, JAI Press, 1996.

Panksepp, Jaak, Eric Nelson y Marni Bekkedal, «Brain Systems for the Mediation of Separation Distress and Social Reward», *Annals of the Nueva York Academy of Sciences* 807, 1997.

Panksepp, Jaak, Stephen M. Siviy y Lawrence A. Normansell, «Brain Opioids and Social Emotions», *The Psychobiology of Attachment and Separation* [Martin Reite y Tiffany Field, eds.], San Diego, Academic Press, 1985.

Parkes, C.M. y J. Stevenson-Hinde, *The Place of Attachment in Human Behavior*, Nueva York, Basic Books, 1982.

Parkes, C.M., J. Stevenson-Hinde y P. Marris, *Attachments across the Life Cycle*, Nueva York, Routledge, 1991.

Pavlov, I.V., *Conditioned Reflexes*, Mineola, Dover, 1922 [*Los reflejos condicionados*, Madrid, Morata, 1997].

Pert, Candace B., *Molecules of Emotion*, Nueva York, Scribner, 1997.

_____, *A Place of My Own: The Education of an Amateur Builder*, Nueva York, Dell, 1998.

Pollan, Michael, «Second Nature», *Atlantic Monthly*, 1991.

Preuschoff, Peter y Steven R. Quartz, «Neural Differentiation of Expected Reward and Risk in Human Subcortical Structures», *Neuron*, 3 de agosto de 2006.

Real, Terrance, *I Don't Want to Talk about It*, Nueva York, Scribner, 1997.

Rensberger, Boyce, *Life Itself: Exploring the Realm of the Living Cell*, Nueva York, Oxford University Press, 1996.

_____, *Brainscapes: An Introduction to What Neuroscience Has Learned about the Structure, Function and Abilities of the Brain*, Nueva York, Hyperion, 1996.

Restak, Richard M., *Receptors*, Nueva York, Bantam Books, 1994.

Richo, David, *How to Be an Adult*, Nueva York, Paulist Press, 1991 [*Cómo llegar a ser un adulto*, Bilbao, Desclée de Brouwer, 2000].

Rinpoche, Sogyal, *The Tibetan Book of Living and Dying*, San Francisco, Harper, 1994 [*El libro tibetano de la vida y la muerte*, Barcelona, Urano, 2015].

Robertiello, Richard, *Hold Them Very Close, Then Let Them Go*, Nueva York, Dial, 1975 [*Abrázalos estrechamente y después... déjalos ir*, México, Diana, 1994].

Robertiello, Richard y Hollace M. Beer, «Bulimia as a Failure in Separation», *Journal of Contemporary Psychotherapy* 23, núm. 1, 1993.

Robertiello, Richard y Terril T. Gagnier, «Sado-Masochism as a Defense against Merging: Six Case Studies», *Journal of Contemporary Psychotherapy* 23, núm. 3, 1993.

Ruden, Ronald A. y Marcia Byalick, *The Craving Brain: The Biobalance Approach to Controlling Addiction*, Nueva York, HarperCollins, 1997.

Sacks, Oliver, *An Anthropologist on Mars*, Nueva York, Knopf, 1995 [*Un antropólogo en Marte*, Barcelona, Anagrama, 2016].

_____ , *The Man Who Mistook His Wife for a Hat*, Nueva York, Summit, 1985 [*El hombre que confundió a su esposa con un sombrero*, Barcelona, Anagrama, 2008].

Salamone, John D., «Antidepressants and Placebos: Conceptual Problems and Research Strategies», *Prevention and Treatment* 5, 2002.

Salzberg, Sharon, *Real Happiness: The Power of Meditation: A 28-Day Program*, Nueva York, Workman, 2010 [*El secreto de la felicidad auténtica: El poder de la meditación*, Barcelona, Planeta DeAgostini, 2016].

Sanford, Linda Tschirhardt y Mary Ellen Donovan, *Women and Self-Esteem*, London, Penguin Books, 1985.

Sapolsky, Robert M., *A Primate's Memoir: A Neuroscientist's Unconventional Life among Baboons*, Nueva York, Scribner, 2001 [Sapolsky, Robert M., *Memorias de un primate*, Madrid, Capitán Swing, 2015].

_____, «Social Subordinance as a Marker of Hypercortisolism», *Annals of the New York Academy of Sciences*, 1995.

_____, *Why Zebras Don't Get Ulcers*, Nueva York, Freeman, 1994 [*Por qué las cebras no tienen úlcera*, Madrid, Alianza Editorial, 2017].

Schiele, Daniel R., «The Neuropsychobiology of Addiction, Trauma and Dissociation», presentado en *Conference on Multiple Personality and Dissociation*, 10 de abril de 1992.

Schleifer, S.J., S.E. Keller, M. Camerino, J.C. Thornton y M. Stein, «Suppression of Lymphocyte Stimulation Following Bereavement», *Journal of the American Medical Association* 250, núm. 3, 1983.

Schore, Allan, *Affect Regulation and the Origin of the Self: The Neurobiology of Emotional Development*, Mahwah, Erlbaum, 1994.

Schwartz, Morrie, *Letting Go*, Nueva York, Walker, 1996.

Schwartz, Richard C., *Internal Family Systems Therapy*, Nueva York, Guilford Press, 1995.

Seiver, Larry J. y William Frucht, *The New View of Self: How Genes and Neurotransmitters Shape Your Mind, Your Personality and Your Mental Health*, Nueva York, Macmillan, 1997.

Seligman, Martin, *Helplessness: On Depression, Development and Death*, San Francisco, Freeman, 1975 [*Indefensión*, Madrid, Debate, 1992].

Selye, Hans, *Advances in Psychoneuroimmunology* [Istvan Berczi y Judith Szelenyi, eds.], Nueva York, Plenum Press, 1994.

Serra, G., M. Collu y G.L. Gessa, «Endorphins and Sexual Behavior», *Endorphins, Opiates and Behavioral Processes,* Nueva York, Wiley, 1988.

Sky, Michael, *Sexual Peace: Beyond the Dominator Virus,* Santa Fe, Bear, 1993.

Smotherman, William P. y Scott R. Robinson, «The Development of Behavior before Birth», *Developmental Psychology* 32, 1996.

Spitz, Renee A., «Hospitalism: An Inquiry into the Genesis of Psychiatric Conditions in Early Childhood», *Psychoanalytic Studies of the Child* 1, 1945.

Stanford, S.C. y P. Salmon, *Stress: From Synapse to Syndrome,* San Diego, Academic Press, 1993.

Storr, Anthony, *Solitude: A Return to the Self,* Nueva York, Ballantine, 1988.

Suomi, Stephen, «Early Stress and Adult Emotional Reactivity in Rhesus Monkeys», *The Childhood Environment and Adult Disease,* Nueva York, Wiley, 1991.

_____, «Primate Separation Models of Affective Disorders», *Neurobiology of Learning, Emotion and Affect* [John Madden, ed.], IV, Filadelfia, Raven Press, 1991.

Talan, Jamie, «The Art of Bouncing Back... Why People React Differently to Pressure», *Newsday,* 1 de marzo de 2004.

Talbot, Margaret, «Attachment Theory: The Ultimate Experiment», *The New York Times Magazine,* 24 de mayo de 1998.

Tallis, Frank, *Love Sick: Love as a Mental Illness,* Nueva York, Thunder's Mouth, 2005.

Tavris, Carol, *Anger: The Misunderstood Emotion,* Nueva York, Touchstone, 1989.

Tice, Diane y Baumeister, Roy, «Self-Induced Emotion Change», *Handbook of Mental Control* [C.M. Wegner y J.W. Pennebaker, eds.], Englewood Cliffs, Prentice Hall, 1992.

Tully, Tim, «Fruit Flies, Mind, Memory», Lectures at Cold Spring Harbor Lab and Hutton House, LIU Post, 2001–2004.

Van der Kolk, Bessel, «Clinical Implications of Neuroscience Research in PTSD», *Psychobiology of Posttraumatic Stress Disorder*, [Rachel Yehuda, ed.], Boston, Blackwell, 2006.

Van der Kolk, Bessel A., Alexander C. McFarlane y Lars Weisaeth, *Traumatic Stress: The Effects of Overwhelming Experience on Mind, Body, and Society*, Nueva York, Guilford Press, 1996.

Vaughan, Susan, *The Talking Cure: The Science behind Psychotherapy*, Nueva York, Grosset/Putnam, 1997.

Vedamtam, Shankar, «Against Depression, a Sugar Pill Is Hard to Beat: Placebos Improve Mood, Change Brain Chemistry in Majority of Trials of Antidepressants», *Washington Post*, 7 de mayo de 2002.

Viorst, Judith, *Necessary Losses*, Nueva York, Simon and Schuster, 1986.

Vormbrock, Julia K., «Attachment Theory as Applied to Wartime and Job-Related Marital Separation», *Psychological Bulletin* 114, 1993.

Wapner, S., R. Ciottone, G. Hornstein, O. McNeil y A.M. Pacheco, «An Examination of Studies of Critical Transitions through the Life Cycle», *Toward a Holistic Developmental Psychology* [S. Wapner y B. Kaplan, eds.], Hillsdale, Erlbaum, 1983.

Wattles, Wallace B., *The Science of Getting Rich*, Pinellas Park, Top of the Mountain, 1996 [*La ciencia de hacerse rico*, Algrete, Madrid, Mestas Ediciones, 2013].

Watzlawick, Paul, John Weakland y Richard Risch, *Change: Principles of Problem Formation and Problem Resolution*, Nueva York, Norton, 1974.

Weiner, H., M.A. Hofer y A.J. Stunkard, *Brain, Behavior and Bodily Disease*, Nueva York, Raven Press, 1981.

Weiner, Herbert, *Perturbing the Organism: The Biology of Stressful Experience*, Chicago, University of Chicago Press, 1992.

Weiss, Jay M., «Stress-Induced Depression: Critical Neurochemical and Electrophysiological Changes», *Neurobiology of Learning, Emotion and Affect* [John Madden, ed.], Nueva York, Raven Press, 1991.

Weiss, R.S., *Loneliness: The Experience of Emotional and Social Isolation*, Cambridge, MIT Press, 1973.

_____, *Marital Separation: Managing after a Marriage Ends*, Nueva York, Basic Books, 1975.

West, Jean, «Children's Drug Is More Potent than Cocaine», *The Observer*, 9 de septiembre de 2001.

Whitfield, Charles, *Co-Dependence: Healing the Human Condition*, Deerfield Beach, Health Communications, 1991.

Williamson, Marianne, *A Return to Love*, Nueva York, HarperCollins, 1996 [*Volver al amor*, Barcelona, Urano, 2011].

Wilson, E.O., *Consilience: The Unity of Knowledge*, Nueva York, Knopf, 1998.

Winnecott, Donald W., «The Capacity to Be Alone», *The Maturational Processes and the Facilitating Environment: Studies in the Theory of Emotional Development*, Madison, International Universities Press, 1965.

Wise, Roy A., «The Neurobiology of Craving: Implications for the Understanding and Treatment of Addiction», *Journal of Abnormal Psychology* 97, núm. 2, 1988.

Wolf, Sharyn, *Guerilla Dating Tactics: Strategies, Tips and Secrets for Finding Romance*, Nueva York, Plume, 1994.

Wolff, P.H., «The Serial Organization of Sucking in the Young Infant», *Pediatrics* 42, 1968.

Yalom, Irvin, *When Nietzsche Wept*, Nueva York, Basic Books, 1992 [*El día que Nietzsche lloró*, Barcelona, Destino, 2016].

Zillmann, Dolf, «Mental Control of Angry Aggression», *Handbook of Mental Control* [C.M. Wegner y J.W. Pennebaker, eds.], Englewood Cliffs, Prentice Hall, 1992.